科学课例

——一个小学教研团队的实践与研究

熊小平　游安荣　主编

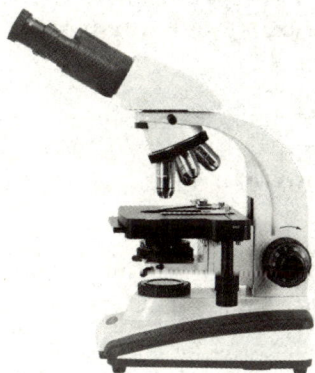

云南出版集团

云南人民出版社

图书在版编目（CIP）数据

科学课例：一个小学教研团队的实践与研究 / 熊小平，游安荣主编. -- 昆明：云南人民出版社，2023.3
ISBN 978-7-222-21658-7

Ⅰ. ①科… Ⅱ. ①熊… ②游… Ⅲ. ①科学知识—教学研究—小学 Ⅳ. ①G623.62

中国国家版本馆 CIP 数据核字（2023）第 023166 号

责任编辑：杨　惠
责任校对：肖　薇
装帧设计：蓓蕾文化
责任印制：窦雪松

科学课例：一个小学教研团队的实践与研究

KEXUE KELI：YIGE XIAOXUE JIAOYAN TUANDUI DE SHIJIAN YU YANJIU

熊小平　游安荣　主编

出版　　云南出版集团　云南人民出版社
发行　　云南人民出版社
社址　　昆明市环城西路 609 号
邮编　　650034
网址　　www.ynpph.com.cn
E-mail　ynrms@sina.com
开本　　720mm×1010mm　1/16
印张　　21
字数　　360 千
版次　　2023 年 3 月第 1 版第 1 次印刷
印刷　　成都新恒川印务有限公司
书号　　ISBN 978-7-222-21658-7
定价　　88.00 元

如有图书质量及相关问题请与我社联系
印制科电话：0871-64191534

云南人民出版社微信公众号

编 委 会

科学既是人类探索、研究宇宙万物本质规律而形成的系统知识，也是人类认识世界、改造世界的智慧结晶和实践活动。随着社会生产力的变革和进步，随着教育的出现和发展，科学教育愈发显得重要和必要。尤其是新一轮科技革命和产业革命的兴起，科学的内容日新月异，教育的形态也在不断地嬗变和重塑，知识获取方式和传授方式、教和学的关系也在发生着深刻的变革。

党的十八大以来，中国特色社会主义进入了新时代。国家要富强，民族要复兴，人民要幸福，教育的基础性、先导性、全局性地位和作用更加凸显。科学教育顺天应时，直面时代赋予的历史重托与重大挑战。《中国教育现代化 2035》的颁布更进一步明确了建设高质量教育发展体系，加快教育现代化，全面推进教育改革的时代要求。正是在这个背景下，一本由渝西川南小学科学研究团队联合编撰的《科学课例——一个小学教研团队的实践与研究》一书才得以面世。

带着学习、审视的眼光，我看完了整本书。我很感动，也很欣慰。感动的是，一个小学科学教研团队坚守教育本真，不忘初心，践行了新时代科学教育者的使命与担当，默默耕耘。欣慰的是，这是一本"上得了厅堂、下得了厨房"的小学科学学科教育的实操指导书。它来源于教学第一线的科学教育实践操作，凝聚了教育第一线实践者们的原生思考。它既是经验总结，又是课例研究，非常适合小学科学学科教师开展教研、教学的现实需要。

科学教育是一种以实践为基础，研教结合，重视操作的教育行为。小学科学课程更是一门综合性基础课程，具有非常突出的基础性、综合性、实践性等重要本质特征，在培养学生科学核心素养上具有培根铸魂、启智增慧的作用。小学科学课程作为一门从小培养学生科学素养的基础性学科，越来越受到社会各界的广泛关注和重视。

《义务教育科学课程标准》（2022年版）的颁布与实施，进一步推动了科学教育的理念创新、实践创新、经验创新，更加关注课堂活动的教与学，教研活动的研与训，教学质量的评与思，实现科学教育在教—学—研—评一体化上提质增效。渝西川南小学科学研究团队经过两年的教学实践，对新教材中的重点、难点进行了系统研究，对科学教育教研一体化作出了新的诠释，形成了涵盖理论与实践相结合的科学课例。结合西南地区科学教育现状，扎根科学教育一线，坚持在实践中不断总结和探索，形成了系列可供借鉴的科学教育教学研究经验。通过广泛积累，精心撰写、提炼、编辑，完成了《科学课例——一个小学教研团队的实践与研究》一书。

该书以2022版新课标为准绳，以儿童发展为中心，立足学生核心素养发展；聚焦科学核心概念，精选科学课例内容；体现课程进阶理念，形成有序课例结构；突出教学质量中心，促进学生全面发展。以渝西川南小学科学专家团队为引领，以科学教学实践经验为基础，以科学探究实践活动为支撑，遵循学生科学核心素养发展规律，在科学观念、科学思维、探究实践和态度责任上提出了具体的操作要领。既有理论的高度，又有操作的典范，是一部值得一线科学教师阅读的教育研究类书籍。

该书内容共分为五章：第一章"科学课例研究概述"，介绍了科学课例研究的内涵、分类、应用；第二章"科学课例研究基础"，介绍了科学课例研究的理念、目的、原则；第三章"科学课例研究特点"，介绍了科学课例研究的方法和特点；第四章"科学课例研究实施"，介绍了科学课例撰写的结构、策略及科学课例的评价指标；第五章"科学课例研究实例"，分别从新教科版小学科学教材的生命科学、物质科学、地球与宇宙科学、技术与工程四个领域选择具有代表性的教学内容生成典型课例。

该书以先进的教育理念引领教学实践，为广大科学教育工作者提供了基础的科学知识、研究方法和经验借鉴。希望为小学科学教育改革提供必要的教科研实践支撑，更好地促进科学教师专业发展，为小学科学教育事业发展作出新的贡献。

刘晓锋

2022 年 7 月

（刘晓锋，四川省人民政府教育督学，泸州市人大常委会委员、教科文卫委主任委员）

目 录
CONTENTS

第一章 科学课例研究概述

随着"双减"政策的深入实施，《义务教育科学课程标准》（2022 年版）的出台，新一轮课程改革和课堂教学变革的进程将不断深入，学校教科研模式和教育教学方式也将不断地丰富和革新。综合研究国内外相关教学文献发现，课例研究在国外教育教学工作中的应用越来越广泛，越来越受到教育界的青睐。实践证明，课例研究也是新时代教育理念下区域教育共同体开展教育教学研究的有效方法，是教师专业发展的有效途径，在国际上也被广泛推崇和应用。在此背景下，科学课例研究也随之成为当前小学科学教育教学中一种重要的研究方式，促进科学教师在专业发展过程中不断成长。

第一节　科学课例研究的内涵

课例研究作为新一轮课程改革和课堂教学结构改革进程中的一种新的教学研究和教师培养方式，其本质与最早应用于医学界的案例有别。同样，课例与一般案例也有明显的区别，课例源于案例，是案例中带有研究味的部分。课例具有导向性更准、主题性更强、研究味更浓的特色。小学科学课例是为优化小学科学学科教学而开展的研究活动成果，是深化课堂教学研究、提高课堂教学实效的有效途径。

一、课例研究

学校教育教学的不断研究，形成了今天的课题和课例研究等形式。课题更倾向于理论研究，而课例却更有实践意义和借鉴价值，是教师以教学事件、教学问题为例，对其进行教学研究，积累教学经验，形成的教学特色实例。开展小学科学课例研究有利于提高小学科学教师专业素养和积淀教学成果，是小学科学一线教师从科学日常教育教学中研读课标、解读教材、团队磨课、实施教学、总结反思等系列研究活动中，积累教学经验、固化教学成果、形成教学模式的重要方法。

（一）案例

案例是对生活或工作各领域中的典型事件的陈述，是对人们所经历的事件的重点选取，对人们的学习、研究、生活有着同等重要的借鉴意义。人们常常把案例作为思考、教育和经验总结的一种工具。因案例研究最早应用于医学领域进行病例研究而取得巨大成功，后来被其他领域借鉴。在教育教学工作中也常以比较典型的正面或反面人物、事件、片段为例，对学生进行思想引领，对教师开展培训活动，对某一场景进行实验分析，或作为教学工作、学校管理工作的样本，这实际上就是案例在教育工作中的应用。

（二）课例研究

每一名教师面对一个教学课题时，在上课前都要结合学情和教学内容查阅课程标准、阅读教师用书、翻阅教学资料、思考教学流程、选用教学方法、确定教学方式、进行作业设计等，把这个过程写成开展课堂教学所需的特定文本的过程叫作教案设计。课例研究同教案设计一样，也是一个动态的活动过程。通常是以一节课为单位确定一个研究主题，围绕这个主题实施教学，然后进行反复剖析，再次进行教学实践，对课堂教学实践活动中的特定问题进行多次反思、改进，从中找到解决问题的方法或形成一定理论性认识的过程。也就是通过研究，让一节课的导向更加明确、主题更加明了或问题得到很好解决，并且能让人看懂为什么这样教学，这个过程就叫作课例研究。课例研究是在教案设计、课堂教学基础上开展的一系列动态研究活动，具有可持续性。

（三）课例研究与案例的区别

案例是对典型而富有意义事件的陈述，并提出自己的一些简单的观点。而课例研究不仅呈现了实际教学情况，还围绕一个主题交代了教师之所以这样教学的理由和教师对某一个教学问题的理论认识。课例研究体现教师对一个教学课题或一个教学问题的研究过程并形成独特见解，其中包含研究的成分，是教师进行教育教学研究的有效途径。简单地说，课例是教师教学中围绕一个主题展开研究比较深入的部分，蕴含着教师的理论水平和实践水准。（见表1-1）

表 1-1   课例研究与案例的区别

项目	相同	不同
课例研究	反映一个事件的全过程或部分精彩片段，表达学科教学一定的观点	围绕一个主题开展研究，研究味浓，体现教师教学的理论高度和经验积累，具有典型的导向功能
案例		对事件本身的陈述，缺乏研究成分

（四）科学课例研究

小学科学是众多学科教学中的一门综合性基础课程。小学科学课例研究是众多课例研究活动中专门针对小学科学学科教学内容开展的，具有目标导向、问题导向、创新导向特点的研究活动。小学科学课例研究是针对一节或几节课堂教学活动，以目标导向为出发点，从中确定一个主题或围绕一个科学问题开展研究，最终实现课堂教学优化或课堂活动创新的过程。可见，小学科学课例研究是以小学科学学科教学内容或科学问题为载体，也是一个不断革新的动态过程。

（五）案例、课例研究、科学课例研究之间的关系

简单地说，课例研究是案例中带有主题性研究的部分。科学课例研究是课例研究中针对小学科学教学课题而开展研究的部分。从包含关系来看待案例、课例研究、科学课例研究之间的关系，我们可以用图示的方式进行描述。（见图1-1）

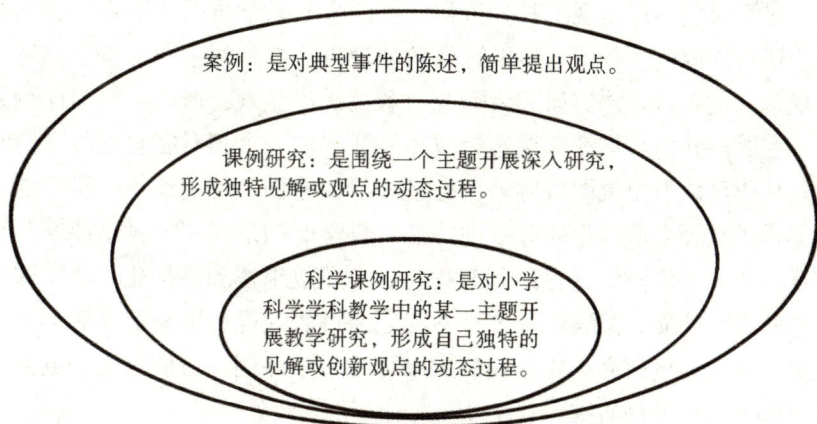

图1-1 案例、课例研究、科学课例研究之间的关系

案例：是对典型事件的陈述，简单提出观点。

课例研究：是围绕一个主题开展深入研究，形成独特见解或观点的动态过程。

科学课例研究：是对小学科学学科教学中的某一主题开展教学研究，形成自己独特的见解或创新观点的动态过程。

二、科学课例

(一) 课例

简而言之，科学教师将自身选择的某一主题或教学内容在教学设计活动的过程中写成特定文本后，所形成的这个文本材料叫作教案。课例是在教师上课使用的教学方案基础上，以一个问题或课题的研究活动过程为单位，将其中的教学背景、教学目标、教学过程、教学思路，以及为什么这样教，用文本的方式让其文字化、固定化、显性化的成果呈现方式。课例是对某一个教学课题或教学问题开展全面研究的过程，是研究结果或教学决定的文本性描述，是课例研究的外显形式和物化成果。

(二) 科学课例

科学课例是将科学课例研究中的教学背景、教学目标、教学过程、教学思路、设计意图、教学理念、问题研讨、专家点评以及其中的研究成分梳理为文本，把教学者或教研团队的新观点、新理念用文本、图片方式呈现出来，是科学课例研究结果的物化呈现和表现载体。

(三) 科学课例研究与科学课例的不同

科学课例研究是以小学科学学科教学内容为载体，在研究活动中重点围绕一个主题开展研究，是指一个科学课例产生自始至终的动态研究过程；科学课例是课例研究的结果，是科学课例研究的物化形式。其中，教学内容是科学课例表达观点或体现教学理念的媒介，研究主题是开展科学课例研究的灵魂。科学课例不仅呈现了某一科学课题的实际教学情况或某一问题的解决过程，还特别说明了教师之所以这样教的理由或教师对某一个教学问题的认识和理解，是对科学课例研究者研究过程的成果呈现。所以，科学课例是围绕一个主题，并以科学教学课题为载体而开展的一个相对完整的教学活动的物化，从中可以看出授课教师或问题解决者的意图。明确地说，科学课例就是小学科学教师采取科学而有效的方法。科学课例是对一个科学课题开展教学实践与研究，使教学过程达到最优化、学习效果达到最佳化。科学课例让教学意图得以外显，最终让一个科学问题通过研究得到圆满解决后形成的静态成果。科学课例研究最终形成的成果称为科学课例，而形成这个成果的动态过程称为科学课例研究。

课例研究的产物是课例。那么，科学课例研究的产物就是小学科学课例。科学课例研究是一个研究过程，科学课例是一个物化成果，它们二者之间的

关系如图所示。（见图1-2）

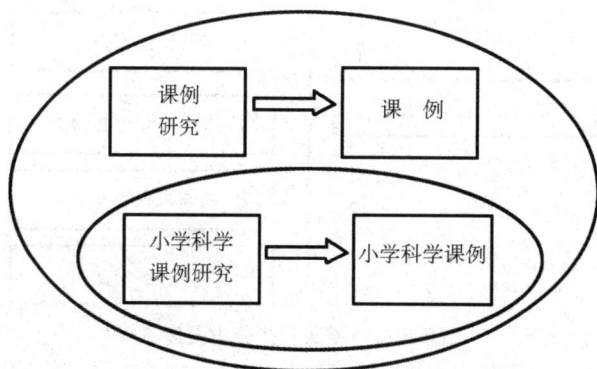

图1-2 课例研究、课例与小学科学课例研究、小学科学课例之间的关系

第二节 科学课例研究的分类

科学课例研究主题的确立和课题选择可源于一节或多节科学课的课堂教学过程，也可源于对一个主体性科学问题的研究等，不同内容的课例有不同的研究方式、方法和研究目的。为了让研究思路更为清晰，可将科学课例按不同标准进行分类研究。

一、科学课例分类概述

科学课例的分类标准不同，其分类结果就不同。根据团队的研究思路，按课例所属知识领域、主题确立方式、问题来源方式、研究目的、问题解决方式、学段探究目标要求、授课课型进行不同分类。比如，根据"不同的授课类型"作如下分类，即观察研究型课例、实验研究型课例、资料研究型课例、制作研究型课例、技术训练型课例等。（见图1-3）

观察研究型课例是指以观察活动为主要授课形式，以解决问题、获取思想发展和建立知识系统而形成的研究型课例。比如《蚯蚓的选择》《观察一棵植物》《凤仙花的一生》等课题是典型的观察研究型课例。

实验研究型课例是指以科学实验探究为主要授课形式，从中获取数据、寻求证据从而解决问题、得出结论而形成的课例。如《种子发芽实验》《绿豆

◆

007

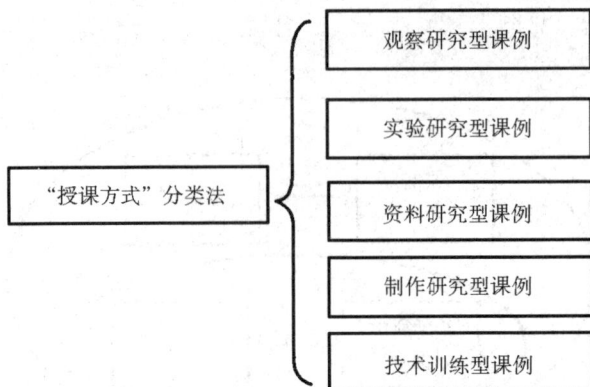

图1-3 授课方式分类图解

苗的生长》等课题可设计为对比实验型课例；《地震的成因及作用》《风的作用》《日食和月食》等课题可设计为模拟实验型课例。

资料研究型课例是指在科学学习活动中采用收集资料，获取信息为主要授课形式的课例。比如《船的历史》《我们面临的环境问题》《蚕的生命周期》等课题可设计为典型的资料研究型课例。

制作研究型课例是指以学生动手制作或开展课外实践为主要内容的授课活动课例。比如，《我们的"过山车"》《用沉的材料造船》《做个保温杯》等课题，可设计制作研究型课例。

技术训练型课例是指在教师的组织下有目的地开展某种训练活动，以领悟某种技术的要领或以训练学生科学操作技术为主的课例。如《温度计的使用》《弹簧测力计》《用水计量时间》等课题可设计技术训练型课例。

再如，根据2022年新修订和发布的《义务教育科学课程标准》（2022年版），学生在义务教育阶段应该掌握的科学课程的核心内容，分物质科学、生命科学、地球与宇宙科学、技术与工程四个领域，分段提出了科学知识的学段目标。据此，对科学课例可按学段分类或按所属知识领域不同进行分类。

二、"四大领域"分类法

由教育科学出版社出版的小学科学教材（简称现行教材），主要包括物质科学、生命科学、地球与宇宙科学、技术与工程四大知识领域的内容。本教研团队结合地区实际和"教科版小学科学教材"编排内容架构，所开展的小学科学课例研究的主题确立和选课主要基于现行教材，源于小学科学课堂教学，并将所形成的课例对应划入四大知识领域，简称"四大领域"分类法。
（见图 1-4）

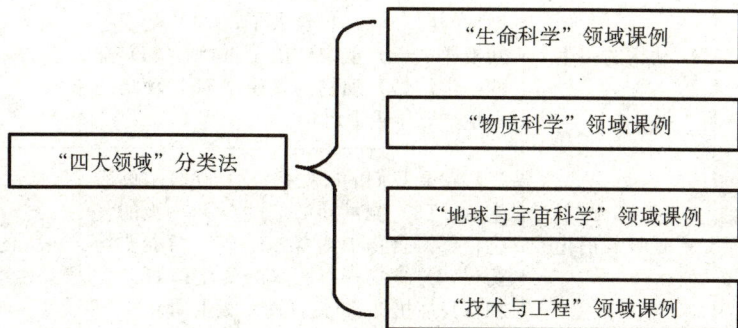

图 1-4　科学课例分类图解

（一）"生命科学"领域课例内容

经过本教研团队的实践研究和整理分析，现行教材在"生命科学"领域
主要包括以下教学内容，从中确立主题而开展研究形成的课例，归于本类。
（见表 1-2）

表 1-2　　　　　　　　　　"生命科学"领域课例内容

领域	单元	课题	课例
生命科学	1. 植物	（1）我们知道的植物；（2）观察一棵植物；（3）观察叶；（4）这是谁的叶；（5）植物是"活"的吗；（6）校园里的植物（一年级上册）	观察一棵植物
	2. 动物	（1）我们知道的动物；（2）校园里的动物；（3）观察一种动物；（4）给动物建个"家"；（5）观察鱼；（6）给动物分类（一年级下册）	观察鱼
	3. 我们自己	（1）观察我们的身体；（2）通过感官来发现；（3）观察与比较；（4）测试反应快慢；（5）发现生长；（6）身体的"时间胶囊"（二年级下册）	观察与比较

第一章　科学课例研究概述

续 表

领域	单元	课题	课例
	4. 动物的一生	(1) 迎接蚕宝宝的到来；(2) 认识其他动物的卵；(3) 蚕长大了；(4) 蚕变了新模样；(5) 茧中钻出了蚕蛾；(6) 蚕的一生；(7) 动物的繁殖；(8) 动物的一生（三年级下册）	蚕的一生
	5. 呼吸与消化	(1) 感受我们的呼吸；(2) 呼吸与健康生活；(3) 测量肺活量；(4) 一天的食物；(5) 食物中的营养；(6) 营养要均衡；(7) 食物在口腔里的变化；(8) 食物在身体里的旅行。（四年级上册）	一天的食物
	6. 植物的生长变化	(1) 种子里孕育着新生命；(2) 种植凤仙花；(3) 种子长出了根；(4) 茎和叶；(5) 凤仙花开花了；(6) 果实和种子；(7) 种子的传播；(8) 凤仙花的一生（四年级下册）	果实和种子
	7. 健康生活	(1) 我们的身体；(2) 身体的运动；(3) 心脏和血液；(4) 身体的"总指挥"；(5) 身体的"联络员"；(6) 学会管理和控制自己；(7) 制订健康生活计划（五年级上册）	我们的身体
	8. 生物与环境	(1) 种子发芽实验；(2) 比较种子发芽实验；(3) 绿豆苗的生长；(4) 蚯蚓的选择；(5) 当环境改变了；(6) 食物链和食物网；(7) 设计和制作生态瓶（五年级下册）	食物链和食物网
	9. 微小世界	(1) 放大镜；(2) 怎样放得更大；(3) 观察身边微小的物体；(4) 观察洋葱表皮细胞；(5) 观察更多的生物细胞；(6) 观察水中微小的生物；(7) 微生物与健康（六年级上册）	观察洋葱表皮细胞
	10. 生物的多样性	(1) 校园生物大搜索；(2) 制作校园生物分布图；(3) 形形色色的植物；(4) 多种多样的动物；(5) 相貌各异的我们；(6) 古代生物的多样性；(7) 保护生物多样性（六年级下册）	保护生物多样性

从表 1-2 中可以看出，在新教科版小学科学教材中，"生命科学"领域主要包括 10 个单元 69 个课题。这些内容经过分析发现，可以分为三条线索，主要是让学生观察生物的生命特征，了解生物的发育、繁殖、生物与环境之间的关系、认识生物多样性。第一条线索是围绕植物"植物的生长变化—生物与环境—生物的多样性"展开；第二条线索是围绕动物"动物的一生—生物与环境—生物的多样性"展开；第三条线索是围绕人类"我们自己—呼吸与消化—健康生活—生物的多样性"展开。

（二）"物质科学"领域课例内容

经过本教研团队的实践研究和整理分析，现行教材在"物质科学"领域主要包括以下教学内容，从中确立主题而开展研究形成的课例，归于本类。（见表 1-3）

表 1-3   **"物质科学"领域课例内容**

领域	单元	课题	课例
物质科学	1. 我们周围的物体	（1）发现物体的特征；（2）谁轻谁重；（3）认识物体的形状；（4）给物体分类；（5）观察一瓶水；（6）它们去哪里了；（7）认识一袋空气（一年级下册）	谁轻谁重
	2. 磁铁	（1）磁铁能吸引什么；（2）磁铁怎样吸引物体；（3）磁铁的两极；（4）磁极与方向；（5）做一个指南针；（6）磁极间的相互作用；（7）磁铁和我们的生活（二年级下册）	磁极与方向
	3. 水	（1）水到哪里去了；（2）水沸腾了；（3）水结冰了；（4）冰融化了；（5）水能溶解多少物质；（6）加快溶解；（7）混合与分离；（8）它们发生了什么变化（三年级上册）	水结冰了
	4. 空气	（1）感受空气；（2）空气能占据空间吗；（3）压缩空气；（4）空气有质量吗；（5）一袋空气的质量是多少；（6）我们来做"热气球"；（7）风的成因；（8）空气和我们的生活（三年级上册）	感受空气

续　表

领域	单元	课题	课例
	5. 物体的运动	（1）运动和位置；（2）各种各样的运动；（3）直线运动和曲线运动；（4）物体在斜面上运动；（5）比较相同距离内运动的快慢；（6）比较相同时间内运动的快慢；（7）我们的"过山车"；（8）测试"过山车"（三年级下册）	比较相同距离内运动的快慢
	6. 声音	（1）听听声音；（2）声音是怎样产生的；（3）声音是怎样传播的；（4）我们是怎样听到声音的；（5）声音的强与弱；（6）声音的高与低；（7）让弦发出高低不同的声音；（8）制作我的小乐器（四年级上册）	我们是怎样听到声音的
	7. 运动和力	（1）让小车运动起来；（2）用气球驱动小车；（3）用橡皮筋驱动小车；（4）弹簧测力计；（5）运动与摩擦力；（6）运动的小车；（7）设计制作小车（一）；（8）设计制作小车（二）（四年级上册）	让小车运动起来
	8. 电路	（1）电和我们的生活；（2）点亮小灯泡；（3）简易电路；（4）电路出故障了；（5）里面是怎样连接的；（6）导体和绝缘体；（7）电路中的开关；（8）模拟安装照明电路（四年级下册）	导体和绝缘体
	9. 光	（1）有关光的思考；（2）光是怎样传播的；（3）光的传播会遇到阻碍吗；（4）光的传播方向会发生改变吗；（5）认识棱镜；（6）光的反射现象；（7）制作一个潜望镜（五年级上册）	光的反射现象
	10. 热	（1）温度与水的变化；（2）水的蒸发和凝结；（3）温度不同的物体相互接触；（4）热在金属中的传递；（5）热在水中的传递；（6）哪个传热快；（7）做个保温杯（五年级下册）	温度与水的变化
	11. 能量	（1）各种形式的能量；（2）调查家中使用的能量；（3）电和磁；（4）电能和磁能；（5）电磁铁；（6）神奇的小电动机；（7）能量从哪里来（六年级下册）	电和磁

领域	单元	课题	课例
	12. 物质的变化	（1）厨房里的物质与变化；（2）产生气体的变化；（3）发现变化中的新物质；（4）变化中伴随的现象；（5）地球家园的化学变化；（6）生命体中的化学变化；（7）美丽的化学变化（六年级下册）	发现变化中的新物质

从表1-3中可以看出，在新教科版小学科学教材中，"物质科学"领域主要包括12个单元90个课题。重点是要引导学生理解物质的运动与变化规律。在本领域课例研究中要坚持做到"四个重视"，将科学素养的培养作为最高准则。一是重视观念，重视物质观和世界观的教育，引导学生正确认识世界，科学看待事物，实事求是，尊重证据。二是重视探究实践，重视实验教学，要充分借助科学实验教学活动帮助学生建构科学概念，引导学生对科学概念进行深入理解和应用。三是重视建构，重视学生通过探究实践活动完善知识体系的建构过程。根据建构主义理论，学生已有的知识、技能、概念和习惯，会极大地影响着他们对新概念的建构和理解，教师要用好教材，帮助学生通过自主、合作探究等形式进行知识构建。四是重视合作，教学中要关注师生合作、生生合作的方式引导学生通过广泛地交流、互动、研讨和论证开展教育教学工作，充分发挥小组合作的实效性。

（三）"地球与宇宙科学"领域课例内容

经过本教研团队的实践研究和整理分析，现行教材在"地球与宇宙科学"领域主要包括以下教学内容，从中确立主题而开展研究形成的课例，归于本类。（见表1-4）

表1-4　　　　　　　　"地球与宇宙科学"领域课例内容

领域	单元	课题	课例
地球与宇宙	1. 我们的地球家园	（1）地球家园中有什么；（2）土壤——动植物的乐园；（3）太阳的位置和方向；（4）观察月相；（5）各种各样的天气；（6）不同的季节；（7）大自然的学生（二年级上册）	土壤——动植物的乐园

续 表

领域	单元	课题	课例
	2. 天气	（1）我们关心天气；（2）认识气温计；（3）测量气温；（4）测量降水量；（5）观测风；（6）观察云；（7）整理我们的天气日历；（8）天气预报是怎样制作出来的（三年级上册）	认识气温计
	3. 太阳、地球和月亮	（1）仰望天空；（2）阳光下物体的影子；（3）影子的秘密；（4）月相变化的规律；（5）月球——地球的卫星；（6）地球的形状；（7）地球——水的星球；（8）太阳、月球和地球（三年级下册）	地球的形状
	4. 岩石与土壤	（1）岩石与土壤的故事；（2）认识几种常见的岩石；（3）岩石的组成；（4）制作岩石和矿物标本；（5）岩石、沙和黏土；（6）观察土壤；（7）比较不同的土壤；（8）岩石、土壤和我们（四年级下册）	认识几种常见的岩石
	5. 地球表面变化	（1）地球的表面；（2）地球的结构；（3）地震的成因及作用；（4）火山喷发的成因及作用；（5）风的作用；（6）水的作用；（7）总结我们的认识（五年级上册）	风的作用
	6. 环境与我们	（1）地球——宇宙的奇迹；（2）我们面临的环境问题；（3）珍惜水资源；（4）解决垃圾问题；（5）合理利用能源；（6）让资源再生；（7）分析一个实际的环境问题（五年级下册）	合理利用能源
	7. 地球的运动	（1）我们的地球模型；（2）昼夜交替现象；（3）人类认识地球运动的历史；（4）谁先迎来黎明；（5）影长的四季变化；（6）地球的公转与四季变化；（7）昼夜和四季变化对生物的影响（六年级上册）	昼夜交替现象
	8. 宇宙	（1）太阳系大家庭；（2）八颗行星；（3）日食；（4）认识星座；（5）夏季星空；（6）浩瀚的宇宙；（7）探索宇宙（六年级下册）	日食

从表1-4中可以看出，在新教科版小学科学教材中，"地球与宇宙科学"领域主要包括8个单元59个课题。由于本部分教学内容比较抽象，教学中要充分应用模拟实验对学生加强引导和启发。模拟实验有三个要点：一是找准材料，二是用好方法，三是作出解释。通过模拟实验帮助学生认识到在太阳系中，地球、月球和其他星球都是按照一定规律运动的，地球具有大气、水、生物、土壤、岩石等圈层和地壳、地幔、地核等内部圈层，是人类生存的家园。

（四）"技术与工程"领域课例内容

经过本教研团队的实践研究和整理分析，现行教材在"技术与工程"领域主要包括以下教学内容，从中确立主题而开展研究形成的课例，归于本类。（见表1-5）

表1-5　　　　　　　　　　"技术与工程"领域课例内容

领域	单元	课题	课例
技术与工程	1. 比较与测量	（1）在观察中比较；（2）起点和终点；（3）用手来测量；（4）用不同的物体来测量；（5）用相同的物体来测量；（6）做一个测量纸带；（7）比较测量纸带和尺子（一年级上册）	在观察中比较
	2. 材料	（1）我们生活的世界；（2）不同材料的餐具；（3）书的历史；（4）神奇的纸；（5）椅子不简单；（6）做一顶帽子（二年级上册）	神奇的纸
	3. 计量时间	（1）时间在流逝；（2）用水计量时间；（3）我们的水钟；（4）机械摆钟；（5）摆的快慢；（6）制作钟摆；（7）计量时间和我们的生活（五年级上册）	我们的水钟
	4. 船的研究	（1）船的历史；（2）用浮的材料造船；（3）用沉的材料造船；（4）增加船的载重量；（5）给船装上动力；（6）设计我们的小船；（7）制作与测试我们的小船（五年级下册）	用浮的材料造船

续　表

领域	单元	课题	课例
	5. 工具与技术	（1）紧密联系的工具和技术；（2）斜面；（3）不简单的杠杆；（4）改变运输的车轮；（5）灵活巧妙的剪刀；（6）推动社会发展的印刷术；（7）信息的交流传播（六年级上册）	不简单的杠杆
	6. 小小工程师	（1）了解我们的住房；（2）认识工程；（3）建造塔台；（4）设计塔台模型；（5）制作塔台模型；（6）测试塔台模型；（7）评估改进塔台模型（六年级下册）	制作塔台模型

从表1-5中可以看出，在新教科版小学科学教材中，"技术与工程"领域主要包括6个单元41个课题。开展本领域课例研究，要重视创设并运用真实情境，以问题为驱动，开展持续的探究，教师要重视引导学生在实践活动中完成反思、交流、改进、评估等环节。在兼顾技术与工程领域发展中引导学生动手实践，体验科学技术应用于生活、学习、工作等方面带来的改变。教师要帮助学生利用已有知识进行设计、改进、创造、发明，发展学生的动手能力、探究能力和思维能力。技术与工程领域是新课程标准中新增加的内容，难度比较大，科学教师要从大处着眼，小处着手，扎实推进研究，引导学生通过此部分内容的学习，为教学工作提供丰富的经验积累和理论支撑。

实践与研究发现，"四大领域"分类法能清晰地反映现行教材具体内容架构，帮助一线小学科学教师更易厘清知识脉络，利于教学中分段教学目标的落实。通过学科课程内容进阶开展教学研究，可以让每位小学科学教师掌握各个科学课例研究的深度和递进层次，快速提高科学教师的专业素养。

第三节　科学课例研究的应用

课例研究是新课程改革深入开展背景下，教、学、研、评一体化模式下新的教师培训方式，其核心是围绕如何上好课而将研究贯穿在备课、上课、反思、议课、评课等各个环节。科学课例在国内、国外均得到相应研究和应用证明，作为专门的小学科学教研团队，在提高团队专业素养方面，最有效、最直接的方式就是开展课例研究。通过课例研究是提高教师专业素养、提升教学质量和发展教师共同体的重要途径，是教师深入解读课标、钻研教材、创新教学的有效方法。

一、科学课例研究现状

科学课例研究活动的研究力量构成可以是以个人研究为主，团队力量为辅；或直接以团队力量开展研究的方式进行。不管以哪种力量方式为主，都是以提升教师课堂教学效果和教师个人学科专业素养发展而开展，其研究工作主要是在沟通、交流、讨论、上课、反思、改进、总结中完成。最终形成以文本方式详细呈现教学与研究的过程，即形成课例。分析国内外课例研究的情况发现：各国因政治、经济、文化传统和教育理念有别，课例研究在各国的应用和发展程度不一。

（一）国外课例研究情况

早在 20 世纪 80 年代早期，全球教育界的目光都关注到了日本教学。课例研究是当时日本教育的特色，标志性的著作是由斯迪格勒与希伯特在 1999 年出版的《教学差距》一书。日本的课例研究是以团队为力量，以课例为研究对象，通过发现课例的共性和个性来建立"课例科学"。他们在课例研究时，通常采取的方式是由团队中的一名教师承担授课，团队中的其他人在听课过程中仔细观察和记录，并在课后共同开展深入研讨。集众人意见后，对教学计划进行改进和反复试教，旨在对一个个课例的反复研究过程中积累教学方法，转变教师的教学观念，形成独具特色的教学模式，实现课堂教学的最优化。

早期日本的课例研究，在研究规模、主题来源、观课对象构成等方面均有不同类型的设计。比如，按照参与观课人员和开课范围的不同，把教学课例研究划分为校内研究课例、县内公开教学研究课例、全国范围的教学课例研究等，不同类别的教学课例研究，在调研频率、研讨主题、研究规模等方面虽有差异，但基本是按"选取主题—教学设计—试教观课—集体反思—总结分享"的步骤开展，其研究过程可分为"计划—执行—总结"三个环节。（见图 1-5）

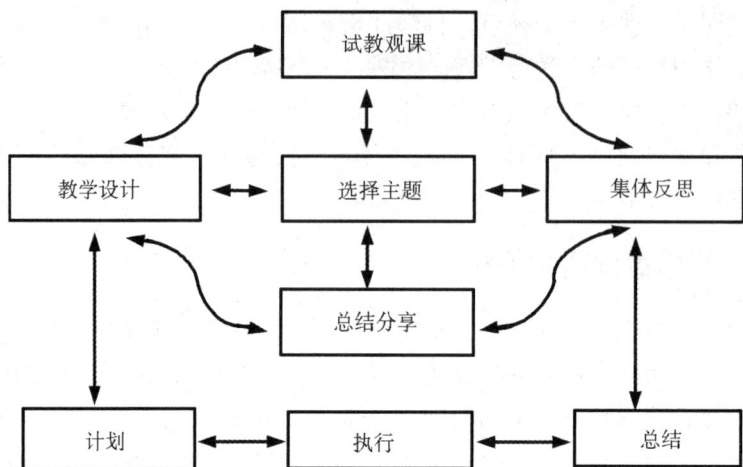

图1-5　日本课例研究步骤图

1. 选择主题

课例研究是一个问题解决的过程，即以问题为导向。问题是课例研究的核心，全部研究活动都要围绕这个主题展开。其研究主题可以由教师自行提出，也可以由学校、教研部门或教育主管部门指定。课例主题可以指向一般性教学目标，比如"怎样培养学生的科学兴趣"；也可以是比较具体的教学目标，比如"制作一分钟摆动60次的摆"；也可以关注材料的创新，比如"用感温油墨检测不同材料的导热性"等。

2. 教学设计

课例研究的目标不仅仅是为了完成一堂好课，更主要的是关注这节课为什么能够促进学生发展，怎样促进学生发展的问题，他们在设计目标上比较明确。其教学策略和教学设计的不同版本，都是在收集团队讨论建议后，反复改进的结果，最终形成的课例是集体智慧的产物。

3. 试教观课

课例主要由团队中的一名教师执教，但团队中的所有教师都会全程参加课例的教学准备、教学实施、反思活动。在公开的教学案例中，参加观课的教师还会涉及学校以外的教师，乃至来自全国各地的教师。在执教教师讲解环节，观课的教师通常也是集中坐在教室后面，但在学生做作业时，观课教师就会四处走动，观察教学效果，全面观察课堂教学，有效反馈、改进、总结经验。

4. 集体反思

集体反思是一个提炼教学经验的过程，一般由讲课教师先说明自己对这一节课的教学效果以及其对所遇到的主要问题的认识，再由每个小组成员轮流发言。不过，团队中各成员的发言重点是关注教学中存在的问题，通常都带有一定批判性。因为他们认为这个课堂教学过程是团队研究的产物，教学的成功与否，都反映着团队中的每位成员对这节课的功劳和负有的责任。所以，在集体反思和总结的环节，会将焦点聚于课堂本身而不是讲课教师自身，他们认为集体的反省、批判，其实就是对每一位组员的自我批评。在集体反思的基础上，会多次修改设计和更换班级重教，以实现教研团队需要达到的目的。

5. 总结分享

课例研究结束阶段，团队成员会撰写总结报告回顾自己在课例研究中的工作和收获，并选择其中有价值的报告以书面形式出版或发表，供更多教师、学校阅读。如果报告很有价值，也可能被当地教育主管部门在一定范围内推广，甚至可能在商业出版物上出版，将研究成果商业化。总结分享环节，他们更加注重对教学经验的提炼和对提炼的经验进行分享，整体提高团队的执教能力。

课例研究对日本的教育改革与发展影响广泛而深远。其研究过程主要包含以上步骤，但又各具特色。据调查，当日本的教师被问到"什么因素对教师自身成长影响最大"这一问题时，他们的回答一般都是"课例研究"。日本的课例研究的主要特点是主题鲜明、问题真实、探究味浓，这也是其吸引人的主要因素。可以说，日本的课例研究最早提出了一条与其他国家截然不同的教育研究思路和一个让国民获得知识的新方法。

除日本进行的课例研究外，本教研团队通过阅读大量的书籍发现：在世界其他发达国家和地区也有过类似的教学研究形式，如美国的"工作坊研究"，德国的"教学艺术研究"，中国香港的"学习型研究"等。为了让课例研究步入一个全新的发展阶段和为课例研究者创建更大平台，2006 年，成立了"世界课例研究会"和建立了《国际课例研究与学习研究杂志》期刊，以推动课例研究作为教师专业成长的一种专业学习工具，帮助全世界范围内的更多学校发展为学习共同体，共同促进教师的专业发展。

(二) 国内课例研究情况

中国课例研究的发展距离世界课例大会提出的发展远景还有相当大的差

距。中国教育部办公厅发布的《关于 2003 年义务教育新课程实验工作有关要求的通知》中提出："建立以校为本的教学研究制度"，这使得"校本教研"成为新一轮课程改革的核心之一。当前，我国已经建立起了包含省（市）教科院（室）、区县教研室、学校教研团队、分年级学科备课组的立体教研网络，特别是以教研团队和备课组为主的校本教研是整个教研网络中最重要的组成部分。

校本教研的内容包括理论学习、说课、听课、评课、教学反思、专题讨论、课题研究、校际交流等。其中，集体备课、听课、评课已成为国内学校一项常规的教学活动，是连接学校一线教师、学校管理者和大学教育研究者的一座桥梁，对学校教学品质的提高以及中小学教师专业能力的提升作出了巨大贡献。但就每一次具体的校本教研内容和活动过程而言，未必以改进学生学习方式、教师教学方式和发展教师专业能力为核心。

深入调查我国教研活动后发现，校本教研是四级立体教研网络中的重要部分，而听课和评课是校本教研的一种基本而又重要的形式。其中存在一些普遍性问题，如：评课无关痛痒，没针对现实问题的解决；评课不能抓住要害，以发言为主，缺少具有理性高度的观点；评课一般是以教学实况为对象，大多没提出有效的改进意见或示范教学思路等。所以，不是校本研究中的所有听课和评课活动都可以称为是在开展课例研究。只有其中少部分围绕主题开展研究性的听课、评课活动或反复开展"同课异构"的校本教研活动，才可以称为课例研究。因为更多的听课、评课活动是不包含研究的，所以，不能称为课例研究。也就是说，相对于目前国内已形成的庞大的教研网络而言，课例研究只是其中很小的一块拼图，并且相对于其他教研类型来说，这块拼图是非常独特的。因为课例研究除了重视教与学，更重视研与训，具有研教并重的特色。所以，对于课例研究的反思就应该基于包含研究成分在内，它与教师的日常工作和专业成长息息相关。

（三）团队课例研究情况

本教研团队开展的课例研究是从团队教师专业发展的现状出发，通过课例研究提升团队成员专业发展水平，并对市域内各校、镇、县的科学教师培养产生辅导和示范作用。

该团队的课例研究借鉴了国内外先进的课例研究模型，基于新时代教育要求，创新了属于本团队的研究方法和思路。小学科学教研团队的课例研究主要通过四个阶段来实现：一是备课阶段；二是上课阶段；三是反思再上阶段；四是成果提炼阶段。在这四个阶段中，备课阶段主要包括教师研读教材，搜集资源，形成初步教学设计，团队搜集名优课堂分享，提炼教学主体精髓，形成团队教学设计和课件的过程。上课阶段主要包括选择不同班级，执教教师上课，团队听课、观课，寻找本节课的亮点和不足。反思再上阶段主要包括集中研讨在观课中发现的问题，并提出改进方案和措施，反思自己的教学思路、教学方法、教学策略、作业设计等，重新优化教学设计和再上。成果提炼阶段主要包括研讨小组提出的试教亮点、作业设计的思路、问题与研讨等，形成可借鉴、可推广的经验。

课例研究在完成初稿后，主教者和实施团队要进行反复的修改和经验提炼，总结优点，修改不足，提炼出值得推广和借鉴的教学方法，面向省、市、县、校四级推广实施。

二、科学课例研究的作用

（一）丰富小学科学教师专业理论

课例研究的做法一般是通过"提出问题—研读教材—设计教案—开展试教—反思交流—修订设计—开展重教—共同提升—形成成果"这一过程的反复实践，使教学活动变得更有效。其中，"提出问题"是方向，"观察与交流"是专业成长的途径，"共同提升"是目标。在这一过程中，先要用理论指导教学实践，最后又从教学实践中提炼和总结出新的理论或具体做法，这是课例研究的最核心之处。因此，扎实的课例研究让小学科学教师收获的不只是一节课的教学经验，而是一类课的教学经验。课例研究还将帮助教师积淀分析教学问题、解释教学现象的理论知识、想法和推广应用的具体做法。它对促进广大小学科学教师不断学习专业理论知识、实践教学理论、推广教学经验有着重要作用。

（二）激发小学科学教师钻研教材

小学科学教材是教师教和学生学的蓝本，为师生提供了探究的空间和资源。它不仅规划了课堂教学内容，还提供了教学活动的基本线索和方法。可见，用好科学教材是开展好课例研究的前提和关键。由于开展课例研究中的系列活动贯穿于备课、设计、上课、评课、反思等各个环节中，作为教研团队中的一员，要想研究工作变得深入并从中收获得更多，必须提前对研究课例选用的课题及其知识领域进行深入理解。解读研究内容在教材中的知识体系、编写目的、编写特点、重点和难点、思维方式、教与学的呈现方式、练习的作用和要解决的问题等烂熟于心。只有这样，个人才能真正融入团队研究活动过程中，成为研究的主人。否则不能与他人进行同向交流，更谈不上与团队共同开展深入研究工作。

（三）提高小学科学教师专业水平

小学科学教师的专业发展水平是通过专业培训和终身学习逐步获得的小学科学教学的专业知识和技能，并在教学实践中不断提高专业素质，成为优秀小学科学教师的过程。由于课例研究是选择一定课题围绕一个主题在团队成员的沟通、交流、讨论中开展系列研究活动，让教学过程变得更完美。教师在经历实践、观摩、反思、交流、探讨等活动，并通过与教研团队的共同探索活动，实现共同成长。在这一研究过程中，教师的思政意识、课堂组织意识、教师教学技能、教师操作能力、教师反思能力会得到逐步提高。而这一研究过程正是促进小学科学教师自身专业化水平逐步提高的过程。

（四）增强小学科学教师科研意识

时代在发展，社会在进步。今天的小学科学教师已不再是传统的"传道、授业、解惑"者，而是一门对小学科学课程标准、教材、教法、实验技能、专业理论要求很高的职业。除了应具备较强的教学能力，更应具备较强的研究能力。作为一名小学科学教师，要想让自己早日成为一名科学教学能手，在日常教学工作中要随时提醒自己不忘研究，要有意识地"逼"自己从"教学型"向"专家型"转变。由于科学课例研究是一种教学与研究相结合的活动形式，小学科学教师要从自身的教学实际出发，经历不断发现问题、解决问题、改进教学的过程。通过实践研究，最终提高教学质量，促进师生共同成长。在课例研究活动中若能做到随时用"心"，往往会在课例研究中抓住即时生成的极富研究价值的问题进行深入研究。如果把握好时机，将这一问题转变为一个科研课题，引领团队深入研究，就会形成很好的研究成果。可见，课例研究有利于增强小学科学教师的科研意识，提升小学科学教师的教育教学智慧，真正实现从"明师"向"名师"的转变。

实践研究发现，小学科学课例研究的途径是多样的、方法是灵活的，需要结合不同区域、不同小学科学教师所处的不同环境等因素开展研究。用好科学课例研究这个平台，有利于打造科学教师专业成长共同体。

第二章　科学课例研究基础

科学课例研究作为一线教师专业成长的有效途径，教师需要掌握课例研究的基础性理念，厘清课例研究的相关研究理念，明晰课例研究的目的，了解课例研究应该遵循的原则。教研团队结合在实际教学中的经验积累，提出了科学教师在做课例研究中应该遵循的基本理念、基本原则，突出了课例研究的目的。本章节从小学科学教育发展的规律出发，对课例研究的基础进行诠释。

第一节　科学课例研究的理念

　　义务教育科学课程是一门体现科学本质的综合性基础课程，具有很强的实践性。科学课程是学生整体上认识世界、探索自然规律的基础性课程。科学探究实践是激发学生保持对自然现象的好奇心、求知欲，亲近自然、走进科学的双边互动活动。设计科学的探究实践可以引导学生从整体上认识世界，理解科学、技术、工程、社会与环境的关系，发展学生基本的科学能力，形成基本的科学观念、科学思维、探究实践和态度责任。科学课例研究是站在国家课程标准的高度，大胆实践科学四维目标，着力落实进阶发展理念，立足科学教师实施教学研究，促进学生科学素养发展。

一、立足素养，面向全体

　　小学科学课例研究应该以课程标准为理论引领，扎实落实科学课程立德树人的根本任务。科学课例研究要充分发挥科学课程育人导向功能，为全体学生提供公平的学习与发展机会，设计科学合理的科学探究活动，以满足学生终身发展和适应社会发展的需要。科学课例研究要立足学生核心素养的发展，用科学实践活动引导学生了解生命科学、物质科学、地球与宇宙科学、技术与工程等领域的一些常见基础性科学知识，培养学生逐步形成基本的科学观念，在系列科学实践活动中培养学生的科学思维能力、科学探究和实践能力、科学态度与社会责任感，提高学生的学习能力、创新能力。

二、精心选课，聚焦核心

教研团队在选课环节始终遵循"少而精"的原则，所选的课具有广泛的典型性和实用性。所选课例充分聚焦学科核心概念，精选与学生生活紧密联系、与核心概念紧密相关的学习内容。教研团队依据学生已有知识经验和当地实际情况，设计相应的系列探究活动，做到设计合理、重点突出、思路清晰、目标明确，确保所设计的探究活动能给学生提供充足的探究时间与空间，提供充足的交流与思考的机会。在帮助学生建构科学核心概念的基础上，逐步形成正确的科学观念、科学态度、科学实践、科学责任与担当。

三、形成结构，落实进阶

小学科学课程最为突出的特点就是学习进阶，从一节课到一个单元，再到一个领域的学习，都是基于学生的认知水平和知识经验，遵循渐进推进。教研团队在实施课例研究时，充分抓住这一特点开展课例研究，落实学科核心素养。主要抓住两个点开展结构化课例研究：一是课例研究体现学习内容由浅入深、由表及里、由易到难的特点，充分挖掘学生已有知识经验，实现旧知识与新知识之间的转化；二是教学设计充分体现由从简单到综合，由单一向多元的方向推进，实现活动层层递进，知识水平层层上升。教研团队注重改革原有常态模式，将学习内容和学习活动有机整合，进行充分地酝酿、讨论，设计出适合不同年级的、螺旋上升的课例，设计出适合不同年级的探究和实践活动，形成有序递进的课例研究范本。

四、夯实探究，激发动机

教研团队认识到：探究实践是科学学科核心素养的落脚点。科学团队在课例研究中关注了学生这一学习主体，倡导通过课标解读、教材分析，设计出学生喜闻乐见的科学活动，创设愉快的教学氛围，保护学生的好奇心和求知欲，激发学生学习科学的内在动机。在课例研究的关注点上，始终突出科学课堂教学以学生为主体，还利用学校、家庭、社区的各种资源，创设良好的学习情境，设计适宜的探究问题，引发学生认知冲突，激发学习思维。教研团队始终以探究和实践作为课例研究的主要观察点，在研究中坚持引导学生主动参与、动手动脑、积极体验，经历科学探究以及技术与工程实践的过程，在过程中学习，在过程中构建，在过程中体会科学的乐趣。在关注探究活动的同时，教研团队还重视课堂教学中的师生互动和生生互动，引导学生对所学知识和方法进行总结、反思、应用和迁移，促进学生自主学习和主动合作，提高学生科学探究能力。

五、促进发展，重视评价

教研团队认为，学生的科学核心素养培养需要有评价作为重要杠杆。以核心素养为导向的科学课堂教学，应关注学生科学探究素养的综合性评价。教研团队在课例研究中，重点关注学生的学习过程评价和总结性评价。科学探究活动中过程评价对学生参与实践是非常重要的，能激发学生的思维发展。观课教师希望执教者能不断改进评价，重视对正确价值观、必备品格和关键能力的评价，实现质性评价与课堂实践有机结合。同时，研究者们的观察点着重强化课堂实践的过程评价，重视"教—学—评"一体化发展，特别关注学生在探究和实践过程中的真实表现与思维活动。教研团队在课例研究中发现：执教者的语言评价也是比较关键的，语言类评价是科学实践活动中最有效的增值评价。课堂上的语言类评价可以很好地发挥课堂评价的诊断功能、激励作用和促进作用，同时有助于执教者关注个体差异，改进学习过程。在增值评价中，教研团队还发现充分利用信息技术手段来实施评价，可以提高评价的科学性、专业性和客观性，实现评价主体多元、方法多样、内容全面。

第二节 科学课例研究的目的

新课标强调要以人的全面发展为宗旨。在课堂教学中，人的发展最主要表现为科学素养的发展，而学科素养的发展又是以学科思维的发展为基础。新时代课程改革的主要任务是培育学生的探索精神和实践能力，而这两者的核心都是学生思维的发展。所以，在科学课堂教学中如何去点燃学生的思维之火？教研团队沿着这一思路，通过科学课例研讨和问题引领，构建开放式课堂，对小学科学教材内容四大领域"生命科学""物质科学""地球与宇宙"

"技术与工程"教学内容进行板块化课例研究。以此为一线科学教师提供一个有实践参考价值的课堂教学方案，帮助科学教师进一步提升自身的科研创新能力。

一、以解决问题为导向

在小学科学课例研讨过程中，教研团队"以问题解决为导向"进行课例研究，从备课、观课到评课、反思，均围绕着主要问题进行开展。当然，这里所说的问题既有一开始确定研究的主题，又有在整个课例研究中所出现或者发现的新问题。在平常的教学中，老师们都会对课堂上出现的问题进行研究，并且着手去解决，但是更多地会站在执教者的角度和自己所处的环境去处理，没有对出现的问题进行深入分析。科学课例研究就是对一些关键的问题以一种有深远意义的方式深入思考，寻找此类课例存在的共性并提供参考性解决方案。在这一过程中，教师既是设计者，又是引导者，更是评价者、研究者。

当然，课例的形成并不是一蹴而就的。以我们教研团队课例形成的方式为例，每一个科学课例的形成需要经历"三实践多反思"过程，即开展三次课上、课后活动，三次观课，多次课后反思（通过设计、学习、反思再设计、再试教、再反思，进一步设计、进一步教导、再反思的过程）。科学课例研究需要采用团体合作的方法去改进教学，对探究的问题加以分析，通过团队成员之间的相互帮助，进而优化教学，提炼出更具特色的课例成果。课例研究中的换位思考和合作交流，及其在这一过程中的思维碰撞与启迪，是让课例研究成果能够完美呈现的关键点。因此，科学课例研究能够让老师们站在更高、更大的舞台去审视自己的教学，解决教学中遇到的问题。在本书课例研究中，教研团队主要解决科学课堂教学中学生如下问题。

（一）研究解决学生语言表达能力

在科学课堂中我们常常采用这样一种模式：聚焦问题—学生观察—分组实验—小组讨论—全班交流讨论—师生共同得出实验结论。看起来课堂很是热闹，有动手，有发言，好像所有人都参与了其中。但是，如果我们仔细去观察，发现实验常常是那些聪明、喜欢动手的学生操作的，发言是那些口齿伶俐、善于表达的学生说的。老师偶尔抽到的学生如果回答表述不清或者过慢，老师会让其再思考。在培养学生科学素养中，学生的语言表达是一个重要的环节。基于此，把如何让学生科学地表达和交流作为课例研究的一个焦点，获得了丰富的成果。具体的研究思路是：

1. 解决学生愿意表达问题

激发学生愿意表达是课例研究关注学生表达交流的重要环节。怎样引导学生乐于表达，就科学课堂来讲，课前要充分准备，让学生置身于一个个生动的课堂场景，调动学生的探索欲望，使学生有疑、有思、有想，进而激起学生自己探索的欲望，这样学生就会迫切地想要表达自己的猜想和探究出的实验结论。

2. 解决学生准确表达问题

在小学阶段，低段和中段的学生，因基础知识积累和语言表达能力有限，很多时候明明知道却表达不出来，或者表述过程中词不达意。为了让学生能够精准表达，教研团队将课堂教学中的关键词汇融入特定的句式让学生进行阐述；在教学中，尽量将一些细小的、比较抽象的概念具象化、形象化，让学生克服说的障碍，帮助学生准确地表达。课例研究中关于学生准确表达的解决办法，主要采取的是在课前、课中、课后设计提示性句式，引导学生按照教师提示展开交流，通过由扶到放的针对性训练，逐步提高学生的表达与交流能力。

3. 解决学生有机会表达问题

教研团队发现：科学教学中，分小组实验讨论是常用的方法，小组汇报交流是常态。但如果我们对于小组成员职能只分配不进行轮换的话，久而久之就会在小组内形成权威，扼杀其他学生参与表达的机会。为了让更多的学生有机会说、多说，教研团队在教学中采用了一些技巧来实现学生有机会参与表达。在猜想环节，鼓励学生尽量将自己的想法都说出来，通过个人汇报、小组讨论、全班交流等方式，给学生提供交流的机会。在小组实验讨论环节，对于小组成员的职位会进行不断调整，如这次实验李某当小组长，下次实验李某就当实验员，再下次实验李某就当记录员……通过这样的轮换，每个学生都有代表小组表述小组发现的实验现象或者结论的机会。这样的设计方法也可以让老师们有更多时间去直视每个学生的提问，让师生在共同研究碰撞中解决问题。这样的方式也符合科学课程强调培养人与人交流能力的初衷的标准。

4. 解决学生有话表达问题

在科学课堂上，很多时候我们会发现多数学生不能对实验现象进行描述或者不能归纳实验结论的情况。通过教研团队观察分析发现：那些无话可说的学生，往往是不做实验记录的学生。为此，教研团队将此问题作为课例研究的一个点开展研究。在研究中，发现学生认真进行实验记录对于学生有话表达的重要性。科学记录能够再现学生在观察、实验中发现的问题、好的想法及出现的问题等，学生有了较为完备的记录作为支撑，学生在表达的时候就更有底气，思考才会更深入，表达才更有逻辑。因此，课例研究中在学生记录板块进行了规范化要求，每节课上课老师和观课老师都要关注学生的实验记录，引导学生规范、科学地开展记录活动。

（二）研究解决学生实验观察能力

教研团队认为：观察和记录是课例研究者观察科学课堂活动中重要的组成部分，因为观察和记录之间是相辅相成的，会观察可以培养学生记录更准确，会记录可以帮助学生观察更深入。

在小学科学课堂教学中，观察、记录能力的提升落脚点应该在实验记录单上。科学的、合理的实验记录单可以保证学生的观察更全面、细致，可以让实验记录更丰富、准确。但是现行教学中，很多科学老师往往对实验记录单不够重视，要么实验记录单不适合本堂课，要么嫌浪费时间没有进行指导，导致观察和记录都不太细致和准确，最终影响到科学课堂的教学质量。

为更好地将实验记录单和"双减"政策有机结合，教研团队在课例研究中对实验观察、记录进行了三方面具有针对性的研讨：一是对书本记录单进行重新设计，最大限度地优化教学设计；同时鼓励高年级学生自行设计记录单。填写自己设计的记录单，可以增强学生探究主动性和实践动力。二是对于记录要多鼓励，因为记录很多时候都是枯燥的。教研团队在课例研究观察中发现，在小组分工中学生最不喜欢的就是进行记录。教师要充分利用小学生喜欢受到教师表扬的心理特点，根据班级情况，对于记录详细、观察仔细的学生进行加分，让他们在班级上可以得到表扬。同时可以在实验室专门开辟一个板块进行实验记录单展示，将他们作为榜样引导其他学生学习。三是对科学记录单进行合理总结。在科学课堂上还会出现学生认真进行了记录，但是不能根据自己的数据进行合理总结。因此，我们不仅要引导学生学会观察、记录，还要帮助学生对记录进行总结。教研团队通常会以不同实验的特点为依据，将实验记录方法和要领告诉学生，长期进行记录后，学生就会知道哪些内容要进行重点观察记录。为了使学生科学观察能力有针对性提升，还要及时地将学生的记录单进行批改，认真点评，不断总结。这样才能提升学生的观察、记录能力。

(三) 研究解决学生实验操作能力

长期以来，由于受应试教育的影响，中国许多地方的科学教学都过于侧重科学知识，对于带有动态特性的科学研究过程和手段、带有思维特性的科学研究思维方式和态度，则呈现关注程度不足，从而导致在具体的实验教学中，出现较为常见的"讲实验"问题。科学探究活动光靠教师讲，势必会造成实验教学的低效，也会造成学生实践创新能力的不足。这样的教学方式不但会禁锢学生的手脚，还会严重影响学生创新精神与逻辑思维的发展，同时更会影响学生的学习兴趣。

《义务教育科学课程标准》（2022 年版）明确规定：小学科学课程教学要培养学生实事求是、严肃认真的科学态度和训练科学方法。教师要在科学实验操作活动中培养学生的观察能力和实践能力，杜绝只讲实验而不动手做实验的现象。科学实验以其生动的魅力和丰厚的内容，特别是一些能够反映探索性思维和创造力的实验活动，在培育学生的创新能力、创新意识等方面有着特殊的功能和意义。

基于此，教研团队在科学课例研究中，从导入、材料、实验三个方面进行了重点设计。导入环节，力求生动有趣并引发学习者对动手操作的浓厚兴趣。材料方面，巧用生活材料，全面发掘学习者动手操作的潜力。实验环节，演示实验不仅老师的操作要规范、标准，同时还要请学生上台演示，加深其对实验的掌握。同时，分组实验老师要进行小组指导，引导小组成员均参与到实验中，给予学生充足的实验时间和空间保障。

(四) 研究解决学生结论归纳能力

教研团队在研究中发现，课例研究的另一个点则是要解决学生实验后的论证问题，引导学生能够正确归纳并得出科学结论。关于这部分的研究，主要通过几种方式来实现：一是了解得出科学结论的方法，用方法来引导学生开展探究；二是关注科学实验中的数据分析和整理，用科学的数据来发现规律；三是要交给学生一定的逻辑推理方法，依据已有证据和经验来归纳。

解决学生得出结论的方法主要有以下两种：一是归纳法，主要用在一些现象普遍而又比较简单的科学探究活动中。归纳法又可以分为描述性归纳和行动性归纳。二是演绎法，主要是引导分析一般的规律，然后推导出是否都具有这样的规律，经历一般到特殊的过程。

二、以提升能力为目标

案例探究，是指针对一节课的内容在课前、课中、课后所开展的各项教学活动，包括与教研人员、授课人员、学生之间的沟通、交流、对话、讨论等，从中去发现和解决课堂教学问题。在"三实践多反思中"我们更加强调教师的自我批判性反思，在每一个案例研究中为教师与学生设置了个性化的目标。这样，执教者将更容易找出自己在整个课例中存在的不足。教师的自我批评有着现实意义。充分了解自己的缺陷和不足，并与团队成员进行交流，这是改进教学和提升专业能力的重要方法。

（一）教学设计能力

一堂好课的开端肯定是教学设计，教学设计是连接科学教师课堂教学理念和教师行为之间的关键环节。但小学科学教师教学设计能力不均衡，究其原因还是专职科学教师较少，更多的兼职科学教师在教学理念、教学目标、教学过程、教学方法、教学活动及教学评价六个方面都存在问题。教研团队成员在进行教学设计中一直遵循以下原则，在教学设计上均取得长足的进步。

课堂教学设计要求：一是课堂教学的设计理念要勇于突破传统学科壁垒，要更多地从现在符合学生发展的 STEM 理念去进行课堂教学设计，将科学与其他学科有机融合；二是在课堂设计中要多激发学生的认识冲突，激发学生的问题意识；三是在课堂设计中要贴近生活，多用日常生活中的案例和材料，使课堂教学更凸显生活化；四是多媒体的运用，不管是课件视频还是实验演示操作，都要多借助多媒体，让学生感兴趣的同时能看得更清楚；五是教学设计中要敢于让学生试误，培养学生的创新与探究能力；六是评价方式要多元化，不仅要关注群体还要关注个体。

（二）课堂掌控能力

所谓的课堂掌控能力是指老师为实现教育目标，在教学中对课堂进行积极主动的评估、反馈、调整与管理的能力。老师对课堂掌握的程度将直接关系到课堂效率的高低以及课堂教学的质量。对科学课堂来说，老师的课堂掌控能力特别关键，因为科学课堂有别于其他学科课堂教学。它是以实验为基础，以探究活动为核心的学科，实验环节的组织尤其考验教师对于课堂的掌控能力。稍不注意课堂就会失控，学生会沉寂在玩实验器材这个阶段，尤其是1—3年级的学生更为突出。为让课堂有序、高效进行，教研团队教学主要从以下两方面入手：

1. 规范实验习惯

课前重纪律教育，可以从学生排队走进实验室，并安静地坐在位子上等待上课等小细节开始。实验重习惯的培养，引导学生能严格遵守实验纪律和规定，爱护器材，有集体意识。实验前要明确实验目的、实验要求、实验操作方法等。实验中保持安静（小声交流讨论）并且做好观察记录。实验时间结束应立即放下器材，认真听取小组汇报和老师讲解。实验后要整理器材，主要是核实器材数目、拆卸器材、清洗器材等。这样既可以让老师掌握器材情况，又为下节课的实验器材准备节省了时间和精力。

2. 优化管理分工

加强小组管理与建设，是保证课堂分组实验有效开展的关键措施。第一是小组人员搭配要合理，小组中要包含善动手、善表达、善管理的学生。这样学生在实验中才能发挥各自的特点，不至于无所事事。第二是实行组长轮流制。将一个班的学生划分成多个小组，选拔组长可以弥补老师管理上的不足。小组长既能调动学生的积极性，又能帮助老师管理小组成员。第三是建立小组竞争机制。小组之间适当地引入竞争，比一比哪个小组更出色，树立小组学习榜样，有利于调动小组的积极性。制定小组纪律评价表，对课前准备、课中听讲、课后整理方面进行自评与互评，激发学生的小组荣誉意识，随时约束自己和监督别人，营造和谐积极向上的课堂氛围。

（三）作业设计能力

作业设计要以学生素养为导向，以学以致用为理念，关注学生兴趣、习惯、态度、责任等的培养。落实"双减"政策，设计符合课标要求和学生认知水平的多元化作业，促进学生科学素养发展。教研团队在作业设计上遵从以下原则：

1. 注重对科学知识的梳理

梳理性作业作为实践性活动的关键性基础内容，教师可以根据教学内容设计题目。针对本课的教学目标，教师可以设计少量的梳理性作业，帮助学生巩固科学知识，促进学生科学概念的建构。（见案例1）

【案例1】"双减"背景下的作业设计

▶梳理性作业设计

例如《温度与水的变化》课例梳理性作业设计：水加热后，温度会

（　　　），达到（　　　）℃时水沸腾，同时产生大量的（　　　）；水散热后温度
会（　　　），降至（　　　）℃时，水凝固变成（　　　）。

2. 注重对探究实践的测评

过程性作业是实践性探究活动的有力支撑。学生的科学概念不是靠识
记与背诵，是在探究实践中逐步构建。过程性作业有利于学生对基础知识
的积累和探究技能的提升。例如《温度与水的变化》课例过程性作业设
计。（见表2-1）

表2-1　　　　　　　　　"观察水加热时的变化现象"实验方案

我们的猜测	加热过程中，水的温度会（　　　），说明水（　　　）热量；沸腾后继续加热，水的温度会（　　　），说明水在持续地（　　　）热量；停止加热后水的温度会（　　　），说明水（　　　）热量									
实验材料	铁架台、酒精灯、温度计10支、石棉网、100mL烧杯10只、500mL烧杯10只、湿抹布、火柴、实验方案									
实验步骤	第一步：									
	第二步：									
	第三步：									
	第四步：									
	第五步：									
分段										
时间	1分钟	2分钟	3分钟	4分钟	5分钟	6分钟	7分钟	8分钟	9分钟	10分钟
温度变化（℃）										
水的变化										
我们的发现	加热过程中，水的温度会（　　　），说明水（　　　）热量；沸腾后继续加热，水的温度会（　　　），说明水在持续地（　　　）热量；停止加热后水的温度会（　　　），说明水（　　　）热量									

3. 注重对知识综合运用的测评

学习科学知识最终的目的，就是为了引导学生去认识世界和解决生活中遇到的问题。融合性作业的创设，促进学生把科学知识与其他学科知识进行综合运用，真正实现学以致用。例如《温度与水的变化》课例融合性作业设计。（见图2-1）

温度与水的变化折线统计图

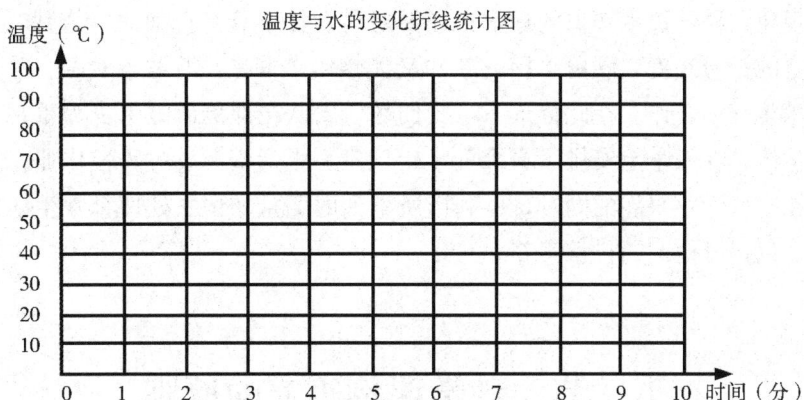

图2-1　融合性作业设计图示

（四）案例评析能力

案例分析是指教师对课堂中优点的提取和再次教学进行反思，并将现实中的教育场景加以典型化处理，再经过自我分析和与教研团队相互讨论，培养自己分析问题和解决问题的能力。在长期坚持案例评析后，团队成员发现自己在以下方面都有改善：一是了解自己行为的根据，清楚地意识到自己的教育价值观；二是培养自身的分析能力，由于课堂教学过程是复杂多变的，我们积极参与案例分析，而且分析得越深入，参与者的分析能力也会随之而迅速提升；三是作为教育的管理者，教育过程需要决策，只有通过不断地对自身所作出的决定挑战，执教者才能使自身的决定显得更为清晰和理智；四是为了提高学生解决问题的能力，需要教师能够创造性地解决教学中出现的各种问题，并做出更好的选择；五是教研能力有提高，案例研究就是去解决问题，案例评析让教师有更多研究教育问题的机会，增强了教师研究问题的意识和能力。这些能力的提高反过来又促进了教师在做案例评析时更加有目的性和针对性，案例评析能力逐步提高。

三、以培训核心素养为宗旨

小学科学课程改革最大的变化是教学理念的更新和教学方式的转变。新课标强调对于中小学生，我们要保护学生对科学技术的兴趣和求知欲，使学生亲近科学、体验科学、热爱科学；要熟悉并掌握科学认识客观事物的基本步骤和程序，并懂得怎样利用科技知识去尝试处理身边的问题；对自然事件、自然现象、科学技术知识的理解；还要对科学技术具有正确的价值判断，形成负责的学习态度，既勇于探究新知又能够实事求是，既敢于质疑、独立思考又乐于互助合作。在此背景下，我们教研团队在课例研究中更为重视学生这一主体，在教学上安排了更多的小组活动、生活资源、过程性作业，引导学生在对科学感兴趣的同时，也利用所学到的课堂知识去处理日常生活中的难题，以提升他们的科学素养。

第三节　科学课例研究的原则

科学课例研究是根据科学学习中的某个主题或某一教学内容，基于对课堂教学观察结果的研讨分析活动。应该关注科学课堂中学生学习的普遍性，用客观的原则贯穿课例研究的始终。课例分析的内容应着眼于课堂中学生学习的事实而展开。课例研究必然是以问题的研究和解决为导向，以问题的解决为目的。而以问题解决为目的的课例研究需要遵循一定的原则，这些原则是指导一线科学教师实施课例研究的基本准则。"六条"原则既符合学科课程特点，也符合教与学两者之间的发展规律。

一、主体性原则

课例研究的主体性原则，强调学习者的思维发展和人的主体地位对认识世界、发现规律的意义所在，是学习者对物质科学、生命科学、地球与宇宙科学、技术与工程相关现象的探究实践原则。小学科学课例研究需要承认和重视主体在实践活动中的地位和作用，包括学生主体、教师主体和教研团队主体。教研团队在课例研究中重点观察的是学生主体，观察学生主体的学习过程、实践过程、运用过程；其次观察执教者对课堂的组织、协调、引导能力，以及课堂生成性问题的处理能力；最后关注教研团队对课堂教学的理解力、寻找解决问题的洞察力。

二、实践性原则

科学课例研究要遵守"实践—认识—再实践—再认识"的认识世界规律。需要研究者在实践后及时反思和总结，反复修改和展开 N 次教学，在不断实践中寻找、优化自己的教学。在优化教学中发现改进教学的实践方法，在探索实践中努力培养学生的科学观念、科学思维、探究实践、态度责任。（见案例 2）

【案例 2】实践探索中遵循实践性原则

《观察土壤》一课中，老师课前布置前置作业——让学生观察身边的土壤。学生在观察中也对一些数据进行了收集，总体情况不是很理想。在课堂上老师提出了完整的观察流程和方法后，学生再次在校园中进行有序的土壤观察，分工合作进一步补充完整前置作业，课堂结束后回家对身边的土壤再次进行观察、总结和完善前置作业。在这样的"再实践、再认识"过程中，学生不仅获得了科学探究的技能，还培养了科学探究需要坚持不懈的精神。

实践性原则是学生了解和探索自然现象、获取科学知识、解决科学问题的基本原则。学生通过实践研究，可以形成良好的科学探究能力、技术与工程的实践能力、自主学习的探究能力、合作学习的协调能力。

三、过程性原则

课例研究的过程性原则是指从课题选择到最后课例的成型，每一个环节都强调以观察为重点，以发现问题为抓手，以研究解决问题为出发点，突出整个研究的过程性。关注课例研究的过程性，是引领学生发现问题和解决问题的关键，有助于培养学生的探究实践能力。课例研究需要关注学生在教师的引领和指导下开展探究活动的过程，关注学生在实践中开辟一条寻找科学之旅的自主、合作、探究之路的过程。（见案例 3）

【案例3】实践探索中遵循过程性原则

《测量降水量》一课中，老师将问题交给学生"我们如何来测量降水量"。学生纷纷提出自己的观点：有学生说，我可以用一个碗放在空地上接雨水，再把水倒入计量的容器中测量，我们就知道了降水量。有学生就提出疑问，时间怎么界定？有学生回答，我可以用计时器来计时。在讨论中，学生探索出了一些规律，也找到了一些窍门，在他们实验的时候操作就容易多了。

一切结果来源于严密的实践过程。教研团队认为：一节优秀的课例需要关注学生提出科学问题并做出假设的过程；需要关注学生制定计划并搜集证据，分析证据并得出结论的过程；需要关注进行解释与评估活动的过程；需要关注表达观点、反思过程与结果过程。这些都具有过程性特点，是课例研究的落脚点。

四、真实性原则

科学课例研究需要在真实内容的基础上开展实践研究。通过研究真实的情境发现科学规律，形成解决实际教学问题的能力。在进行科学课例研究中，教研团队提出以课堂为中心的观点，即真实性研究。要求教师在观课过程中注重数据收集和整理时的真实性，善于发现课堂教学中的有效数据。教师在收集整理学生实验探究活动中的数据、记录资源时要体现真实性，并实事求是地分析课堂教学中收集回来的数据。当所有的观察数据、现象都真实可靠，才能为课例研究提供准确的研究资源，确保课例研究的真实性，找到解决问题的办法。另外，教研团队还提示执教者在准备器材的时候应先确保实验器材的科学性，在操作前传授正确的操作方法等，以保证课堂探究活动的真实性。只有教师践行了实事求是，才能建立正确的科学观，培养学生尊重数据的科学态度，为课例研究提供第一手有价值的资源。

五、科学性原则

课例研究的科学性是保证课例研究能够实现推广和借鉴的前提。教研团队认为，课例研究首先要确保研究问题的准确性、探究方案的可行性、研究方法的科学性，以及研究结论的科学性等多个方面。在研究问题科学性方面，研究者要确保研究的问题真实、可靠、具有一定的研究价值；在方案的科学性方面，研究者要对研究的对象、研究的方式进行模拟实验，尽量做到考虑全面，预测可能在研究中出现的问题；在研究方法科学性方面，研究者可以采用个案研究与普遍研究相结合的方式，既关注个体又关注整体；在研究结论科学性方面，研究者要遵循客观规律，以科学的眼光发现教育的规律。（见案例4）

【案例4】课例研究中的科学性原则运用

《岩石的组成》一课让学生肉眼观察花岗岩的颜色，需要学生认真观察、仔细倾听。在老师的指导下，学生大胆地正确使用观察工具进行观察，完成观察汇总表，每个学生的观察结果可能有所差异。此时，老师不要否定学生的观察结果，用引领的方式尊重科学观察的结果。

科学性原则是科学课例研究应该遵循的基本原则，是指导研究者开展科学研究的重要载体，有助于课例研究的推广和运用。

六、操作性原则

课例研究的操作性是教研团队在开展课例研究中，所采用的方法、环节尽可能地考虑到了广大一线教师的专业水平，争取做到一看就懂，一行动就能完成一节简单的课例。教研团队在实施课例研究时，考虑到的是让大多数教师能掌握，提高教师对科学教学有进一步研究的兴趣和爱好。在任务设计中，教研团队考虑到每节课、每类课教学中课堂环境的不同问题，因此在可操作性问题上，避免了环节纷繁复杂、程序过于错乱的问题，必要时可减少教学环节。同时，简单的探究活动尽量让学生自己去探究，放手让学生去动手、搜集证据，发现科学规律。（见案例5）

【案例5】课例研究中操作性原则的运用

《物体在斜面上的运动》这一实践活动课要求搭建一个较平缓的斜面，把物体轻放在斜面上，观察物体在斜面上的运动。因参与对象是小学三年级的学生，不要过多地尝试可能性，尽量直接给出实验器材进行实验，就能迅速发现实验现象，归纳出实验结论。

表 2-2 物体在斜面上的运动

物品	预测	实测
立方体	■不动 ■滚动 ■滑动	■不动 ■滚动 ■滑动
小六棱柱	■不动 ■滚动 ■滑动	■不动 ■滚动 ■滑动
小球	■不动 ■滚动 ■滑动	■不动 ■滚动 ■滑动

　　教研团队在研究中发现，从整个课例结构来看，课例环节简单、流程清晰，教师在实施课例研究时能很快把握方法，同时在单独进行某一教学时，也能很快进入角色。

第三章　科学课例研究特点

本章节教研团队主要阐述了科学课例研究的方法、科学课例研究的特点以及科学课例的基本特点。科学课例研究的方法主要向读者介绍了在科学课例研究中，教研团队采取的一些具体做法和经验。科学课例研究的特点主要介绍了课例研究应该体现的基本特色。最后一个小节主要介绍了科学课例作为一个教学研究的物化成果应该体现的基本特点。

第一节　科学课例研究的方法

科学课例是围绕一个真实的科学问题或一个科学主题开展的系列研究后形成的显性物化成果。科学课例研究是对科学课堂教学中的典型问题和教学事件进行分析、阐述的过程，是执教团队反思教学、总结方法的有效方法。课例可以让其他教师通过执教团队的描述，提前预知自己可能会遇到的问题，以及学习别人解决问题的思路和途径，有利于提升自己提前做好应对的能力，也是有利于提升教师的专业素养和教学质量的有效手段。本节呈现的是课例研究的具体方法。

一、明晰课例研究流程

课例研究的基本操作，包括确立主题、设计教案、上课观课、反思评价、提炼成果、分享成果等。尽管国内外的学者对课例研究的步骤没有完全统一的观点，但是通过不一致的表现能够发现，大多数学者在课例研究的核心步骤上几乎是一致的。这些课例研究产生的差异，主要是依据划分步骤的细致程度而导致的。例如确定主体的内容就有着不同的表述方式，包括第一阶段提出问题、选择问题、确定问题；第二阶段设计方案、研究主题、选取主题以及合作设计研究教学等。从上述观点来看，实质上都涵盖了确定主题的基本意思。只有部分研究者认为，课例研究是一个循环的过程，而有的研究者并没有指明这一点。本书所指的课例研究，实际上是一个循环过程。在第一次反思结束后需要进一步修改、重新执教、再次反思等，直到问题真正得到解决而结束，从而形成一个螺旋式的、不断向前发展的过程。（见图3-1）

确立主题 → 设计教案 → 上课观课 → 反思评价 → 提炼成果 → 分享成果

图3-1　课例研究方法流程

上图中关于课例研究的方法流程，主要呈现的是该教研团队在实施课例研究中采取的具体做法。从确立主题开始，经历四个阶段，不断重复前面的三个环节，直至问题得到解决，提炼出教学成果，专家完成点评，实现成果辐射而告一段落。这样的研究方法是动态的、持续的。

二、组建课例研究小组

课例研究一般是由培训组织者牵头，分管部门负责人、相关学科教师、教研员或邀请相关学科教研机构的专家共同组成。在研究培训的基础上和研究小组的合作下，共同商定研究计划，包括主题内容的选择以及执教老师、观察研究者等，并研究分工、明确责任。

本书所指的教研团队是由市级教研共同体牵头，由高校、教研专家引领，下设研究小组、执教教师、观课团队等。具体的研究结构图如下。（见图3-2）

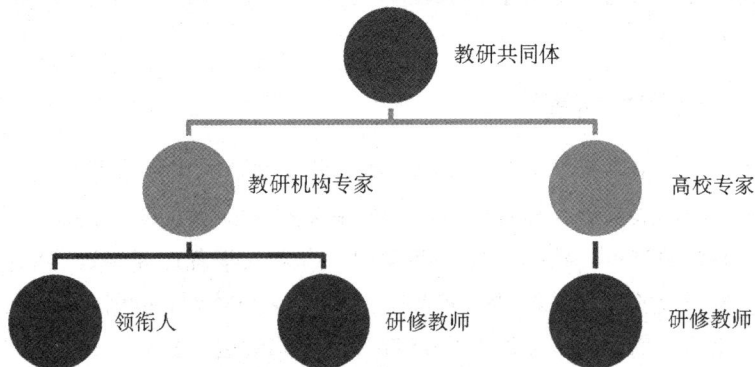

教研共同体

教研机构专家　　　高校专家

领衔人　　　研修教师　　　研修教师

图3-2　课例研究组成结构图

三、确定课例研究问题

精心选择合适的研究主题，是课例研究成功的关键。课例研究问题产生于教育工作者的常态化教学活动，包括教学任务的落实、教学活动的开展、学生学习的状态、教师的指导与点评等产生的困惑与疑难问题。上述四方面通常是教师进行课例研究的选题重点。课例的选题要注意三个点：一是要解决生活中的问题；二是要解决学习中的问题；三是要解决文献中的问题。

（一）问题来源于生活

一般来说课例研究主题来源于客观的现实问题，只有从现实问题中确定的主题才有研究的价值，才是课例研究真正的关键点。研究者在确定研究的问题时，所提出的问题必须是围绕着学生的学习生活，是学生目前学习活动中遇到的或将来可能遇到的问题，而不是教师主观臆想出来的问题。通过对问题的解决，能够促进学生学习能力的提高和思维能力的发展。该课例研究主要是分析教学中或生活中，教师认为学生学习比较困难的主题。通过调查、分析的方法，在对学生进行观察和充分了解的基础上确定研究问题。课例研究问题的方向一旦明确，接下来就是研究者对问题进行提炼，最终确定研究的主题。（见案例1）

【案例1】源于生活的问题确立

五年级学生经常会看到公路上反光镜的使用、汽车反光镜的运用等。对于光的反射概念学生不一定理解，但是对于光的反射现象是熟悉的，具有一定的学习基础。所以，在引入光的反射概念时难度并不大。针对这一问题，教师在施教《光的反射现象》一课时，对光的反射规律的探索难度比较大，为此提出了以"结构性材料"选择为主题开展课例研究。通过科学探究活动，引导学生在已有的知识基础上进行凝练，帮助学生完善科学知识结构。

（二）问题来源于课堂

小学科学课例研究主题的确定，要从课堂教学的实际出发，与时俱进，从课堂环节细微观察中寻找对课堂教学最有价值的教学研究问题。选取具备研究条件和推广价值的主题加以研究。教研团队在研读文献时发现：华东师范大学占小红团队在2013年至2015年间，对化学教学发表的109篇案例进行分析。研究发现化学课例的四个研究视角，基于特定的内容，把问题选择主要集中在主题教学上，即优化研究教学理论研究、优化课例研究活动体系、关注研究教师教学、课例研究的运用推广。上述四个研究视角，给学科教师在确定课例主题上以良好的启示。

　　本书的教研团队主要基于小学科学教学中的四个板块进行主题选择，即物质科学、生命科学、地球与宇宙、技术与工程。在四大领域的基础上，分别针对每个板块中教师教学难度大、学生理解困难进行选题。在此基础上细化研究问题，寻找某一焦点进行研究。（见案例2）

【案例2】源于教学的问题确立

　　学生对于耳朵的认识大多只关注到它的外部形态特征以及它是人体重要的听觉器官。对于耳朵是由哪些部分组成的，各部分都有什么功能，耳朵是怎样帮助我们听到声音的，很多学生都不了解。教师有必要引导学生认识耳朵的结构及其功能。但是实验室无法找到相关的模拟材料，教师针对此关键点，提出了用身边材料制作模型进行模拟实验的研究。

（三）问题来源于文献

　　课例研究既是一种实证研究，也离不开文献研究作为教学研究的基础。我们研究一节课不能总是从头开始，一个细节一个细节地开始。这样研究费时费力，达不到理想的效果。我们需要查阅别人的教学设计、课件制作、教学反思等研究成果，反思总结别人已经解决，研究别人已有的研究成果和思路，从中寻找自身需要研究的问题。另一方面，我们需要围绕选定的主题，在阅读文献的基础上再设计我们的研究策略，科学选择研究方法，创新探究活动方案。研读文献寻找问题一定要站在别人的肩膀上，而不是闭门造车，苦思冥想。教研团队成员分头查阅文献，再加以筛选，其中有价值的文献可以共享，资料的收集与实证研究都要靠事实和数据说话，而不能只靠印象和感觉。（见案例3）

【案例3】源于文献的问题确立

　　研究者在研读了《基于文献的计算性科学研究》后，教研团队提出了抓住数据分析和计算开展研究的必要性。为此，研究组在《小车的运动》一课中引出了利用计算的方法分析科学规律，发现科学规律。

　　关于文献研究确立问题的方法，教研团队需要做到以下几点：一是分析文献理念的可靠性和可行性；二是要分析问题与现实学习内容的紧密联系；三是要考虑学生的学业基础和学业水平。

四、合作确定教学设计

（一）集体第一次备课

课例研究教学设计和传统的教案设计有着一定的区别。首先课例研究的教学设计是由教研团队内所有成员共同完成的，强调教师集体合作的力量。在教学设计研究中，设计者要基于传统教学设计，根据研究主题进行科学设计，整个设计应具有共性，同时还应具有个性。在课例研究的教学设计环节，需要在查阅资料的基础上进行分析，对于如何解决确定的问题，设计者要有较为清晰的认识。教学设计还应该包括研究者对学生学情进行分析，预测学生的听课反应和应对生成性策略等问题。教学设计采用教研团队进行合作设计，分析的问题更深，设计团队协助研讨更广。聚焦集体智慧碰撞是教研团队开展集体备课的真正意义。学习共同体采用集中备课手段，有助于上课教师对教学内容更加全面深入地理解，恰当地调整自己的最初设想。教学方案的合作设计，是教师群体资源优势的具体体现。

第一次集体备课研讨活动往往是基于已有的教学经验基础，教师充分了解所在年级学生的学习情况和生活情况后，对开展教学设计有着很好的帮助。利用教研团队的教学资源开展集体备课，具有以下优势：一是能基于学生认知规律，设计提高学生学习兴趣的活动，实现学生轻松学习、教师快乐教学的目的；二是能在团队集体研讨的基础上，提高教师理解教材、挖掘教材的能力；三是能提高教学设计的质量和效率，搭建起一个科学、合理、高效的教学设计方案。

第一次集体备课是教研团队集中团队智慧和力量对教材的解析，是教研团队全程优化教学设计的教研活动。在这个过程中，成员各抒己见、扬长避短，便于教师少走弯路，促进教师高起点理解教材、实施教学。教研团队第一次集体备课是在各成员理解教材内容后实施的活动，这就为集中研讨提高效率奠定了基础。集体备课是教研团队从研究知识本体出发，结合研究教学法，对研究选题进行充分酝酿，形成通力合作的一个完整过程，更是一种能促进教师专业成长的培训过程。教研团队集体备课是教师对课堂教学工作全程设计、全程优化的教研活动。由于教师教育教学业务水平、学科、专长和教学经验等的不同，从而导致教学水平存在着一定的差异，教研团队组织集体备课能最大限度地解决教师单打独斗的问题。

（二）第一次实践教学

教研团队在第一次集体研讨后，执教者需要对提出的观点、意见、建议进行梳理，把教研团队的观点融入自己的教学设计中去，准备开始第一次实践教学，这一过程我们把它叫作第一次试教。在第一次试教中，执教者需要关注课例研究中的每一个环节是否清楚，大体流程是否合理，学生的已有经验与自己的教学设计是否存在差距等问题。而观课者需要把整节课或者某一个关键片段录制下来，为后续的研究提供素材。观课者需要完成的观课任务是对学生参与效果的观察，对教师教学的语言、组织课堂的能力、处理课堂生成性问题的关注。（见表3-1）

表3-1   观课者观察的点位

项目	聚焦问题	演示实验	指导活动	生成性问题	拓展延伸	调查学生
优点						
不足						

（三）实践后二次备课

二次实践性备课是在教研团队的引领下，基于课堂观察的结果和课后研讨反思总结，对教学设计进行持续改进的过程。二次备课是课例研究不可忽视的一个环节，它是由实践走向成熟的关键桥梁。教学设计的不断打磨修改，直接影响着下一轮的教学质量。执教者上完课后，教研团队在分析第一轮教学的基础上，需要提出各自观点，形成共识。教研团队在试教结束后对学生进行课后教学效果的访谈交流，执教团队要根据学生的反应，针对问题寻找需要进一步改进的问题和思路。研讨交流着重对教学设计中的细节进行调整，改进不合理的做法，以免在随后的教学中出现同样的问题。

课例研究中的二次备课需要解决第一次试教中的关键问题和关键环节。关键问题应该包含不同层次学生学习状态问题；实践探究程度落实是否到位问题；学生科学思维是否得到发展问题；学生科学责任感是否落实到位问题；教师是否关注学习评估问题；学生是否快乐学习问题；教师教学是否幸福问题。这些关键问题的处理直接指向学生科学核心素养的发展。而执教团队需要关注几个关键环节，从宏观上解决第一次试教中存在的不足，主要体现在：问题聚焦是否能快速激发学生的兴趣；实践活动是否能最大限度使学生达到动手、动脑能力；表达与交流是否最大范围进行了思维碰撞；拓展延伸是否做到了前后衔接；作业设计是否促进学生科学思维发展；板书设计是否帮助学生完成知识建构。教研团队实施二次备课的主要目的就是通过集体的努力，使小学科学课在教师备课这个环节得到重视，达到有效组织集体备课。在集体备课中研讨内容是核心。在备课过程中，教研团队充分考虑科学观念、科学思维、探究实践、态度责任的学科目标达成情况，旨在促进人的全面发展。在二次集体备课中还需要注意从学生角度思考教学：应深入研究学生学情，关注每一个具体的学生，研究学生的知识经验背景，尊重学生的差异，允许学生有不同的发展，鼓励学生独立思考和创新，促进学生的个性发展。（见表3—2）

表3—2　　　　　　　　　　**一次备课与二次备课后的对比**

项目	一次备课后试上情况	二次备课情况
摆的研究	学生在分组实验时，不能很好地把握摆的长度，导致每个组的实验数据相差较大	老师把摆在15厘米处打上结，在30厘米处打上结，学生在操作时就能更好地把握摆的长度，更容易使最后得到的实验数据相对准确

（四）第二次实践上课

在课后的集体研讨活动中，教研团队对第一次上课的总结和反思以及完善教学设计后，执教者对教学设计进行了更为详尽的修改。这时，执教者选择在同类班级进行二次上课，落实第二次集体研讨的成果。由于二次实践已经有了充分的研讨准备，这样的课堂更能把握住授课的关键点以及更能预测突发情况。执教者在二次上课中熟练处理生成性问题上有了较大的提高，在处理课堂中的关键问题时显得得心应手。教师能顺利地完成教学，学生能全面参与活动，实现学教一体。（见表3—3）

表3—3　　　　　　　　　　**一次试上后与二次试上后教学情况对比**

项目	一次上课教学情况	二次上课教学情况
电路中的开关	第一次授课时有两个小组的开关连接线路问题，导致灯泡没有亮，由于教师没有预设可能出现的问题，导致小组发生问题时，教师没有及时解决，影响了实验效果	按照教研团队的建议，教师在二次授课前逐个试做实验，确保每个线路的准确性，避免了学生操作失误的尴尬，有效保障了课堂教学效果。同时对课堂可能出现的其他问题进行了预设，达到了预期效果

第三章　科学课例研究特点

◆

049

五、科学设计观课工具

课堂观察是指观察者带着明确的目的，凭借自身感官及有关辅助量表工具直接或间接从课堂情境中收集资料、发现问题，并根据资料做针对性的研究观察的过程。课堂观察的目的是找到与课例研究主题相联系的研究问题，并对出现的问题采用工具的方法进行分析、提出建议。具体而言就是从课堂中每一个观测点出发，将课堂中的每一个观测点进行链接，对一个个有着内在联系的时间单元进行组合，分析教学中的每一个场景。教研团队在课堂观察中要透过一个个空间单元，对每一个观察点进行观察、记录和分析，针对问题提出实施建议。

"课堂观察"是课例研究的中心环节。这个环节是提供教学研究、反映教学效果的依据，是对教学过程进行反思和重新规划的最直接途径。结合教研团队多次实践的基础，教研团队提出了小学科学课堂观察的集中观察型工具，希望能给读者提供一些借鉴。

（一）观课者记录表

每一节课例的关注点就是教学设计和实施，所以最直接的课堂观察对象或许就是教学设计。执教者首先要把教学设计通过微信或者 QQ 等方式发给每一位观课者。观课者看到教学设计就可以了解到整节课的大体流程，全面了解课堂的预设情况、过程情况，以及可能会发生的问题。课例研究的过程中，观察者通常都会带着一份集体研讨达成共识的教学设计去观课，以便在观课中对照参考执教者的教学行为以及所达到的教学效果进行观课。教研团队主要以可视化观课记录表为观课记录，主要观察执教者的教学流程、发现教学的优点、找准教学存在的问题并提出建议。（见表 3-4）

表 3-4　　　　　　　　　　观课者可视化研究记录表

活动主题			活动时间		学习者	
活动地点			主讲者			
活动过程可视化记载	过程记录		优点		建议	
总体评价						

评价内容：包括科学教学四大目标、执教者的语言表达、思想理念、操

作技巧、处理问题等。（见案例4）

【案例4】观课者可视化观察点位

《我们的水钟》教学中，观课者可以观察教师的问题聚焦是否结合学生的生活实际，教师的提问是否具有针对性、实效性。提问的内容是否关注了教学内容，学生的学习热情是否被瞬间激发。

表3-5　　　　　　　　　　　教师聚焦问题研究记录

活动主题	我们的水钟		活动时间	××××	学习者	×××
活动地点	×××		主讲者	×××		
活动过程可视化记载	过程记录		优点		建议	
	聚焦问题： 1. 教师：你听到了什么，知道水滴石穿吗？水可以用来计时吗 2. 回顾旧知 我们伟大的祖先早就制作过水钟了，你还记得有哪两种类型的水钟吗？上节课我们认识了两种水钟，它们都是什么类型的？用什么方法来计时 （1）泄水型水钟：看水位下降多少，就可以测出过去了多长时间 （2）受水型水钟：看水面上升了多少，就可以测出时间		教师采用音频播放水钟计时的案例，瞬间课堂安静下来，学生的思维得以聚集 教师用图片方式呈现古代的两种水钟，引发学生对水钟计时工具的研究，直指研究问题		在水钟计时介绍中，教师缺少的是对学生进行思政教育，在技术不够发达的古代，聪明智慧的劳动人民设计的水钟已经实现了对自然的探索突破	
总体评价	问题聚焦在学生思维碰撞的强度上还可进一步加强，处理好内容与学生思维发展的关系					

（二）执教者记录表

教研团队在实践研究中发现，执教者的记录也是促进教学优化的重要环节。在传统的观课活动中，经常采用观察量表对课堂进行观察的大多是观课者，而缺乏执教者对自己的课堂进行观察和记录。教研团队开发的执教者记录表正好弥补了这方面的不足。在传统课堂上，观课者经常采用上述观察量表对执教者的这一节课进行评价和量化，那要如何对自己的课堂进行观察呢？执教教师可以结合自身的实际经验、教学过程、教学效果、学生学习状态等来设计或合作开发观察量表来评估自己的课堂，提出自己的反思和修改思路，达到教学最优化效果。（见表3-6）

表 3-6 执教者反思改进记录表

授课时间		授课主题		授课年级		授课教师	
可视化教学反思	成功之处						
	不足之处						
	研讨建议						
	改进措施						

上述表册主要涉及到执教者对自己课堂教学的几个大的板块，并没有进行具体细化，目的是要因人而异，发挥个体特长。（见表 3-7）

表 3-7 "温度与水的变化"执教者记录表

授课时间		授课主题		授课年级		授课教师	
可视化教学反思	成功之处	学生能积极参与到实测水温度变化的整个实践探究活动，整个活动学生参与度高，小组分工合作，能按照小组设定的方案完成活动					
	不足之处	学生分析数据中对数据的分段模糊，对班级整体记录数据没有进行分析，提炼规律上有待提高。学生对云属于水蒸气还是水这一问题需要进一步引导					
	研讨建议	改进实验装置中烧杯的大小，250mL 的烧杯较大，不利于实验的开展，浪费时间，效果不明显					
	改进措施	建议装水的烧杯改为 100mL，调整温度计高度，关注全班数据的整理，体现整体数据发展规律，引导学生对后续数据的变化进行猜测，为后续学习奠定基础					

执教者记录表可以记录执教者对课堂教学中呈现出来的优点，也可以反思自己在教学中存在的问题与教研团队分享，寻求解决的办法。同时，该记录表也是执教者记录教研团队对某一节课提出的不足和修改建议，执教者可以根据团队提出的建议及时优化自己的课堂教学。

（三）学习者反馈表

学习者反馈表是教研团队对执教者课堂效果测评的一种比较客观的分析方法。学习者反馈表主要观察学生作为学习主体在课堂上的表现情况，是课堂观察的重要工具。听课前，执教教师为观课教师提供相关学生座次表或者观课教师在记录表上直接画出班级座位表，以便观察学生在课堂中的学习表现。比如，观察者可以着重观察学生课堂上的发言状况，根据执教者选取学生发言的位置做上记号，从而观察执教者本节课对学生的关注度和关注面，以此判断执教者对本节课中学生的学习反馈。学习者反馈表还可以反映教师对某一学生的学习状态是否有关注，甚至可用座位表来关注到执教者上课时对班级男女生提问比例的研究等。（见表3-8）

表3-8　　　　　　　　　　　　学习者反馈记录表

讲台							
1列	2列	3列	4列	5列	6列	7列	8列
1	2	3	4	5	6	7	8
1	2	3	4	5	6	7	8
1	2	3	4	5	6	7	8
1	2	3	4	5	6	7	8
1	2	3	4	5	6	7	8
1	2	3	4	5	6	7	8
1	2	3	4	5	6	7	8
教师提问次数： 学生发言次数： 课堂生成性问题：							

（四）观课者分析表

　　观课者分析表是观课者对一节课观察记录后开展的一个观察者个人独立完成的表册，旨在观察者对所观察的课堂进行优点和不足的梳理，最后提出自己的观点，在集中交流中清晰呈现自己观点的方法之一。观课者完成观课后，教研团队所有成员会按照观课分析表的要求，全体安静地整理表册，对课堂教学提出至少两个优点和两个不足，并提出本人在观察中学习的经验和修改建议。通过观察者的亲身感受，客观评价课堂教学，为课例研究提供相应的思路，给执教者以真实的反馈。如果把观察者当作一个学生，观察者自身都能学会老师所教授的内容，那么本节课的教学效果就相当不错。（见表3-9）

表 3－9　　　　　　　　　　　　观课者分析表

教研团队集智交流分享	
继教编号：　　　　　教师：　　　　　单位：	
优点（至少两点）	不足（至少两点）
优点一：本课科学概念是光从一种介质斜射进入另一种介质时，传播方向发生改变，从而使光线在不同介质的交界处发生偏折。教师围绕此核心概念进阶设计了 3 个探究活动，是符合学生的认知水平的，引导学生在探究中逐步构建科学概念，促进学生的科学素养发展 优点二：论证推理时关注了对 3 个实验的现象进行分析、归纳、总结，从而得出结论，培养了学生的实证意识和思维能力	不足一：关于光的传播，生活中还有很多折射现象，如筷子在水中弯折、岸上观看到的湖水变浅……在拓展环节，折射现象的教学实例较少，教师还应注意引导学生进一步拓展延伸 不足二：学生互动交流中，对光的传播路径描述有困难，表达不清晰且缺乏条理。说明学生逻辑思维的培养还有待加强
学习收获（运用在自己的教学中）： 从实验材料的选择上来看，本课注重了以结构化的材料引导学生有序探究，促进了学生科学概念的逐步构建	改进措施（本节课的改进点，针对两个不足）： 改进一：收集折射现象实例的视频或图片资源，在拓展中引导学生做出科学解释，深化学生对折射的理解，促进学生深度学习 改进二：在学生论证活动中可以借助思维支架培养学生思维。给学生展示光的传播路径图，借助图示分析现象，归纳、总结折射规律，促进思维的可视化，提高学生的科学表达能力

六、线上线下主题式研讨

（一）研讨活动组织形式

课例研究常用的操作模式有两种：一种是线下研讨，一种是线上研讨。不管是线上研讨还是线下研讨，目的都是明确的，解决课堂教学的实质性问题。教研团队在实际操作中通常将组员分为五个小组，每个小组由 1 名组长和 3 名成员组成，每个小组的课题由教研团队学术秘书统一分配任务。组内每次由一位教师围绕研讨主题作为主讲教师上研究课，其余组员参与磨课活动，负责网络研讨课例。

（二）线下研讨基本流程

1. 准备研讨工作

执教者提供教学设计样本，教研团队提供观课记录表和集智交流记录表，为观课活动做好充分准备。

2. 执教者教学

执教教师完成课堂展示活动，每次集中线下研讨活动安排五节研讨课，每节研讨课涉及不同板块、不同主题、不同年级。

3. 执教者说课

观摩五节研讨课后，执教者向观察者阐述自己的教学设计意图以及实践教学中的调整思路和执教反思。执教者讲解教学意图主要是结合教材和学情谈自己的构思，对教学设计的依据作充分的说明。执教者对教学中出现的生成性问题作出合理的调整及解释。同时，执教者还应阐述教学的感受与体验，提出进一步修改的思路。

4. 观课者集智研讨

教研团队成员针对自己观察的任务梳理自己观察的要点，在汇总观察信息的基础上，提出自己的观点。在完成独立整理后，教研团队主持人组织全体成员开展观课分享，和执教者一起分享观课体会及提出观课中所发现问题的解决方法和策略。在集智研讨环节，可能有观点的冲突，但都是以研讨主题为载体，最终达到完善和修正教学设计的目的。

5. 形成共识，达成一致

基于教研团队的观课结果，集体研讨得出的结论是集体智慧的火花，最终还得落实到执教者对本节课例的再次优化，再进行课堂实践。通常课例研究第二轮课后修改的教学方案会在第三个班级继续实施，教学改进的策略要做到普遍性，对不同的班级课堂都要实用。这就要求执教者和观察者要吸纳集体提出的教学观点，灵活设计教学环节。教研团队要认识到有些改进后的策略可能有个性化和针对性，这使得执教者在集体研讨后需要继续思考自己的教学经验，针对下一班级的实际学情对课堂教学设计进行灵活的调整。

（三）线下研讨关注点

1. 课后研讨活动一般在授课结束后半小时内展开休息调整，执教者对自己的授课、观课者对观课内容分别进行调整与反思总结。

2. 组织者应该在研讨活动前明确活动的流程和参与人员的分工与任务，以确保在研讨活动时有序地展开，让汇报的成员能有更多的准备和精准的发言。

在补充环节要鼓励大家畅所欲言，集思广益。特别要提醒认真倾听别人的观点并及时记录，对于组织者在作总结时更要在授课前明确任务，做到分工合作。

3. 活动场地的准备要尽量选择让人放松、可以畅想表达观点的场所，应创设民主、轻松氛围的场合。严肃的场所会给人一种压抑感，不愿表达，从而影响到研讨活动的效果。

（四）线上研讨活动程序

第一次集体备课和初次试上活动由所在磨课小组内部开展研讨，一般采用线上研讨的方式进行。线上研讨的基本流程是：组员分别备课（执教者主备）—名优赏析教师下载网络课堂观看—小组交流教学重难点及教学思考—形成研讨共识，提供修改建议—完善第一次教学设计和课件—第一次试上，小组观摩课堂—小组交流观课情况—优化教学设计—第二次试上。线上研讨的优势在于研究小组成员来自不同县区，研讨时间灵活，研讨平台多样（可以借助腾讯会议、钉钉直播、微信等），节约成本，能达到研修效果。

（五）线上研讨关注点

线上研讨与线下研讨有着一定的差异，主要体现在线下研讨可能对研讨的主题和活动的氛围比较浓厚，能针对某一主题进行深入讨论。线上研讨在智慧发挥上存在着有部分成员发言不积极的情况，没有对问题进行深入思考，但是为了解决这一问题，教研团队在线上研讨采取了小组研讨的方式，解决了参与面的不广、智慧不集中的问题。

第二节　科学课例研究的特点

科学课例研究之所以得到教师的认可，因为它既反映学生与老师的实际，又易于开展与运用，是一种知行结合、理论联系实际的实践性教学研讨方式，参与课例研究的成员在各个方面都能取得进步。一个好的科学课例研究过程就是一位教师专业成长的过程，对一线科学教师专业发展具有实实在在的帮扶作用。基于此，我们一线科学教师都应该行动起来，积极参与到科学课例研究的队伍中。教研团队在研究中提炼了科学课例研究的八个鲜明的特征。

一、强调真实性

"课例"既来源于问题的解决，又高于实际问题。它有着理论与实际的双重含义，是教学理论与实际教学有效结合的产物。科学课例是以解决教师在教学实际中遇到的问题为主要研究对象。所以，科学课例研究的首要目标就必须具备真实性。科学课例研究从解决课堂教学中的具体问题出发，而问题又是来自课堂中的实际情境，它并非源于某人的教育观念、某本教材或某个现成的理论。而是源于执教者在实际教学活动中，通过对教学过程实际的洞察，以及对学习者学习特征的关注而建立起来的。换言之，这种问题的形成一定是来自现实的课堂情景，同时也只有在真实的场景中我们才能去发现有普遍性且具有研究价值的问题。因为这些问题的解决需要一线科学教师在教学中不断尝试才能很好地去解决。科学课例研究的目的，就是帮助解决这些教学中的实际问题，让教师在解决问题的过程中实现自身专业发展。如果研究的问题失去了真实，不能引起一线科学教师的共鸣，那我们的研究就是无源之水，毫无价值可言。

二、追求灵活性

一说到科学课例研究，不少教师立刻就进行了自我否定，认为自身能力不足、专业性不强、专业能力不精等，其实这是教师们对课例研究的认识不足。科学课例探究并不是让你去解决高端问题，而仅仅是让你对自身在科学教育中所面临的问题加以探讨，去寻找解决的办法。其研究问题可大可小，研究时限可长可短，也没有固定不变的条条框框。在研究过程中，我们还可以随时对自己的问题进行调整，确保研究实际有效。课例研究就是要我们灵活地去处理真实情境中发生的问题，并不是一成不变地解决某一问题，因为教师在研究的过程中可能会发现更多值得研究的问题。而这些问题的不断解决就会让教师的研究更深入，解决的策略更多样，渠道更广泛。

三、形式多样性

科学课例研究的多样性，主要是指研究参加对象的多样性、表现形式的多样性和研究方式的多样性。研究参加对象的多样性，其包括了教师、学生、家长以及教研人员。形式的多样性是指科学课例的研究方式，既可以是对教学过程中问题聚焦、实践探究、表达交流、拓展延伸、作业设计等方面的某一问题进行深入研究，也可以是对教材解读进行深入研究，或对真实教学活动进行研讨。方式的多样性主要是指研究者可以采取多种方法来解决问题。在科学课例研究中，具体包含有行动研究法、问卷调查法、教育实验法、资料收集法、个案研究法等。书中教研团队的课例研究主要是对真实教学活动、教师教学、学生学习进行行动研究。

四、系统动态性

系统动态性是指教师要灵活处理课例研究中发生的问题，让研究过程更具系统性。科学课例研究，是一种按照参与者的需求和实际科研能力不断调节变化的过程。例如，某科学课例研究活动，原定目标是研究教师对课堂上在实验过程中学生收集处理数据的能力，可在研究过程中发现学生数据收集处理没有问题，反而在结论的提炼和用科学词汇表述上有待提高。那么，我们就可对课例研究目标和进程进行调整，后期增加对该问题的研究，这样才能实现课例研究目标。课例研究是一个动态的行为过程，要根据教学的需要、学生的需求作出适当调整。

五、逻辑思辨性

科学课例探究虽是对某个科学教学问题的探究，但却有着"牵一发而动全身"的感觉。教研团队认为，科学课例研究包含了对教师的教学观、课堂观、学生的学习观、评价观的思考，从而引发新旧教育理念在探究过程中产生碰撞、交锋。科学课例研究需要研究者与时俱进，有一定的逻辑思维能力，要辩证地看待科学的相对性和不断发展的过程。研究者要在已有的经验基础上解决新问题，找到新方法，形成新思想。2017年版的科学课标主要体现的是科学概念、科学探究、科学态度、科学技术与工程四个目标体系。而2022年版的课程标准则更具有时代性，调整为科学观念、科学思维、探究实践和态度责任。因此，我们不能停留在以前的思维，要不断更新观念，解决新的问题。

六、课程桥梁性

科学课例的探究活动，是为解决某一类问题而开展的研究，能够为老师缄默与知识显性化搭建起桥梁，让教师在解决类似问题时少走弯路。首先，科学课例的探究活动是团队式探究，而不是教师个人的自主探究活动行为。从研究者来看，科学课例研究为老师之间的彼此交流与共学搭建了桥梁。其次，科学课例研究是在学科理论引导下，同伴互助、实践反思的过程，为专家与教师之间、同事之间的对话、合作、交流搭建合作的交流平台，即理念学习、情境设计、行为反省、成果提炼、推广运用等。再次，科学课例研究也是把我们实际教学与学科教育理论有机结合的过程。通过在现实教学情景中加以阐述，这也为老师教学方法的提炼与学生实际学习方法的探索搭建了桥梁。最后，科学课例为未参与课例研究的科学教师搭建了一个研究学习的平台。科学教师通过研读课例研究的方法，可以尝试开展课例研究，形成自己的教学观点。

七、思维归纳性

科学课例研究的主要目的在于解答教师课堂教学中遇到的问题。不仅仅只是让教研团队成员能够解答相应的问题，更重要的是让观看课例后的老师能够从中找到办法去解决自己教学中的问题。科学课例研究的问题，不只是一些针对执教者存在的问题，还须是一线科学教师的共性问题，而问题共性的来源就在于归纳。课例中不仅仅对研究问题加以概括，还需要研究者在对课例事件充分研究的基础上加以总结，进而得到有广泛应用性的研究结果，为一线教师提供可供借鉴的方法和经验。（见案例 5）

【案例 5】《我们是怎样听到声音的》教学经验

以“模型研究”为主要探究方式

探究式学习是科学学科的主要学习方式，能激发儿童对科学的学习兴趣，促进学生对科学概念的理解，更是培养小学生科学探究能力、思维能力、科学精神的有效学习方式。声音在耳朵里的传递是一个肉眼不可视的过程，对学生来说是比较抽象的。因此，借助模型研究便成为本课主要的学习方法，课前要为学生提供数量足够、质量足够、种类足够的研究模型。

本节课主要包括以下探究活动：（1）观察耳朵结构，需要提供清晰的耳朵结构图，有条件的可以提供耳朵的结构模型，可拆装的模型更好，学生借助模型对耳朵的结构有更形象的认识。（2）感受耳郭的作用，提供奶茶杯改制的纸喇叭，结实不容易变形，易于操作。（3）观察并比较鼓膜的振动，提供用保鲜膜制作的鼓膜模型，用泡沫粒辅助观察，“振动”效果更明显，帮助学生有效地收集证据。（4）研讨活动为学生提供人耳听音视频，完整地呈现声波在耳中的传播路径，引导学生能对“我们是怎样听到声音的”这一问题作出科学解释。

八、方法科学性

科学课例研究的思考方法是假设法、概括法和描述法，科学课例研究的结论和经验都需要这些方法的综合运用。科学课例研究并非对某一教学理念的单纯检验，而是以科研为手段，借助实际教学案例，致力于解决教师在进行课堂教学中面临的实际教学问题。教研团队在课例研究中运用最多的就是行动研究法，在课堂观摩、教学磨课中积淀对同类教学的认识。在使用行动研究法的同时又引入科学发现模式，使其形成双重激励机制，既能有效推进课堂活动，又能为建立科学假说或理论构想提供素材。在课例分析部分，研究者主要采用概括法和描述法，对课堂教学经验进行概括，对课堂教学方法进行描述。

第三节　科学课例的基本特点

科学课例是围绕一个主题所开展的一系列教学活动，在课堂教学实录基础上形成的案例。每一个科学课例都蕴含着一定的逻辑关系和结构特点，不同的科学课例所具备的"功能"是不一样的。也就是说，不同的科学课例所呈现的指导方向不一样，但科学课例都是将教学方式生动再现，体现执教者和教研团队对问题的解决方案和教学理念。因此，科学课例应具备以下基本特点：

一、主题明确

主题明确是一篇优秀科学课例必不可少的特点。它是反映课例主题内容，关系教学核心理念的重要标志。有了明确的主题之后，课例的生成才有推广价值。科学课例主题的制定要根据《义务教育科学课程标准》（2022 年版）的课程性质、课程理念和总体目标设计。科学课例除了突出课程本身特色的同时，还要重视科学教学中的焦点问题。

每一个科学课例其本身具有一定的特点，有的科学课例以研究导入为主题，如实例中的《观察鱼》《磁极的方向》《导体和绝缘体》等；有的科学课例以研究学生对物体的观察为主题，如实例中的《观察一瓶水》《观察与比较》《观察一棵植物》等；有的科学课例以研究学生对实验数据的收集和整理为主题，如实例中的《一天的食物》《一袋空气的重量》《比较相同时间内运动的快慢》等；有的科学课例以研究学生实验的操作能力为主题，如实例中的《模拟安装照明电路》《影子的秘密》《水的蒸发和凝结》等。因此，我们要先明确教学内容后才能选择相应的主题。只有这样，科学课例才具有针对性和适用性，才能使研究的主题具有可参考的价值。同时，科学课例题材的选取也必须符合上述特点。科学课例要在优秀课堂教学经验的凝练、课堂实践的难点或突出问题、先进教学理念中的联系点、新颖的理论视角的基础上确定主题。（见案例 6）

【案例6】确定主题解析

例如《温度与水的变化》这一课例，我们研究的主题是作业的设计如何指向发展学生科学学科的核心素养。该课例以设计"多元化"的作业为载体，来推进水的"热量、温度、形态"三者之间关系的科学探究活动，有效地帮助学生理解"热量变化导致物体温度变化，物体形态变化又取决于温度变化等"。

上述案例体现的主题就是"双减"背景下的作业设计为主题的，结合课堂教学内容，设计与探究实践相关的"作业"，引导学生在完成"作业"的过程中实现探究实践活动，帮助学生逐步建立科学观念，形成核心素养。

二、线索清晰

科学课例是在一个时间轴上开展的，那么就有先做什么、后做什么的问题，即课例的流程。线索清晰是本课例研究的一大特点，科学课例的研究中，教研团队经过多次打磨和研讨后，提出了课例研究的基本线索。可以让科学课例达到一目了然的效果。该科学课例中，我们开发的是一种以学生为中心线索的课例流程，其操作步骤如下。（见图3-3）

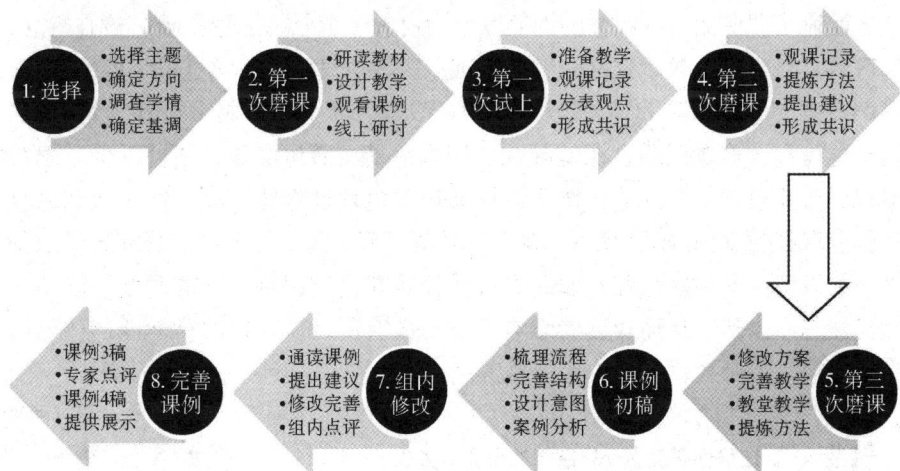

图3-3 课例研究流程图

课例研究经历了以下研究流程：主题选择（考虑学情和教材内容），第一次磨课（研读教材和设计教学）、第一次试上（观课磨课和形成共识）、第二次磨课（提炼方法和达成共识）、第三次磨课（修改方案和完善教学）、课例初稿（梳理结构和初步完善）、组内修改（通读课例和提出建议）、完善课例（专家点评和提供展示）。这一过程都是围绕主题展开的，重点在于学科专家对科学课例进行点评，让科学课例更具有推广价值和实践意义。在科学课例研究中既有学生学习成果的呈现，也有教师研究成果的展示，更有教学理念的细微落实。

三、过程翔实

科学课例重在过程，也重在课堂行为的改变，以提高教师的实践智慧。"科学课例研究"是在"做中学和学中思"中总结提炼出来的，而不是写出来的。科学课例研究过程是理论学习与教学实践、教育科研紧密结合的过程。科学课例研究是反思的过程，是解决课程改革中遇到新问题的过程，是同伴互助的过程。科学课例是把课程改革的新理念转变为教学行为新模式的过程。在课例研究中过程性资料的翔实与否将直接决定着学习者的学习效果。所以在科学课例研究中一定要有大量翔实的观察研究结果作为基础，既要有叙述类型的材料，又要有论述类型的理念，资源的丰富才能让读者进行自我判断和自我分析。

就科学课例而言，完整的课例其包含有教学背景、适用年级、核心概念、学习内容与要求、教学目标、教学重难点、教学思路、教学过程、思维整理、案例评析、专家点评11个部分。其中，教学背景包括教材分析和学情分析，教学过程包含聚焦问题、课堂导入、探索活动、研讨交流、拓展延伸、思维整理、作业设计7个环节。作业设计又包含梳理性作业、过程性作业和融合性作业（视教学内容而确定）。在课堂教学过程的每一环节中、每一教学点都必须加以意图的讲解。唯有如此方可使读者在进行课例学习的时候，既知其然又知其所以然，从而让读者学有所获、读有所得。这样的科学课例才能够为一线科学教师提供指导作用（见案例7）。

【案例7】过程性研究《一袋空气的质量是多少》
一袋空气（100筒）是又大又轻，不便于直接称重，需要通过转化，将一袋空气（100筒）分为5个20筒，先称出20筒空气的质量，再乘5得到100筒（一袋）空气的质量。

上述案例中，体现的是一个翔实的教学片段。单凭说教很难让三年级的学生理解做法和建立空间思维。于是，采用"一袋空气"和"5个小皮球"直观贴图的方式，学生能轻松明白方法和思路，产生动手的欲望。动手过程中用绿豆先称出了20筒空气的质量，再联系生活实际经验，采用学生熟悉的牙签、小橡皮筋、弹珠、大头针这四种物体，分别称出20筒空气的质量。整个称重活动选用5种生活小物体分别代表5个20筒空气，意图让学生通过用不同的物体重复称重的方法，加深学生对20筒空气质量很轻的认识，进一步培养学生"等量代换"的科学思维，培养学生细心做事的品质和合作能力，体现"做中学"的教学理念。

四、评析到位

科学课例最终是要呈现出教学的效果。它既是对教学过程设计的肯定，又是对研讨问题的回应。这样的科学课例才具有说服力，读者才能从课例中得到启示。科学课例中评析和反思就是教学效果呈现的方式。站在学生的视角进行，学生的感受才能真正反映出教学效果，才能发现教学目标有没有真正落实，研讨问题是否有意义，学生科学素养是否得到培养。反思是否站在课例的全局进行，从课例开始到结束每一个环节是否都是在围绕科学课例的主题进行，每个环节是否都达到了相应的要求。我们的课例只有在不偏离主题和各个环节都得到落实的情况下，才能说明我们对研究问题的解决方法行之有效。因此，科学课例评析到位是其必不可少的基本特点。（见案例8）

【案例8】《光的反射现象》案例评析部分
做好预备实验，提升实验效果
预实验可以为正式实验摸索出最佳的实验方案，可以检验原实验设计的合理性、可行性，避免因实验设计不合理盲目开展而影响实验效果。在探究光的反射规律实验过程中，提前做了多次预实验，最开始在装有水（水中有少量的牛奶）的玻璃箱底部放一面镜子，用激光笔射向镜子，可以明显看到光的传播路径，但不方便记录现象，更不方便学生对实验数据进行分析。之后将实验方法进行了调整，在白纸上放上平面镜，用只有一道狭窄光束的手电筒照射平面镜，学生可以在白纸上清晰地看到光的传播路径，甚至可以沿着光的路径画出光路图，有效地帮助学生找到光的反射规律。

上述案例评析，在具体的教学事例中呈现了执教者在多次预实验中发现问题、寻找解决问题的方法，最终探索出最佳的实验方法，并总结了预实验的教学经验。课例的评析，不仅为教师解决教学问题提供借鉴，还成为教师教学理论提升的重要方法。

五、点评科学

书中科学课例与其他课例研究的最大不同就是引进了专家对科学课例的点评，从某种程度上体现了科学课例研究的高度、深度。专家的点评让科学课例的优点和不足体现得更加客观，是对教研团队的肯定，同时也是跟进后续研究，实现研究走得更远的主要做法。科学课例点评的内容一般涉及教学设计的优化与创新、活动安排的科学与合理、作业设计的精准与多样、表达交流的深度与广度等。（见案例9）

【案例9】关于《光的反射现象》的点评

本案例最大的优点是选择了与学生生活紧密联系的材料作为科学探究活动的有效资源，教师引导学生依托身边的材料逐步展开对"光的反射"规律的探究活动，有效地帮助学生发现"光的传播"规律。教师把直观的科学现象作为科学探究中实验材料改进的出发点和落脚点，实现了对实验材料的实践创新，具有很强的可操作性。这种来源于生活的实验材料符合学生认知规律，在科学探究中促进了学生探究能力和实践精神的发展。本节课在材料上开发与实践方法为一线教师深入解读教材、开发资源提供了很好的范本。（点评专家：×××）

对科学课例的点评，就是专家引领开展深度研究的重要途径，是课例团队研究走向深入的具体体现，是改进科学课例研究的有效方法。书中的所有科学课例都涉及了专家的点评，便于读者很快抓住课例的亮点。

第四章　科学课例研究实施

科学课例研究具有很强的实用性、实践性和可操作性，作为一线教师需要从哪些方面入手，更快地开展科学课例研究呢？本章节将从科学课例的结构，即科学课例包含的"九环六步"、科学课例的撰写策略、科学课例的评价指标三方面为读者作介绍，希望在科学课例实施方面为读者提供基础的范本。

第一节　科学课例撰写的结构

本书所述科学课例结构主要是本教研团队开展课例研究以来，提炼出的"九环六步"结构。"九环"是指整个课例研究的九个环节，"六步"是指课堂教学改革中关注的六个教学步骤。具体而言，"九环"是框架，"六步"是核心过程。

一、建立课例结构的意义

在践行《义务教育科学课程标准》（2022年版）和落实"双减"政策过程中，科学课程教学需要小学科学教师发挥积极作用，集多人之长和众人之智，创造性地开展各项教学实践活动。同时，课例研究重在通过集体研究优化课堂教学，提升课堂效率，提高学生科学素养。所以，课例研究报告的撰写具有很强的实用价值和理论价值。

二、科学课例结构的要求

科学课例主要以研究报告的形式呈现给读者，主要体现小、实、思、研的特点。

"小"是从小处入手，研究科学教学中的小问题。小学科学教师的教学经验是由一点一滴的实践经验积累而成，要以小见大，见微知著，而不是谈高大上的理论。

　　"实"是要说真话，内容要充实，文风要朴实，要有实在的意义。课例研究不能虚构，既要有教学事实支持，又要体现学科理念。尽量做到以事实说话，在事实的基础上总结经验。

　　"思"是教研团队在教学中的思考。科学教学中，一个教师上课后的反思以及教研团队的行动反思尤为重要。一群会反思的人聚集在一起，才能成就一个教研团队。课例研究成果是反思的结晶。

　　"研"是教学实践研究。建立以教研团队和研究小组为单位的课例教研团队能提高研究的水平。在教研团队中，小组成员要做到互助合作、自我反思、行动跟进、协同推进。

三、科学课例基本结构

　　课例研究的基本结构主要是"九环六步"。其中，九个环节包括教学背景、核心概念、学习内容与要求、教学目标（教学重难点）、教学准备、教学思路、教学过程、案例分析和专家点评。（见表4—1）

表4—1　　　　　　　　　小学科学课例研究的"九环"示意表

环节	具体内容	备注
1. 教学背景	主要包含教材分析、学情分析、教学准备等内容	说明：在课例研究最后加入专家点评环节，旨在有针对性地提出值得借鉴的新方法、新理念和具有探究价值的新问题
2. 核心概念	对照义务教育《科学课程标准》（2022年版）中课程内容部分，查找该研究主题的核心概念	
3. 学习内容与要求	针对核心概念，在课标中找准研究主体的学习内容与实施要求	
4. 教学目标（教学重难点）	主要包含科学观念、科学思维、探究实践和态度责任（同时包含教学重点和教学难点）	
5. 教学准备	主要包含教师需要准备的教学用具和学生实验材料	
6. 教学思路	呈现某一主题的教学流程和思路发展情况	
7. 教学过程	主要包含六个步骤：聚焦问题、探究实践、研讨交流、拓展延伸、思维整理、作业设计	
8. 案例分析	主要包含教学理念的渗透、主要观点的提炼、作业设计的特色和问题与研讨	
9. 专家点评	专家对课例进行亮点描述和推广介绍	

教学过程包括六个教学步骤：聚焦问题、探究实践、研讨交流、拓展延伸、思维整理和作业设计。（见表4-2）

表4-2　　　　　　　　小学科学课例研究的"六步"示意表

步骤	1. 聚焦问题	2. 探究实践	3. 研讨交流	4. 拓展延伸	5. 思维整理	6. 作业设计
具体内容	主要包含课堂导入、提出问题、作出假设	主要包含设计方案、开展实践、收集数据、整理数据	主要包含分析数据、得出结论、解释现象	主要包含科学历史、知识迁移、后续研究	主要包含科学观念、科学方法、思维导图	主要包含梳理性作业、过程性作业、实践性作业等
说明：在课例研究中，"六步"主要是教师课堂教学过程实施的六个步骤，是观课者和执教者最为关注的点，是课例研究的核心。						

本书所述科学课例就是以"九环六步"框架扎实开展研究活动，探寻课例研究体系。在"六步"中既体现教师的教，又体现学生的学。科学课例呈现给科学教师的是执教者对每节课堂教学中重点环节的研究过程，其中也有一些涉及生成性问题解决的研究。

第二节　科学课例撰写的策略

科学课例的撰写是执教者在教研团队的共同研究下，完成所有前期工作和资料收集后，通过梳理教学、提炼教学经验，形成物化成果。科学课例的撰写重点关注五个方面：关注的问题、研究的过程、教学案例的支撑、结论的呈现、专家的点评。没有关注的问题，就不可能有完整的目标定位；没有翔实的过程，就不可能有具体的实例支撑；没有实例支撑的课例，就不可能有借鉴价值的教学经验，结论是文本的灵魂，专家点评是课例借鉴价值核心。因此，课例一般是以某一观点或某一结论统领全文的事实文本。

一、课例研究报告的撰写

（一）课例报告撰写的意义
课例研究报告是在长期的教学实践活动中，经过教研团队不断反思改进总结而成，不是闭门造车凭空想象，具有借鉴意义和研究价值。科学课例研究报告是教师实践智慧的升华，是教师对教学经验的文本性总结。通过课例研究的实践交流，才能真正感悟课例研究的真谛。

（二）课例报告撰写的要求

科学课例撰写要严格按照课例研究的原则和方法，开展实践研究，搜集有效证据，形成翔实的过程性资料。把课例主题作为研究的重要核心，把学生的学作为研究的重要内容，开展针对性的问题交流。提倡执教者与观察者要积极互动，在互动中实现不同观点和意见的沟通。

（三）课例报告撰写的结构

1. 教学背景

教学背景是课例的第一要素。课堂教学要以追求解决某一背景下的一个主要问题为出发点。课例的教学背景主要介绍教师对教材的解读、教师对学生学情的分析以及教师对科学材料的准备情况等。旨在厘清所研究课例的课标要求、在教材中所处的位置、研究的重难点以及采取的研究方法等。（见案例1）

【案例1】《我们是怎样听到声音的》教学背景分析

学生对于耳朵的认识大多只关注到它的外部形态特征以及它是人体重要的听觉器官。对于耳朵是由哪些部分组成的，各部分都有什么功能，耳朵是怎样帮助我们听到声音的，很多学生都不了解。

2. 过程与方法

研究的过程应该包含教学目标的确定、教学重难点的解析、教学准备的呈现、教学"六步"呈现，教学方法的使用、作业设计等。其中，每个部分应该呈现教学设计意图，体现教学方法和教学理念。（见案例2）

【案例2】《我们是怎样听到声音的》作业设计意图

（一）找一找，认一认

观察耳朵结构图，在模型上找出耳朵的各组成部分。说一说耳朵各部分有什么作用？

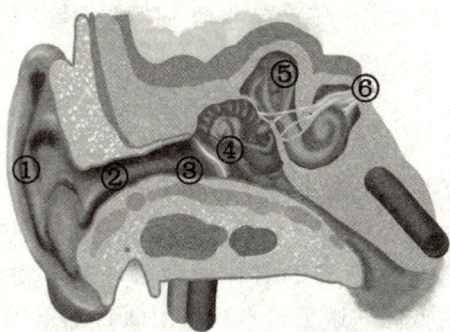

图 4-1　耳朵结构图

（二）听一听，说一说

用纸喇叭听到的声音（　　　），拿掉纸喇叭听到的声音（　　　）。由此，说明了耳郭（　　　）。

（三）议一议，记一记

表 4-3　　　　　　　　　　"观察比较鼓膜的振动"实验方案

我们的猜测	当声音（　　　　　　）时，鼓膜振动（　　　　　　）。			
实验材料	鼓膜实验装置、音叉、橡胶锤、泡沫粒			
实验步骤				
物体发出声音	声音距离"鼓膜"远近不变		声音的强弱不变	
	声音较强时	声音较弱时	声音较远时	声音较近时
"鼓膜"的振动变化				
我们的发现	声音传递到鼓膜，鼓膜会产生（　　　）。声音较（　　　）时，鼓膜振动（　　　）；声音较（　　　）时，鼓膜振动（　　　）			

（四）我能解释：我们是怎样听到声音的？

声波→（　　　）→（　　　）→（　　　　）→（　　　）→（　　　）→（　　　）
→（　　　）

［设计意图］本课作业设计包括四个内容：认识耳朵结构；探究耳郭作用；鼓膜振动实验方案设计、实验现象记录与分析；解释科学问题"我们是怎样听到声音的"。将四个作业分解细化到相应的探究活动中，既引导学生完

成探究任务，也及时检测学生学习效果，帮助他们逐步形成对耳朵结构功能的完整认识。

3. 成果提炼

成果提炼是研究者在完成课例研究活动后，对该课例研究方法、经验、思想进行提炼总结，包括展开研究的问题、研究的范围、研究的启示等。研究者要结合课堂教学的优点和具体的做法，多角度总结自己的教学成果。为了有效落实"双减"政策，本教研团队特别重视课例中的作业设计研究。（见案例3）

【案例3】《我们是怎样听到声音的》成果提炼

以"多元作业"为学习测评任务

怎样检测学生是否达成学习目标？需要我们通过多种方式收集关于学生学习的证据。科学作业设计就是教师收集学生学习证据的有效方式。学习目标的达成以课堂探究活动为依托，所以作业设计要自然地分解细化并嵌入各个探究活动中。

本课教学中将作业设计融入以下探究活动：一是认识耳朵的结构，观察挂图认识结构名称，在模型上指认各组成部分。二是探究耳郭的作用，设计活动记录帮助学生分析实验现象。三是探究鼓膜的作用，设计实验方案、活动记录、现象分析，促进了探究活动的有效开展。四是研讨活动，结合视频设计了相应的声音传播路径图，帮助学生解释科学问题。当课堂教学活动任务被转化为评价任务之后，就能起到及时评估、反馈、指导的作用，促进教学活动有效持续地开展。

在科学课例的成果提炼部分，主要以案例评析和专家点评的方式呈现。案例评析着重站在教学目标达成、教学方法落实、教学效果呈现等方面进行提炼、总结、归纳，形成较为完备的经验。专家点评是引领教研团队的高校专家对课例中的某一亮点进行点评，提出具有可推广的经验和价值。

4. 问题与研讨

本教研团队认为，课例的问题与诠释部分主要应基于课例的启示和意义，或得出一些辩证性的结论，或提出值得研究的后续问题，或指明后续研究的改进方向等。（见案例4）

【案例4】"光的反射现象"问题与研讨

本节课以"合理选择探究器材"为教学设计理念，从学生的生活环境出发，学生能在生活中合理选取一些易取的器材进行科学探究。但也存在着一些值得探讨的问题：如何培养当学生遇到自己想探究的科学问题时自主选取器材进行研究的习惯？学生在生活中进行科学探究时，社会和家庭是否会支持、配合、参与？如何优化课外拓展作业的设计，以发展学生解决生活中实际问题的能力。

上述案例4中教师针对自己的课堂教学提出了两个值得商榷的问题，一是指明后续研究应改进自己的教学，二是提供给读者思考的空间。

第三节　科学课例的评价指标

课例评价既要有相对应的评价原则，也要有专门的操作流程。课例评价应遵循最朴素的判断标准，既要有直观性、鲜明性和深入性，又要有较强的视觉效果，要容易被接受和引起学生的学习兴趣。有鲜明针对性的评价，更容易得到学生的认可，更能深入挖掘学生的思维潜力。

一、明确评价目的

评价应从特定目的出发，根据一定的标准，通过特定的程序对已经完成的工作进行检测，从而找出反映工作进程的数据，对工作的质量进行合理的评估。科学课例的评价是对教育教学理念的思考，是对具体教学环节的研讨，是对科学教学规律的探究，以提出更具深刻意义的建议。

（一）坚持目标导向

科学课例研究评价应体现目标导向原则。评价课例要全面落实有理想、有本领、有担当的时代新人培养要求。要全面落实习近平新时代中国特色社会主义思想，将社会主义先进文化、革命文化、中华优秀传统文化、国家安全、生命安全与健康等重大主题教育有机融入课程，增强课程思想性。

（二）坚持问题导向

科学课例要有明确的教学重点和教学任务，注重对实际问题的有效解决。要遵循学生身心发展规律，通过学、教、研一体化促进知识衔接，提升课堂教学的科学性和系统性。以问题为导向，在课例研究中体现育人目标，阐述实施路径，增强课例的指导性和可操作性。以"双减"政策为依据，精心设计对学生终身发展有价值的课堂教学内容，实现课堂教学提质增效。

（三）坚持创新导向

科学课例要紧扣科学观念、科学思维、探究实践和责任担当科学课程核心素养，在前人已有研究经验的基础上，突出学生主体地位，关注学生个性化、多样化的学习与发展需求。深化课堂教学改革，强化课例研究的综合性、创新性、实践性的基础上，提高课例研究的实效性和应用价值，着力提升学生科学素养。

二、建立评价指标

（一）教学背景评价指标

根据 2022 版课程标准的实施要求，教研团队对小学科学课例研究中的教学背景提出了指导性评价指标，以更好地引领该团队成员实施课例研究，提高研究质量。

1. 教材分析

确定课例研究主题后，执教团队要基于课程标准和教师用书，从聚焦、探索、研讨、拓展四个部分对教材进行分析，要对教材中的文字、图片进行解读，在厘清教学内容前后关联的基础上，结合课标要求和教材内容提出创新或改进的方案。

2. 学情分析

学情分析是实现因材施教，提高教学效率的前提。学情分析主要是了解学生的已有知识、学习方法、学习态度、学习习惯。学情分析的目的是分析影响学生课堂学习的有关因素，为教学设计和教学实践活动提供行动的基础和策略指南，以促进学生更好地投入到学习活动中。执教者要对授课班级的整体水平做到心中有数，才能针对性地进行教学设计和实施教学评价。例如，小学低段学生的认知水平不够高，观察能力不够完善的情况下，教师要进行《植物》单元的教学，需要教师课前对班级学生进行调研。分析学生的识字量、学生的语言表达能力、学生的观察能力、学生的画图水平等，从而根据班级学情进行授课过程的细节处理，让教学效果呈现最佳状态。

3. 资源分析

资源分析主要是指执教者对教材提供的材料、方案进行分析，对方案提供的材料是否符合学生的认知特点和已有水平作出科学判断和优化。（见表4-4）

表4-4　　　　　　　　　　　　教学背景部分评价指标

类别	评价内容	水平等级	等级评定
教材分析	1. 结合课程标准分析教材 2. 结合教学用书分析教材 3. 依据教材中图文分析教材	一级水平：分析全面 二级水平：分析较全面 三级水平：分析不全面	
学情分析	1. 基于学生已有知识分析 2. 基于学生生活经验分析 3. 基于学生调查问卷分析	一级水平：分析全面 二级水平：分析较全面 三级水平：分析不全面	
资源分析	1. 结合教材开展资源分析 2. 结合教材运用生活材料分析 3. 结合教材创新材料分析	一级水平：分析全面 二级水平：分析较全面 三级水平：分析不全面	

（二）目标分析评价指标

目标的确定要在科学核心素养的基础上，依据科学观念、科学思维、探究实践和态度责任展开。用发展的眼光来看待学生，依据学生身心发展的特点来对科学目标进行评估。目标分析要结合课标、学情和教材，不拔高或降低要求，做到科学、合理。（见表4-5）

表4-5　　　　　　　　　　　　教学目标部分评价指标

教学目标		评价内容	水平等级	等级评定
核心素养	科学观念	1. 体现对科学概念、规律、原理的认识 2. 体现对物质、能量、结构、功能、变化的认识 3. 体现对科学验证性、相对性、暂时性的认识	一级水平：体现全面 二级水平：体现较全面 三级水平：体现不全面	
	科学思维	1. 体现模型构建、推理论证、创新思维 2. 运用模型分析、解释现象、分析数据描述 3. 引导学生从不同角度思考问题	一级水平：体现全面 二级水平：体现较全面 三级水平：体现不全面	

续　表

	教学目标	评价内容	水平等级	等级评定
核心素养	探究实践	1. 体现对科学探究能力的培养 2. 体现对技术与工程实践能力的培养 3. 体现对学生自主学习能力的培养	一级水平：体现全面 二级水平：体现较全面 三级水平：体现不全面	
	态度责任	1. 体现引导学生树立正确的科学态度 2. 体现引导学生逐步具有社会责任感	一级水平：体现全面 二级水平：体现较全面 三级水平：体现不全面	

（三）过程设计评价指标

课例研究的重点部分是教学过程，包含了问题聚焦、探究实践、研讨交流、拓展延伸、思维整理和作业设计六个步骤，是科学核心素养培养的核心环节。（见表4-6）

表4-6　　　　　　　　　　教学过程部分评价指标

项目	评价内容	评价指标	评价等级
问题聚焦	1. 问题指向研究核心 2. 紧密联系内容选用导入方法 3. 导入方式有吸引力（如视频、魔术等）	一级水平：体现全面 二级水平：体现较全面 三级水平：体现不全面	
探究实践	1. 体现学生对问题的猜测 2. 体现学生自主、合作设计方案 3. 体现学生动手实践活动 4. 体现学生对数据现象的收集整理	一级水平：体现全面 二级水平：体现较全面 三级水平：体现不全面	
研讨交流	1. 体现分析数据现象得出结论 2. 体现语言的表达 3. 体现学会倾听别人的观点	一级水平：体现全面 二级水平：体现较全面 三级水平：体现不全面	
拓展延伸	1. 体现对科学观念的运用 2. 体现前后知识的联系	一级水平：体现全面 二级水平：体现较全面 三级水平：体现不全面	

项目	评价内容	评价指标	评价等级
思维整理	1. 体现思维进阶理念 2. 体现思维导图层次结构	一级水平：体现全面 二级水平：体现较全面 三级水平：体现不全面	
作业设计	1. 体现前测性作业 2. 体现与探究实践结合的作业 3. 体现总结性作业	一级水平：体现全面 二级水平：体现较全面 三级水平：体现不全面	

（四）案例评析评价指标

案例评析是在《义务教育科学课程标准》（2022年版）和"双减"政策引领下，对课例研究的活动过程、研究成果、教学理念、经验得失进行总结与提炼，主要是以文本形式呈现给读者。教研团队在案例评析部分主要从四个方面展开：一是教学理念的渗透；二是主体作用的体现；三是作业设计的理念；四是问题与研讨。（见表4-7）

表 4-7　　　　　　　　　案例分析部分评价指标

评价内容	评价指标	水平等级	评价等级
教学理念	1. 体现学科核心素养理念 2. 体现儿童中心理念 3. 体现探究实践理念 4. 体现学科创新理念	一级水平：体现全面 二级水平：体现较全面 三级水平：体现不全面	
主体作用	1. 体现自主探究实践 2. 体现合作探究意识 3. 体现师生互动功能	一级水平：体现全面 二级水平：体现较全面 三级水平：体现不全面	
作业设计	1. 体现层次性作业 2. 体现"双减"精神	一级水平：体现全面 二级水平：体现较全面 三级水平：体现不全面	
问题与研讨	1. 体现教学内容的诠释 2. 体现后续问题的探究	一级水平：体现全面 二级水平：体现较全面 三级水平：体现不全面	

三、科学课例的评价实施

(一) 建立评价小组

本教研团队在实施过程中发现，建立专门的评价小组对课例进行科学评价，是提升课例研究质量的重要保障，更是一种积极的研究态度。（课例研究评价小组构成见图4-2）

(二) 明晰评价指标

课例研究的评价指标拟定应与时俱进，遵循发展性原则；课例评价内容要体现多元化、评价方法要体现多样化、评价主体要体现多元化；课例评价要体现连贯性和连续性思想，以利于推动课例研究纵深发展。

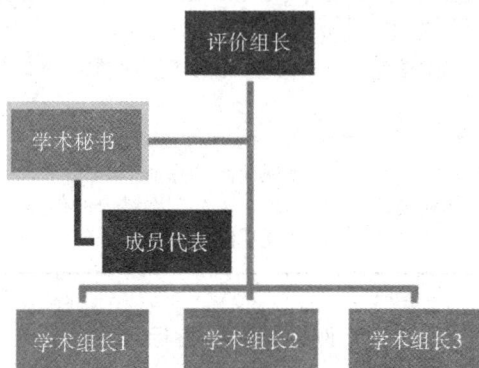

图4-2　课例研究评价小组构成

(三) 科学实施评价

每一次课例研究都会产生一个独立完整的课例，我们要用发展的眼光来看待课例成果，让每一个课例研究都能成为一线有价值的优质资源。对课例研究实施过程的评价，既要肯定研究者的努力和付出，也要指出相应的不足和改进之处，要利于激发团员成员的研究热情，利于充分发挥每一位研究者的创造性。

(四) 评价结果运用

教研团队每学年对成员的课例实施研究情况进行评估。五个研究小组按照上述评价指标进行逐一评价，最后评价组长对所有的科学课例评价进行汇总，作为年度优秀研究成员推荐的重要依据。

第五章　科学课例研究实例

前面我们已经对科学课例的理论研究有了基本的了解，为了给读者朋友提供基本的操作遵循，第五章主要为一线教师提供了 27 节典型的课例成果。该部分主要分为四个板块，生命科学实例 9 节、物质科学实例 14 节、地球与宇宙科学实例 2 节、技术与工程科学实例 2 节。

每一节课例作者围绕主题进行研究、亲自实践，教学设计呈现了课堂实录，课例评析阐述了设计理念、具体探究方式、作业设计、问题与研讨，邀请了专家对课堂教学进行逐一评析，可帮助读者更好地把握课堂设计，为读者提供理论支撑和技术支持。每一节课例都是该团队成员的集体研究成果，团队成员有的思想活跃，有的观念新颖，有的善于创新，有的功底深厚……希望通过这一典型的科学课例集，表达团队热爱教学的情怀，体现勇于探索的精神，实现教研一体化的目的，展示突破自我的风采，践行"双减"和新课标的理念，体现一线教学的智慧性与技术性。

书中课例是基于科学核心素养培养的课堂教学案例及评析，是新课标理念下开展的教学探索，具有典型性和可操作性，展现了新改科学课堂应有的样子。相信能为一线教师提升课堂教学质量提供实践参考，对提高自身教学研究素养具有一定的借鉴价值，并通过课例研究进一步打造自己的教学课堂。

第一节　生命科学实例

本小节围绕"生命科学"领域展开研究，分别确定了"规范观察的方法""规范观察的顺序""引导规范整理数据"等 11 个主题，将生命科学领域的相关学习要求有机整合，充分融入方法、操作、思维、思想等因素。着力引导学生通过多种方式开展探究实践活动，在活动中逐步培养学生的科学核心素养。本节所呈现的课例聚焦了提出问题、方案设计、收集数据、整理归纳、表达交流等内容。如何在生命科学领域的教学中培养学生的核心素养，以下11个案例做了很好的探索，希望对广大科学教师在教学此部分内容时有一定的借鉴意义和研讨价值。

课例1主题：引导科学规范的观察方法

《观察一棵植物》课例与评析

【教学背景】

"植物"单元是小学生进入小学阶段学习科学课的第一单元，将引领学生走近科学学习的大门，掀开科学学习的第一页，对学生今后的学习产生重大的影响。选择植物作为科学学习的起点，是因为学生对植物具有天然的亲近感和好奇心，这会为学生的主动学习提供重要的心理基础。

本课是第一单元"植物"的第2课，作为刚跨入小学学习生活的一年级学生，对全新的课程充满了好奇和渴望。首先，通过对第1课《我们知道的植物》的学习，学生初步认识到植物是有生命的，并能简单说出植物会生长、死亡，需要水和阳光等。但学生关于"植物是生物"这一概念认识并不深刻。其次，该阶段学生的观察方式主要停留在"看"上面，即使有的学生会本能地进行触摸、闻，但他们并不知道这是一种观察方式。因此，在教学中教师要对此进行科学引导。再次，学生对观察目的性和顺序性不明确，这就需要教师在课堂上进行观察方法的细致指导，帮助学生能充分运用感官从整体到局部、细致地进行观察。最后，教师要做好指导工作，告诉学生科学绘画与艺术绘画不同。由于之前没有系统地接触过这门课程，缺乏相应的学习方法，课堂主动参与思考性也会不足，一年级学生大多不会使用科学词汇进行描述，教师需在整个学习过程中不断引导学生科学观察、科学表达。

一年级学生缺乏自我控制能力和约束能力，只有设计学生感兴趣的活动或游戏，学生才乐意去做，乐意去学。教师在设计一年级科学课时，要抓住学生的年龄特点和接受能力，引导学生在玩中学、学中玩。

【适用年级】

新教科版小学科学一年级上册

【核心概念】

5. 生命系统的构成层次

【学习内容与要求 】

5.2　地球上存在动物、植物、微生物等不同类型的生物

1—2年级：③说出周围常见的植物名称及特征。

【教学目标】

科学观念：通过观察一棵植物，学生了解了植物具有根、茎、叶等营养器官，并能指出相应结构。

科学思维：在教师指导下，能利用多种感官观察一棵植物的外部形态特征，并在教师引导下，尝试用科学词汇描述观察到的信息。

探究实践：能利用多种感官观察植物根、茎、叶的形态特征，并画出一棵植物的简图。

态度责任：愿意倾听、乐于表达和分享有关植物的信息，具有认识和研究植物的兴趣，以及珍爱生命，爱护身边植物的情感。

【教学重难点】

重点：学生能说出植物具有根、茎、叶的形态特征，并指出相应结构。

难点：用科学词汇描述观察到的信息，能较为完整地画一棵植物的简图。

【教学准备】

教师准备：多媒体课件、植物（菊花实物）、A4纸。

学生准备：植物（菊花实物）、学生活动手册。

【教学思路】

走近自然，提出问题→出示菊花，揭示课题→运用感官，整体观察→小组合作，局部观察→研讨植物，认识结构→拓展应用，美画植物→精简作业，巩固认知→思维整理，形成观念。

【教学过程】

一、聚焦问题

（一）走近自然，提出问题

1. 教师活动

（1）秋天到了，美羊羊、喜羊羊要到外面去游玩了，让我们一起跟随他

们的脚步去看看有哪些景色吧！（课件出示图片）

（2）喜羊羊和美羊羊也和大家一样，叫出了这些植物的名字，但是美羊羊发现了一种他们没见过的植物。（教师相机出示一盆菊花）

2. 学生活动

（1）观察牵牛花、竹子、枫树……

（2）整体感知菊花。

[设计意图] 美羊羊和喜羊羊是小朋友最熟悉、最喜欢的动漫人物。通过这些动漫人物导入新课，将一年级小学生的注意力很快集中到本课题中，激发学生想要认识这种植物的欲望。他们会猜测这种植物的名字，长得像什么，仿佛在家里阳台上或学校花园里见过，但不一定能准确叫出它的名字。

（二）出示菊花，揭示课题

1. 教师活动

（1）你们认识这种植物吗？它是什么样子的？在大自然中你见过这种植物吗？在哪里见过？

（2）教师相机出示各个地方种植的菊花，如公园、花园、花卉种植基地、家里阳台上、学校等，告诉学生菊花分布广、种类多、生长环境不同。

（3）菊花是中国十大传统名花之一，也是世界名花。菊花分布广、种类多、颜色丰富，有红色、橙色、黄色、绿色、白色、粉色、紫色、灰色和复色系九大色系，主要由根、茎、叶、花四部分组成。今天，我们就来观察一棵植物。（板书课题）

2. 学生活动

（1）学生交流、汇报。

在菊花没有开放的情况下，不少学生并不认识它，教师先引导学生猜一猜，借此吸引学生的注意力。在学生猜不出的情况下，再出示一盆盛开的菊花，引导学生再次猜测植物的名称，然后引导学生说说在哪里见过它，学生各抒己见。（教师相机介绍菊花）

[设计意图] 教师出示一盆盛开的菊花后，让学生再次猜测这种植物的名称。这时有一部分学生能准确说出这种植物的名字，还说出在家里看到过这种菊花，有的学生说在学校花园里见过这种菊花，还有的学生说妈妈带他去买花的地方也见过菊花。这时，教师用PPT出示各地方种植的菊花，为后续学生对菊花的认识、了解奠定了基础。

二、探索活动

（一）运用感官，整体观察

1. 指导整体观察

（1）教师活动

①拿出准备好的一株菊花，请你仔细观察，说一说你都看到了什么？

②对科学词汇的读音进行讲解，关注科学词汇。

（2）学生活动：交流观察活动

①我看到了植物的根。

②我看到了植物的茎。

③我看到了植物的叶。

2. 指导局部观察

（1）教师活动

①为了能够更加仔细地观察这棵植物，我们可以怎样做呢？

（2）学生活动：交流观察方法

①我们可以走近了去观察。

②我们可以用手去摸一摸。

③我们可以用鼻子闻一闻它的味道。

④我们还可以……

3. 总结观察植物的方法

（1）整体—局部。

（2）远—近。

（3）看、摸、闻。

［设计意图］学生通过有序观察菊花的方式，便于他们了解菊花的外形特点和结构。引导学生通过用多种感官，即眼睛看、小手摸、鼻子闻等方法感知植物的形状，帮助学生更加立体地感受植物的结构。引导学生经历从整体到局部，从远到近的科学观察过程，初步感受科学的观察方法。

（二）小组合作，局部观察

每个小组分发一盆菊花，引导学生按教师指定的观察顺序，运用多种感官对菊花的茎、叶、根逐一进行观察。

1. 小组合作观察植物的根、茎、叶，并能说出各个部分的特征。

2. 教师强调观察要求和观察顺序。

3. 教师到每个小组指导学生观察、用语言描述。

4. 小组代表汇报（按照一定的规范汇报）。

（1）通过观察，我发现菊花的茎（　　　　　　　　　　　　　　　）。

（2）通过观察，我发现菊花的叶子（　　　　　　　　　　　　　　）。

（3）通过观察，我发现菊花的根（　　　　　　　　　　　　　　　）。

5. 师生共同总结

通过观察，我发现：菊花的茎有分支，摸起来硬硬的，不是很光滑……

通过观察，我发现：菊花叶子很多，像羽毛，颜色是绿的，摸起来软软的，边缘有缺口，闻起来有淡淡的香味……

通过观察，我发现：菊花的根有直根和须根。

［设计意图］本环节是引导学生按照教师指定的观察顺序运用多种感官看、闻、摸等方法，观察菊花茎、叶、根的特征。能用"通过观察（　　　　　），我发现了（　　　　　　）"这样一句完整的句子来表达观察到的现象。这样既能训练学生的语言表达能力，又能加深对植物茎、叶、根的认识，形成正确的科学观念。

三、研讨交流，认识结构

1. 说一说生活中你见过哪些植物？出示三种植物大葱、莴笋、荷花，引导学生指出它们的根、茎、叶。

2. 出示一棵大树的图片。

（1）教师活动

①观察这棵树，你有什么发现？

（2）学生活动

①这棵树很高、很粗壮。

②这棵树有很多的分支，有很多的树叶。

③这棵树树干上有很多裂痕，树叶上有很多叶脉。

④这棵树有很多树根露在了外面。

　　……

3. 对学生进行环保意识教育，引导学生懂得要爱护树木，保护生命。

［设计意图］能够正确指出三种植物的根、茎、叶（荷花的根生长在水里，无法指认），通过联系生活对大树的根、茎、叶进行观察和描述，引导学生加深对植物根、茎、叶的认识。同时知道植物也是有生命的，我们不

能随意采摘，要爱护它们，保护它们。借此对学生进行珍爱生命教育、环保意识教育。

四、拓展应用，美画植物

请学生拿出活动手册，将自己观察的植物画下来。注意：按照一定顺序画出植物的结构：土—茎—根—叶。

学生完成绘画后，引导学生上台分享所画的作品，并指出各部分名称。

［设计意图］通过引导学生动笔画一棵植物，加深其对植物构造的认识。通过展示交流既能锻炼学生的语言表达能力，又能帮助学生加深对植物结构的认识。此处的活动设计是在原有观察活动的深化，是学生形成科学观念的重要活动。

五、精简作业，巩固认知

1. 请找一找植物的根、茎、叶所在的位置，填序号。

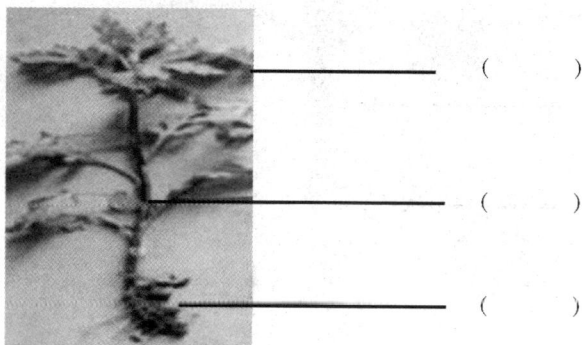

（　　　）

（　　　）

（　　　）

A. 叶　　　　　　　　B. 根　　　　　　　　C. 茎

2. 按以下步骤画图。

（1）先画土；

（2）再画茎；

（3）然后画根；

（4）最后画叶。

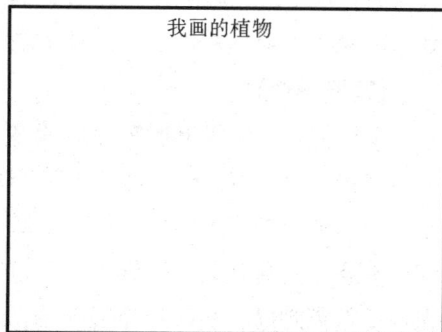

我画的植物

[设计意图] 本节课的作业设计与课堂活动紧密联系。第一题找一找植物的根、茎、叶所在位置，填序号，主要是检测学生对植物根、茎、叶的认识，完整认识植物结构，帮助学生加深印象。第二题画植物，主要是检测学生对本课所学知识的巩固，既复习看植物的基本结构，又与美育教育紧密联系。

六、思维整理

观察一棵植物

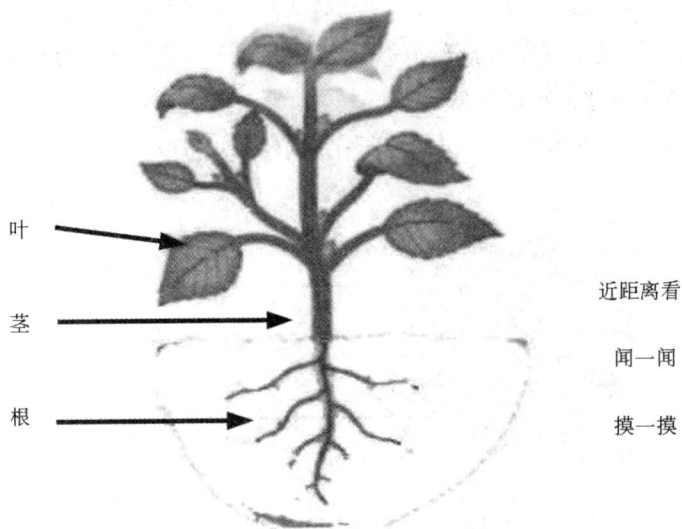

叶　　　　　　　　　　　　　　　　　　近距离看

茎　　　　　　　　　　　　　　　　　　闻一闻

根　　　　　　　　　　　　　　　　　　摸一摸

[设计意图] 用菊花实物贴在黑板上，标注出各部分名称，看起来直观明了，可以帮助学生直观认识植物的结构。一年级学生在认知水平、识字能力较弱的情况下，教师采用图文结合的思维整理方式，能帮助学生准确认识菊花各个部分名称，形成正确的科学观念。

【案例评析】

本课例是一年级上册第一单元"植物"的第2课，是在学生了解一些常见的植物之后，着重引导学生对一棵植物进行观察。在学习活动中，学生初步认识到植物是有生命的，并能简单说出植物会生长、死亡，需要水和阳光等。本课在此基础上，引导学生通过观察一棵植物深化对植物外形特征的认识，重点指向根、茎、叶等营养器官，并帮助学生逐步建立起"植物是生物"的概念。

一、贴近生活，激趣导入

本节课教师首先用学生熟悉的动漫人物喜羊羊和美羊羊外出游玩看美景的情景导入，很快将一年级小朋友的兴趣调动起来。激发学生乐于和教师一起探究喜羊羊和美羊羊的一路所见，为后面探究从未见过的植物结构奠定了基础。因此，教师在引入环节中，引导学生小组合作观察菊花的根、茎、叶环节时，给予学生充足的时间，仔细地观察，大胆地发言，满足了学生的好奇心和求知欲，激发了学生学习科学的兴趣。

二、恰当引导，动手探究

（一）指导中促探究

由于一年级的小学生刚入学还不到一个月，对周围的一切都不熟悉，科学课也是第一次接触，很多探究环节都不懂，必须在教师的指导下才能完成。因此，教师要结合学生的认知规律，设计科学、合理的探究活动，在教师的指导下开展探究实践活动。

（二）实践中学方法

由于学生年纪小、好动、自控能力不足，因此组织课堂教学纪律很困难，教师有必要用多种激励方法来维持好课堂秩序。在实践中渗透简单的科学探究方法是本节课的重点。本课内容是一年级学生所喜欢的，主要引导学生通过看、摸、闻的方法来促进活动的实施。学生能够看到真实的菊花，能够摸到实实在在的菊花，能够闻到菊花叶子淡淡的香味，这也是教师设计活动的目标。结合生活实际的探究活动使得学生学习兴趣很浓，很容易掌握本课的知识。特别是学生汇报时，教师进一步规范学生的表达，要求学生以一定的模式，用完整的语言表达。如：通过观察，我发现菊花的茎_____；通过观察，我发现菊花的叶_____；通过观察，我发现菊花的根_____。

（三）拓展中促提升

"说一说生活中你见过哪些植物，出示三种植物大葱、莴笋、荷花，引导学生指出它们的根、茎、叶。"这是将本节知识进行迁移的设计，目的是帮助学生区别不同植物的结构特征。在拓展的最后引导学生明白植物是有生命的，激发学生要爱护植物，从而对学生进行环保教育，提高学生的态度责任。

三、妙设作业，提升学业

本节课教师围绕教学内容设计了两个层级作业：一是巩固植物的基本结

构，再次认识植物具有的特征；二是引导学生简单地绘画，从美学角度引导学生巩固所学科学知识，形成较为完备的科学观念。从作业设计来看，具有逐步推进的过程，为学生的学业目标达成起到了重要的作用。

四、问题与研讨

本节课教师通过学生熟悉的动漫人物作为情景导入，带入了现实中的植物引导学生进行观察、学习，并用自己的感觉器官实施了探究活动，但还有值得商榷的地方：一是在激发了学生的探究欲望后，教师引导学生开展有效探究的方法有待进一步加强；二是引导学生规范表达与交流的策略上可进一步优化；三是学生在经历了画出一株植物的基本结构后，学生成果的展示机会和平台可更充分。总之，本节课在教学环节中还存在不足的地方，希望在后续的教学中不断改进。

（叙永县大石镇中心小学校　龚燕菊）

【专家点评】

这是一个典型的有效观察植物的课例。教师结合学情以情境导入吸引学生的兴趣，再结合欣赏图片、观察植株、绘图等方法，寓教于乐。引导学生用多种感官从整体到局部，循序渐进地观察一棵植物的外部形态特征，逐步形成正确的科学观念。本课教学的结构清晰、逻辑性强，教学过程中有一定的趣味性，给学生充足的观察探究时间，重视培养学生的语言表达能力，处处体现学生的主体地位。本节课最大的亮点是教师将活生生的植物搬到课堂上，引导学生观察、学习、思考。教师在课堂中还渗透了思政教育，提高了学生的环保意识，引导学生更加热爱大自然。

课例 2 主题：科学规范的观察顺序实践

《观察鱼》课例与评析

【教学背景】

《观察鱼》是一年级下册"动物"单元的第5课。继《观察一种动物》及《给动物建个"家"》后，本课将以鱼为对象，继续开展对动物个体的观察活动。鱼类分布广泛，易得、易养，是水生脊椎动物的代表，它的身体形态与蜗牛等陆生动物有较大的区别，具有明显的适应水生环境的身体特征。有鳍、有鳃等是这类动物分类的重要特征。多种多样的鱼类展现了动物世界的多样性，体现了动物适应环境的特点。

本课的教学内容主要分为鱼的外形特点、鱼的运动和鱼的呼吸三大板块。通过引入"鱼的身体是什么样的"这一问题，引导学生对鱼的身体结构特点进行探究。然后通过观察，发现鱼的运动主要是靠鱼鳍来完成的。接着思考鱼嘴不停地一张一合，鱼鳃一开一闭，到底是在干什么，引导学生观察鱼是怎样呼吸的。最后通过引导研讨，帮助学生明白鱼因为生活在水里所以用鳍运动、用鳃呼吸、身上还长有鳞片等特征，从而归纳出动物身体的外形特点与生活环境是有关系的。

鱼是学生比较熟悉的动物，教学可以从学生熟悉的情景引入，引导他们观察，并能科学地描述鱼身体的主要结构特征。对"鱼是怎样运动、怎样呼吸的"这些问题，一年级学生的认识比较笼统，一般会回答尾巴、身体、嘴巴等答案。如何通过观察寻找支持自己猜想的证据，对于一年级学生来说有难度。这时可以采用播放微视频等方法，将原本看不见的"游泳""呼吸"等现象呈现在学生眼前。

教师还可以让学生自发将鱼的运动和呼吸与人进行比较：人用脚走路，鱼用鳍游泳；人在陆地上呼吸，鱼在水里呼吸；鱼呼吸时鳃在动等，这些比较可以有效促进学生对鱼的认识。教师采用带有拼音的字帖代替板书，在PPT设计中也尽量地避免出现太多的文字。采用贴画形式降低学生学习的难度，既形象直观，也符合一年级学生的心理特点。

【适用年级】

新教科版小学科学一年级下册

【核心概念】

5. 生命系统的构成层次

【学习内容与要求】

5.2　地球上存在动物、植物、微生物等不同类型的生物

1—2年级：②说出生活中常见动物的名称及特征，说出动物的某些特征（如都会运动）。

【教学目标】

科学观念：（1）知道鱼有鳞片、鳍、鳃等身体特征。（2）知道鱼生活在水中，知道它的身体适应水生环境。

科学思维：（1）能简单描述鱼外部主要特征，知道鱼用鳃呼吸、用鳍运动，知道鱼的生存需要环境条件。（2）能在教师指导下，观察鱼的身体结构，通过口述、画图等方式描述鱼的外部特征。

探究实践：（1）对鱼的运动和呼吸表现出探究兴趣。（2）能认真观察鱼的形态和运动，乐于表达自己的发现。

态度责任：体会动物和植物都是有生命的，体会爱护动物的意义。

【教学重难点】

重点：能够利用感觉器官按照顺序观察鱼的身体特点，并能描述鱼的身体特征。

难点：通过观察体会鱼的运动与呼吸，更全面地了解水生动物的特点。

【教学准备】

教师准备：课件、鱼的图片剪纸。

学生准备：鱼缸、鲫鱼、棉签、学生活动手册。

【教学思路】

引出思考→观察实验→探索模仿→深化认识

【教学过程】

一、聚焦部分

1. 教师活动（变魔术）

（1）教师魔术变出鱼，多媒体出示课题。

（2）教师提问：说说鱼生活在哪里？

2. 学生活动

（1）自由交流发言。

（2）互相交流小鲫鱼生活在水中。

［设计意图］有趣的魔术引入，将一年级学生的注意力迅速集中到本课题中，激发学生对本课的探究欲望。通过提问、自由交流，明确"鱼是生活在水中这一环境的，与前面的陆生动物不一样"，为后面探究部分观察鱼用鳃呼吸做铺垫；同时掌握学生对鱼的了解有多少。在这个环节中，教师主要通过互相交流挖掘学生的前概念。

二、探索活动

（一）观察鱼的身体特点

1. 师生交流

（1）怎样观察鱼？观察鱼要注意什么？打开PPT，要求学生按照先观察鱼身体的整体形状，再按照从左往右的顺序，仔细观察鱼的各部分结构，并画下来。

（2）观察提示。按照一定的顺序观察鱼，并且从鱼的正面、侧面、上面等进行观察。（一年级学生识字量有限，他们对于从整体到局部、从头部往尾部的观察顺序理解有难处。因此在PPT中，教师设计了图片和动画放映的顺序。通过图文演示的方法，引导学生明白观察的顺序和方法，即从整体到局部、从头部依次往尾部）

图 5-1　观察顺序：从整体到局部

图 5-2　观察顺序：从左往右、从鱼的头部到尾部依次观察

图 5-3　观察角度：从鱼的正面、侧面到上面观察

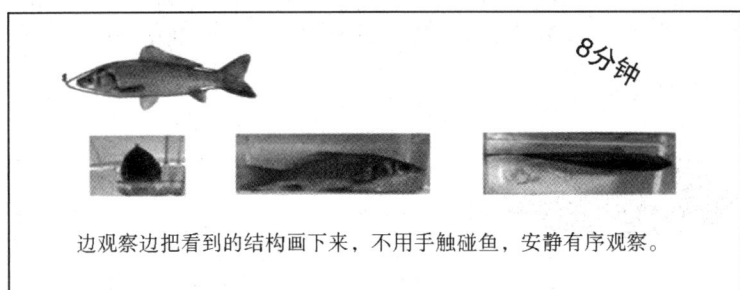

图 5-4　其他观察提示

2. 观察鱼，并在活动手册上记录画下观察到的鱼。（要求看到什么就画什么，实事求是地记录）

3. 汇报

（1）邀请学生按照观察的顺序介绍自己的发现，引导学生用"我观察到鱼的头……像……"等句式描述。

（2）全班一起完成鱼的身体构图，剪纸贴画。

4. 学生活动

（1）学生小组合作观察鱼，将看到的鱼画在活动手册上，教师控制好课堂纪律。

（2）学生小组合作观察后进行组内交流，介绍自己观察到的鱼"我观察的鱼……"并形成基本的共识。

（3）学生互评：对比鲫鱼的图片，交流其他学生观察到的鱼。

（4）师生共同交流鱼的身体特征，全班一起完成剪纸贴画。

［设计意图］本环节是让学生仔细观察鱼的身体特征，了解鱼的特点。观

察前引导学生思考观察的注意事项，而不是教师直接给予，给予学生有独立思考的空间。引导学生明白观察的顺序是什么，而不是没有目的性地观察。学生自主探究过程中，及时引导学生看到什么就画什么，帮助一年级学生建立科学追求事实探究这一意识。引导学生在交流中用科学的语言表达鱼的特征，知道鱼有鳞片、鳍等身体特征。在学生汇报环节，教师要发挥引导作用，指导学生如何观察，并用一定的方法来汇报交流，便于从低段开始培养学生良好的科学探究习惯和表达习惯。

（二）观察鱼的运动

1. 教师活动

（1）观察鱼是怎样运动的，要求学生边观察边模仿。（鱼静止不动时，可以用手轻轻敲击鱼缸）

（2）教师同时邀请 2—3 个学生模拟鱼的运动表演，一边做动作一边介绍。

请用"我的手模仿的是鱼的……，因为……"的句式来介绍自己身体部位分别模拟鱼的哪个身体部位在运动。

2. 学生活动

（1）学生反复观察鱼的运动，并模拟运动。

（2）学生用"我的手模仿的是鱼的……，因为……"的方式汇报交流。

［设计意图］本环节是引导学生利用发现事物的特征，再次观察，并通过动作模拟和人的呼吸、运动比较，了解鱼的运动和呼吸。本活动是学生通过观察鱼身体各部位的运动情况，认识到鱼的运动与其身体某部位的运动有关。引导学生充分动起来比用言语描述鱼的运动更深入，更适合一年级的学生学习。在活动过程中，模拟表演都是学生相互活动交流，充分将课堂交给学生，体现学生的学习主体地位，为学生构建新的科学概念起到很好的作用。

（三）观察鱼的呼吸

1. 教师活动

（1）再次观察鱼呼吸时的情况。

（2）教师指导学生交流"鱼是怎样呼吸的"，并一起模拟鱼呼吸时鳃盖的运动。

（3）观看视频，了解到鱼的呼吸与鳃有关。

2. 学生活动

(1) 学生讨论鱼的呼吸。

(2) 师生模拟鱼鳃的运动，小鲫鱼是靠鳃呼吸的。

[设计意图] 学生很容易观察到鱼鳃盖及嘴巴配合运动，鳃在鱼的内部，学生很难用肉眼观察到鱼用鳃呼吸的过程以及鳃的作用。因此，借助多媒体的使用能很好地解释这一难题。同时，这个活动的设计是对前面活动的又一次提升，通过层层深入的学习，建立水生动物是用鳃呼吸这一科学概念。

三、研讨交流

1. 教师活动

(1) 教师提问：思考蜗牛能生活在水中吗？

(2) 学生自由交流发言并说明理由。

(3) 请用"我认为蜗牛……生活在水中，因为……"的句式自由发言。

2. 学生活动

学生自由交流发言并说明理由。

[设计意图] 在探究活动中就已经讨论过鱼的身体特征、鱼的运动、鱼的呼吸了。因此，通过对比鱼和蜗牛的身体特征，帮助学生认识到陆生动物和水生动物的身体特点，搭建起前概念通往新概念的桥梁。这一环节既可以得到学生学习情况的反馈，又可以避免乏味重复。通过研讨交流，综合运用本节课所学知识，有依据地阐述自己的观点，是本节课学生思维得到升华的关键点，帮助学生形成新的认识体系，突破教学难点。

四、拓展延伸

1. 教师活动

通过课件展示鱼的内部、鱼刺、鱼化石图片。

2. 学生活动

师生交流关于鱼类的认识。

[设计意图] 顺应学生学习思维教学，激发学生探究兴趣。前面几个活动都是对鱼的外部特征的学习，学习鳃的知识后，学生会对鱼的内部特征产生浓厚的学习兴趣。这一环节起到抛砖引玉的作用，为学生后续更深入地探究做铺垫。

五、反思评价

说说今天的收获，并将小鲫鱼带回家饲养，继续观察鱼。

[设计意图] 将课内探究活动延伸到课外，激发学生课外继续探究的兴趣，体会动物和植物一样是有生命的，体会爱护动物的意义。在课外观察活动中，学生的持续观察习惯会得到进一步培养。科学教学的目的就是将科学教育与生活有机结合，而本活动正是一个很好的延伸平台。

六、思维整理

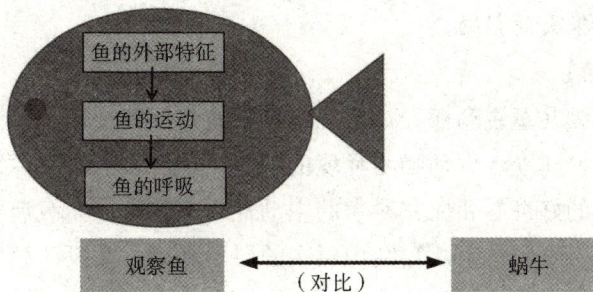

[设计意图] 通过观察鱼的身体外部特征，知道鱼有鳞片、鳍、鳃等，观察鱼的运动，再次仔细观察了解鱼用鳍运动，深入学习思考鱼的呼吸，了解鱼用鳃呼吸。与蜗牛作对比，意识到陆生动物与水生动物的不同点，体会不同的身体特征与生活环境有关。

七、作业设计

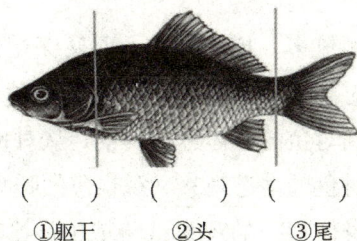

(　　)　(　　)　(　　)

①躯干　　②头　　③尾

1. 看一看：仔细观察鱼的身体，可分为哪些部分呢？请将正确的序号填写在括号中。

2. 说一说：仔细观察鱼的外部特征，我们发现鱼头有（ 　　　　)，像（ 　　　　 ）一样；鱼的躯干上有（ 　　　　 ），像（ 　　　　 ）；鱼尾上有（ 　　　　 ），像（ 　　　　 ）。

3. 想一想：鱼用（　　　）呼吸，靠（　　　）运动。

4. 说一说：我认为蜗牛　〇能　〇不能　生活在水中，因为＿＿＿＿＿＿
＿＿＿＿＿＿。

[设计意图]本节课的作业设计主要贯穿在探究活动中，引导学生在作业的引领下从整体到局部顺序观察鱼的外部特征，并使观察具有目的性、针对性，可大大提高学生对实验现象的归纳、分析、整理，对培养低段儿童正确的科学素养有很大的帮助。

【案例评析】

引导一年级儿童主动探究，从观察事物的外部特征入手，渐渐深入观察鱼的内部结构，建立水生动物与环境的初步认识。亲历科学探究的过程，有利于激发儿童的好奇心和探究科学的主动性。尤其在一年级启蒙阶段，应重视观察方法的引导和学生认知结构层次的层层剥离，在设计教学活动与指导上要适合一年级学生的年龄特征。

一、以学生为主体的教学理念

提到"观察"，似乎人人都会，但是真的会观察吗？尤其授课的对象是一年级的学生，他们天真活泼，没有规则意识，没有一定的科学思维。在本节课的设计中，一定要考虑到该年龄段学生的身心特点。教师的引导起着决定性的作用，但不是全部包揽，而是引导学生有目的、有计划、有顺序地利用感觉器官去感知鱼的形状特征，从而联系鱼生活的环境，与蜗牛对比，了解水生动物的基本特征。

鱼是小学生平时接触较多，比较熟悉，而又深受儿童喜爱的、直观的事物之一。一年级的学生对于它们的认识，观察是一种最直接的方法。主要体现在从对鱼局部的观察到对鱼的整体进行观察，从对鱼的静态观察（头、身、尾每个部位的观察）到对鱼的动态观察（观察鱼的呼吸和运动）。通过对鲫鱼的观察再延伸到对鱼类身体特征的观察（与蜗牛作比较，思考蜗牛能生活在水中吗）。在本课中引导学生对事物进行科学有序的观察很重要，在每一次观察中培养提高学生的观察能力。同时，一年级的学生识字量不足，表达能力也不强，思维比较直观，所以我在设计板书和师生交流小结时，用粘贴带拼音的字帖和进行剪贴画方式补充完整鱼的结构，这样更加形象直观，简单易懂。教师在设计中没有想过什么学科融合，关注的点在于教师通过什么样的方法引导学生有效学习科学知识，激发学生的探究兴趣，最终帮助学生树立正确的科学观念、促进学生科学思维的发展。

二、以探究为载体的教学方法

本课中教师的引导很重要，例如：（1）观察鱼前，提示学生观察应按照先整体再局部的顺序观察。由于一年级的学生理解能力和识字量有限，采用了图形的模式来展示什么叫作整体观察，什么叫作局部从头到尾的观察，什么叫作多角度观察，帮助学生明白观察的顺序和目的。（2）观察鱼时，指导学生及时将自己的发现真实准确地画下来，这一点很重要。比如，有一个学生画的是鲨鱼，立刻提醒学生记录的是自己眼前观察的鲫鱼，要越像越好，真实记录。大部分学生没有写下记录的时间，要及时提醒。（3）观察鱼后，学生汇报时，要引导学生按照观察的顺序说，引导学生仔细观察每个部位。除此之外，从备课到教学过程都要注意从学生角度出发。

（一）趣味导入，激发探究

魔术《变出鱼》，学生一看到教师从纸巾里变出一条鱼时，欢呼惊喜，学习兴趣骤然上升，对这节课充满了期待，迫不及待想了解更多关于鱼的信息。

（二）进阶设计，推进探究

一年级的学生做事条理性差、慢，规则意识弱，原设计中大部分学生都在力争画出自己认识的鱼，而不能迅速进入下一环节的学习，加之这也不是木课重点，于是教师删掉了这一环节，改为口头交流"我认识的鱼有……"。随后进行重点教学——活动 1. 观察鱼的身体特征→活动 2. 观察鱼运动→活动 3. 观察鱼的呼吸→活动 4. 研讨对比鱼和蜗牛的身体特征。从而认识到水生动物的身体特征与生存环境密切有关，循序渐进地引导学生进行更深刻的观察活动。除此之外，鲫鱼的呼吸是本课难点，鳃在鱼鳃盖里面，学生很难观察到，对于一年级的学生来说认识即可，于是采用视频教授，引导学生明白鱼在水里是怎么呼吸的。

（三）有效指导，深度探究

在观察鱼身体特点活动前，引导学生自己谈谈实验中要注意的事项。由于他们没有上过科学课，缺乏一定的科学学习习惯，几乎不能回答实验中要注意些什么，于是 PPT 中原有的实验提示文字叙述更改为图片展示，帮助学生清楚地知道怎样才是观察鱼的整体形状，怎样才是从头到尾有顺序地观察，怎样才是从正面、侧面、上面多角度观察。学生在明白了怎样操作后，就能有目的地进行观察。其次，教师语言的引导也很重要。在学生汇报自己观察到的鱼有什么特征时，他们的回答天马行空，没有顺序，这时需要教师及时给他们一个方向。例如：提示学生按照观察的顺序从头到尾地说说，可以用这样一些语言来引导"我观察到的鱼有……像……"等。

（四）多元反馈，深化理解

学生观察鱼的身体特征后，采用师生共同完成鲫鱼贴画的方式来收集学生自主学习后的结果，同时在交流中教授鲫鱼的鳍有胸鳍、背鳍、臀鳍等。教师引导学生进一步观察鱼，数一数有几个鳍等，学生从多角度观察鱼。在观察鱼的运动时，教师采用模仿鱼运动的活动来推进收集情况，学生在模仿时会反反复复地仔细观察鱼身体的每个部位是怎样运动的。他们发现原来鱼在运动时，身体的所有部位都在配合运动，胸鳍像"手"一样在控制方向，尾鳍像"马达"一样，使鲫鱼运动得更快等。

（五）瞻前顾后，拓展探究

本课中鱼是水生脊椎动物的代表，它的身体形态与蜗牛等陆生动物有较大的区别，具有明显的适应水生环境的身体特征。有鳍、有鳃等是这类动物分类的重要特征。多种多样的鱼类展现了动物世界的多样性，体现了动物适应环境的特点。于是在本课最后的研讨环节，"谈谈自己在本节课中的收获""说说蜗牛能生活在水中吗"，紧密联系上一节课的知识，将鲫鱼的身体特征隐射到鱼类动物有什么特点，水生动物与陆生动物的身体特征有什么区别，学生初步意识到它们各自的身体结构都和生存环境有关联。

三、以探究能力为核心的作业设计

（一）逐渐推进探究

对于一年级学生来说，探究作业都融入在探究活动中。在观察鱼的活动中，学生能做到按要求从整体到局部细致观察，能清晰有序表达自己的想法和发现，教学目标基本成功。比如，通过学生汇报观察结果，展示活动手册记录的图片。在展示环节，教师又让学生数数鱼鳍共有几个，引导学生再次深入观察。

（二）表达交流并进

在观察鱼的运动时，教师采用一边观察一边做动作的方式进行，这样可以激发一年级学生参与科学探究活动的兴趣。在表达交流环节，教师的语言要清楚，充分调动学生的积极性、主动性。在汇报交流中，上台表演的学生都能说出自己模仿的是鱼身体的哪一部位在运动。反复观察后，学生发现鱼运动时，每个鳍也都在配合运动。

（三）多种方法齐驱

教师在设计作业时，关注的不仅是结果，更是过程的落实。四个课堂活动体现了不同的方法，观察鱼的呼吸时，先让学生描述现象，对现象进行猜测，再观看视频，了解鱼呼吸是嘴巴和腮的配合工作。

四、问题与研讨

本课中主要通过观察了解鱼的身体特征和呼吸运动。在最后设计了一个问题："鱼生活在水中，蜗牛生活在陆地上，蜗牛能生活在水中吗？为什么？"目的是想让学生通过了解鱼的特点，初步意识到大部分水生动物和陆生动物身体特征的不同之处，明白身体特征和它们生存的环境是息息相关的。本节课还需研讨的主要问题：一是教师在授课语言组织上，还不够简练精辟，需要进一步提炼；二是学生充分展示自己作品的过程不够深入。当然还有很多不足的地方，相信在后续的教学中会不断磨砺！

（古蔺县第四小学校　辛琳）

【专家点评】

教学设计充分体现了"瞻前顾后"的教学理念，用好前概念，巩固好前面的学科素养，并为后面的教学做好铺垫，这是本课教学设计的突出之处。有趣的魔术引入，将一年级学生的注意力迅速集中到本课题中，通过互相交流挖掘学生的前概念。在仔细观察鱼的身体特征环节，引导学生有序观察和用绘画记录的方式了解鱼的外形特点。在深入观察环节，通过动作模拟了解鱼的运动和呼吸。在语言描述和模拟表演中促进了师生互动交流，为学生构建新的科学概念起到很好的作用。在充分认识鱼的特征的基础上，再通过比较鱼和蜗牛的身体特征，引导学生认识到陆生动物和水生动物的身体特点，搭建了由前概念通往新概念的桥梁。

课例 3 主题：仔细观察的科学习惯培养

《观察一种动物》课例与评析

【教学背景】

前一课认识了校园里常见的小动物，本课将选择一种易于观察的小动物——蜗牛，进行细致观察。蜗牛身体结构独特，行动缓慢，便于观察。教师引导学生从蜗牛的身体结构、应激反应和运动这三方面进行观察。先用肉眼从整体观察蜗牛的结构特征，再使用放大镜观察局部器官；利用棉签触碰蜗牛，观察蜗牛的应激反应；让蜗牛在不同的物体上爬行，观察蜗牛的运动特征。通过研讨交流，帮助学生知道蜗牛身上的结构都有一定的作用，爬行本领大，主要与腹足有关。最后在拓展中通过与蜗牛相似的软体动物进行比较，加强学生对小动物身体特点与生活习性的认识。

学生面对动物的喜爱是与生俱来的，学生对动物具有生命特征的认识已经有了一定的经验积累。儿童对动物的认识多以自己作为参照，将动物与自身进行比较，认识动物的结构特点。此外，学生使用放大镜并不是非常熟练，需要教师指导。一年级的学生处于形象思维阶段，他们的抽象思维和语言能力较弱，观察和记录也都离不开教师的指导。学生在观察时会出现观察无序、注意力分散，以及不能用准确的语言描述自己的发现等问题。教师要注重观察、记录方法的示范和引导，重点指导学生利用画图记录观察所得，提供发言范例帮助学生较准确地描述观察到的现象。

【适用年级】

新教科版小学科学一年级下册

【核心概念】

5. 生命系统的构成层次

6. 生物体的稳定与调节

【学习内容与要求】

5.2 地球上存在动物、植物、微生物等不同类型的生物

1—2年级：②说出生活中常见动物的名称及特征，说出动物的某些共同特征。

6.2 人和动物通过获取其他生物的养分来维持自己的生存

1—2年级：②举例说出动物可以通过眼、耳、鼻等器官感知环境。

【教学目标】

科学观念：（1）知道蜗牛身体结构有眼睛、触角、口、腹足、壳等，这些结构能满足它们的生存需要。（2）描述蜗牛遇到刺激会产生相应的反应，如触角伸缩、身体缩进壳内等。（3）知道蜗牛利用腹足在不同物体表面上爬行，在爬行时会留下黏液痕迹。

科学思维：能在教师的指导下，运用感觉器官或简单工具有序地观察一种动物，用口述、画图的方法描述观察到的信息，培养研究小动物的兴趣。

探究实践：（1）能在教师的指导下，利用感官或借助工具观察蜗牛的外部结构。（2）能在教师的指导下，做出简单猜想，观察蜗牛应激反应和运动方式。（3）能用简图画出蜗牛的外形，尝试用科学词汇描述观察到的信息。

态度责任：（1）对蜗牛表现出探究兴趣，乐于分享表达自己的观察发现。（2）懂得在观察活动中珍爱生命，学会保护小动物。

【教学重难点】

重点：对蜗牛的外部特征、应激反应和运动方式等进行观察和记录。

难点：尝试用科学词汇和简图描述观察到的信息。

【教学准备】

教师准备：课件、有关蜗牛的视频、蜗牛图片、放大镜、白玉蜗牛、铁钉、铅笔、牙签。

为每组学生准备：5张活动记录单、2个放大镜、1个透明塑料盒、1根竹棍、1根线、1把尺子。

【教学思路】

聚焦问题→了解蜗牛生活环境→观察蜗牛的身体特征→探究蜗牛的应激反应→探索蜗牛的运动特点→研讨交流，总结提升→拓展延伸，认识软体动物

【教学过程】

一、聚焦问题

观看儿歌动画视频《蜗牛与黄鹂鸟》

1. 教师活动

（1）教师提问：刚刚播放的动画片中出现哪些动物？蜗牛的运动有什么特点呢？

（2）今天我们来观察一种动物，它就是可爱的蜗牛。

出示蜗牛的图片，出示课题。（板书课题）

2. 学生活动

（1）学生唱儿歌，看动画片，感受蜗牛。

（2）学生观察图片。

［设计意图］本环节设计学生喜欢的方式——看动画片、唱儿歌吸引学生的注意。通过儿歌的内容聚焦本课学习的主题——观察蜗牛。这样导入引导学生由熟悉的儿歌，自然地过渡到对观察动物的学习中，体现幼小衔接。

二、探索活动

（一）确定研究问题

1. 在哪里能找到蜗牛呢？学生根据自己找蜗牛的经历，交流蜗牛生活的环境。

2. 播放视频，帮助学生全面准确地了解蜗牛生活的环境。

3. 关于蜗牛，大家还想知道什么呢？

4. 认识观察方法，幻灯片展示"手""眼""耳""鼻"，引导学生说出几种常见的观察方法。

［设计意图］本环节了解蜗牛生活的环境是对教材内容的补充。学生通过回忆找蜗牛的过程，了解蜗牛的生活环境。蜗牛的运动方式和它的生活环境密切相关。对后面认识蜗牛的爬行特点，以及蜗牛爬行会留下痕迹都有帮助。

（二）活动一：观察蜗牛的身体结构特征

1. 明确观察要求。要观察蜗牛的身体结构，我们应该选择哪种观察方法呢？（用眼睛看）

2. 指导学生用肉眼观察蜗牛的整体和比较明显的部分。

（1）出示蜗牛科学词汇"壳""触角""腹足"，并尝试把科学词汇贴在蜗牛相应的身体部位。

（2）学生观察蜗牛的身体结构，引导其说说这三部分结构的特点：壳很硬，有螺纹；触角有两对；腹足软软地覆盖在地上。

3. 蜗牛有口吗？蜗牛的口可能在哪里呢？用放大镜观察蜗牛的局部和细节。

（1）教师引导学生认识放大镜的使用方法。

（2）用放大镜观察蜗牛的口和眼睛。在彩图上找出蜗牛的口和眼睛，把词汇卡贴在相应的地方。

（3）（观看小视频）了解蜗牛触角的功能。

4. 把观察到的蜗牛画下来。

（1）教师示范引导：第一步画壳；第二步画头和腹足；第三步画触角、眼睛。

（2）学生在活动手册上画蜗牛。

[设计意图] 先用肉眼观察蜗牛明显的结构，再借助工具观察细节，体现科学探究活动的进阶特征。把科学词汇贴在蜗牛相应的位置，再把观察到的蜗牛画下来，突出观察重点，巩固加深了学生对蜗牛身体结构的认识。此环节充分调动学生动手、动脑相结合，把科学思维的培养作为重点目标，实现了探究实践活动的深入开展。

（三）活动二：观察蜗牛的应激反应

1. 选择观察工具。

（1）出示"铁钉、铅笔、牙签、棉签"引导学生对比选择观察蜗牛的工具。

（2）研讨选棉签触碰蜗牛的理由，引导学生懂得保护小动物。

2. 介绍实验方法。教师一边讲，一边在黑板上的彩图上示范有序地触碰蜗牛的各部分。

3. 观察蜗牛各部分的反应。

（1）用棉签轻碰蜗牛的壳，观察蜗牛的反应。

（2）用棉签轻碰蜗牛的触角、头或腹足，观察蜗牛的反应。

4. 学生汇报。

（1）用语言描述观察到的现象。

（2）邀请一个学生表演蜗牛身体各部分遇到刺激的反应。

[设计意图] 引导学生通过比较工具，选用棉签触碰蜗牛，引导学生懂得珍爱生命，学会保护小动物。用棉签触碰蜗牛身体各部分，知道蜗牛身体各部分反应强度是不同的。邀请学生表演蜗牛的反应，借助肢体语言，加深学生对蜗牛各部分反应情况的了解。

（四）活动三：观察蜗牛的运动

1. 通过观察，我们都知道蜗牛身体软弱，还背着"房子"，爬行速度也很慢。蜗牛爬行的能力究竟如何呢？先猜测。

2. 学生观察实验，把观察到的结果填在表格里。

3. 学生汇报，交流展示实验结果。

4. 蜗牛是怎样爬行的？（观看小视频）学生用手表演蜗牛的爬行方法。

5. 蜗牛在爬行的时候还留下了小秘密，你发现了吗？（黏液痕迹）

6. 蜗牛身体虽然很软，但是爬行本领大，现在请蜗牛给我们表演一个高难度的节目——（观看视频）"蜗牛上刀山"。

7. 蜗牛的爬行本领很强，与什么有关？

表 5—1 　　　　　　　　　　蜗牛运动记录表

物体名	猜测能否爬行	实验能否爬行	我发现
竹棍			
棉线			有黏液
透明尺子			
能爬行画√，不能爬行画×			

[设计意图] 选择三种有代表性的物体让蜗牛爬行，突出展示蜗牛的爬行本领强。教师引导学生对观察动物保持好奇心，充满求知欲，并乐于分享表达自己的观察发现。在活动中间穿插视频介绍，既加深了学生对蜗牛运动情况的了解，又凝聚了学生的注意力。

三、研讨交流

1. 蜗牛的身体有什么特点？

2. 交流蜗牛身体各部分的作用，完成班级记录表。

[设计意图] 本环节对观察蜗牛的情况进行小结，巩固对蜗牛的认识，知道蜗牛身体各部分的作用。特别是引导学生感受蜗牛爬行本领很大的视频，激励他们进一步观察身边小动物具有强大的本领。

四、拓展延伸

播放视频了解：

1. 蜗牛的牙齿。

2. 与蜗牛相似的动物。

[设计意图] 本环节通过视频介绍蜗牛的牙齿，能让学生高效、准确地了解到蜗牛的特征，对蜗牛的认识更全面。通过视频类比了解与蜗牛相似的动

物，引导学生意识到软体动物所具有的共同特点。

五、思维整理

观察一种动物——蜗牛

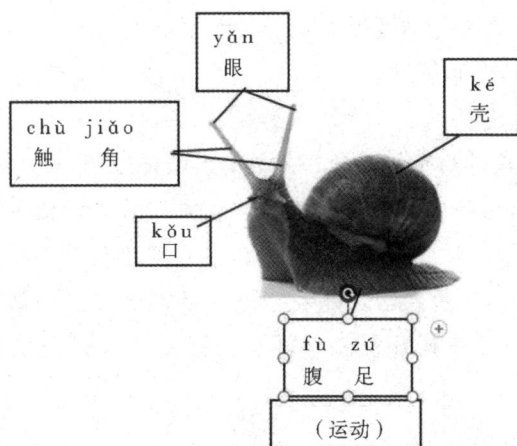

[设计意图] 出示蜗牛的结构彩图，把科学词汇贴在蜗牛身体的相应部位。教师采用彩色图片与文字相结合的方式，突出强调蜗牛用腹足运动。教师引导学生通过贴图方式，加深对蜗牛的认识。

六、作业设计

（一）实验记录（活动类作业）

1. 把观察到的蜗牛画下来。

2. 用画"√"和"×"的方式，填写观察蜗牛运动的记录表。

表 5-2 　　　　　　　　　　蜗牛运动记录表

物体名	猜测能否爬行	实验能否爬行	我发现
竹棍			
棉线			有黏液
透明尺子			
能爬行画"√"，不能爬行画"×"			

（二）选择口答（巩固类作业）

1. 蜗牛的眼睛长在（　　　）上。

①壳　　　　　②腹足　　　　　③触角

2. 用棉签碰蜗牛的头部，它会（　　　）。

①没反应　　　　②缩进壳里　　　③大声叫

3. 蜗牛靠（　　　）运动。

①腹足　　　　　②头　　　　　　③触角

［设计意图］设计形象生动的、简单的实验记录单，培养学生观察后及时记录实验证据的好习惯。作业设计落实"双减"政策，低年级以口头作业为主，作业在课堂上完成。根据本课观察的三个重点设计 3 道选择口答题，第 1 题基于蜗牛的外形结构，第 2 题关于蜗牛的应激反应，第 3 题关于蜗牛的运动特点。这样的作业设计既符合学生的认知特点，又能体现本节的教学重点。

【案例评析】

本节课是观察一种小动物——蜗牛。教师从低年级学生已有的知识水平出发，结合该年龄段学生的思维特点，设计丰富的动手体验感知活动，间插有趣的视频，吸引学生的注意，有效达成教学目标。一年级的小学生在教师的指导下，能运用感觉器官有序地观察一种动物，能用口述、画图的方法描述蜗牛的结构特点、应激反应和运动特征，从而培养他们研究小动物的兴趣。

一、关注幼小衔接，探究活动多样化

本课例设计学生喜闻乐见的科学活动，创设愉快的学习氛围，激发学生学习科学的内在动机。引导学生对蜗牛的观察遵循从整体到局部、从静态到动态、从肉眼到工具、从结构到功能的顺序，本课例是学生学习观察方法和培养良好观察习惯的契机。一年级的学生处于形象思维阶段，他们的抽象思维和语言能力较弱，观察和记录也都离不开教师的指导。学生在观察时会出现观察无序、注意力分散，以及不能用准确的语言描述自己的发现等问题。教师在设计教学时考虑到一年级学生幼小衔接和学生思维进阶的特点，以直观形象的观察体验活动为主。

二、基于学生认知，调动学生的兴趣

（一）儿歌聚焦，画图记录

教师以低年级学生喜欢的看动画、唱儿歌的方式导入新课，聚焦到本课的教学内容"观察一种动物"。在观察蜗牛的身体结构时，先让学生用眼观察蜗牛的壳、触角和腹足，再指导学生借助放大镜观察蜗牛的口和眼睛，体现了观察方法的进阶性。一年级学生能写的字较少，语言表达较弱，学生用文字记录比较困难。因此，学生观察完后，教师引导一年级学生用喜欢的方式——画图，记录观察到的信息。学生在活动手册上用画图的形式把自己看到的蜗牛画下来。

（二）学生体验，融入思政

教师在指导学生观察蜗牛的应激反应时，出示"铅笔、铁钉、牙签、棉签"供学生对比选择，引导学生懂得在观察活动中珍爱生命，学会保护小动物。学生在汇报时既用语言描述蜗牛反应，又让学生表演蜗牛身体各部分在遇到触碰时的反应情况，这种活动体验加深了孩子们对蜗牛应激反应的了解。

（三）科学思维，引领探究

教师在探究蜗牛的运动时，设计的实验记录单上增加了"猜测能否爬行"，引导学生经历了"猜测—实证—结论"基本科学探究过程。填写实验记录单时，结合小学一年级学生的认知水平，降低记录要求，用"√"和"×"的方式记录猜测结果和实验结果，再用语言描述蜗牛的运动。

（四）适量视频，保持注意

一年级的学生注意力容易分散，为了吸引学生注意力，保持探究的兴趣，教师在课中每个活动后面都插入了一个小于 30 秒的短视频。这样既拓展了上课的内容，又聚集了学生的注意力，帮助学生轻松地、愉快地、有效地达成学习目标。

三、控制作业数量，提高作业质量

为落实"双减"政策，小学低年级不安排课后作业。本课例中设计了两类结合课堂探究活动的作业。一是活动类作业：教师通过用画图和画"√""×"的方法记录观察结果，这样的设计既符合学生的认知规律，也突出了教师对探究活动过程的关注。二是巩固类作业：本节课的重点是观察蜗牛的结构特点、应激反应和运动特征，教师对应这三个知识点，设计了 3 道选择题。而这 3 道选择题正好能引导学生巩固所学知识，提升学生对蜗牛的进一步认识。在作业设计中，教师采取的完成方式都比较简单，在时间上比较适合低段学生的探究活动。

四、问题与研讨

本节课在教学目标的达成上教师采取了许多值得推广的做法，促进了学生的科学学习。但在本课例中还有两个值得探讨的问题：一是教师在抽小组展示汇报时，要充分给予每组展示的机会。抽学生发言，要兼顾不同层次、不同类型的学生，鼓励他们说出自己的想法，表达自己的观察发现。二是观察蜗牛在不同物体上的爬行情况时，每完成一个观察活动要及时记录下来，引导学生养成实验后及时记录实验证据的好习惯。

（合江县人民小学校　李清强）

【专家点评】

本课例是引导低年级学生开展观察探究活动教学的典型设计。一年级学生对常见的动物有一定的经验积累，但不全面。学习方式以形象思维为主，上课时注意力保持时间短，喜欢丰富多彩的活动。教师在设计教学这一课时，各项教学活动都紧紧围绕一年级学生的心理特点、认知习惯展开，注重教学活动的幼小衔接。教师除了在课堂上安排教科书编排的观察蜗牛和画蜗牛外，还在学生观察完蜗牛的运动时，邀请学生上台表演蜗牛的应激反应，学生完成得认真投入，加深了学生认识蜗牛运动的印象。整节课，教师多次巧妙地插入短视频，既补充了本课的内容，又聚焦了低段学生注意力的关注，培养了学生学习科学的兴趣。

课例 4 主题：科学规范的表达能力实践

《观察与比较》课例与评析

【教学背景】

《观察与比较》是二年级下册"我们自己"单元的第 3 课。本课主要是引导学生在识别眼、耳、鼻、舌、皮肤五种感觉器官的基础上，利用这些感觉器官对生活中的事物进行观察与比较。从这个单元整体结构来看：如果说第 1 课使学生对自己身体的一些器官产生兴趣，那么这节课是引导学生对感觉器官功能的学习。感觉器官的功能是教师引导学生将要了解的一个很重要的目标。在教学中，我们希望学生在学习过程中能够说出各个感觉器官可以帮助我们做的事情和不能帮助我们做的事情，并学会综合利用感觉器官。

小学一年级的时候，学生已经开始尝试了用人体的感觉器官对事物进行观察，甚至在我们的整体教学过程中，很多教师都会在观察时引导思考：你打算怎样观察这个事物？你打算用哪些感觉器官来观察这个事物？所以学生常常会说的感觉器官有眼、耳、鼻、舌、手。因此，对于学生而言，眼、耳、鼻、舌、手这些感觉器官是非常熟悉的。学生知道感觉器官为我们提供冷、热、颜色、形状等信息。这些信息在学生的头脑中会发生一些变化，这些变化来自学生已有的知识经验。这个比较的过程就是学生利用逆向思维加以分析，开始对事物进行更多方面了解的过程。本课对感觉器官的学习不再是简单地调取信息，而是引导学生能够通过感觉器官对事物的感知进行评价和分析。帮助学生意识到感觉器官是开展科学探究实践的一个工具。这个可以说是学生对于感觉器官的学习从感觉提升到知觉的过程。

【适用年级】

新教科版小学科学二年级下册

【核心概念】

5. 生命系统的构成层次

【学习内容与要求】

5.5　人体由多个系统组成

1—2年级：④识别人的眼、耳、鼻、舌、皮肤等器官，列举这些器官的功能与保护方法。

【教学目标】

科学观念：通过体验活动，能识别人的眼、耳、鼻、舌、皮肤等器官，列举这些器官的功能与保护方法。

科学思维：能在教师的指导下，比较各种感官的功能。

探究实践：具有简单交流各种感官功能，评价探究过程和结果的意识。

态度责任：了解生活中科技产品给某些器官功能障碍的人带来生活的便利，培养珍爱生命以及关爱残疾人士的情感。

【教学重点】

重点：能够利用感觉器官进行事物之间不同之处的比较，探索事物的本质特征。

难点：通过实验体会同时运用多种感觉器官可以更精准、更全面地进行比较。

【教学准备】

教师准备：课件、4 个真水果和 1 个仿真果、钥匙、小球、石头、乒乓球、塑料桶。

学生准备：学生活动手册、3 瓶滴入不同量液体的水。

【教学思路】

熟悉的图片引入比较→用单一感官发现特征→用综合感官观察→选择感官观察体会单一感官功能→比较单一和多种感官参与观察的不同→拓展（皮肤灵敏度测试）

【教学过程】

一、聚焦问题

1. 教师活动

（1）教师多媒体出示学校的新旧照片，学生观察，比较不同。

（2）教师引导观察的顺序、方法。

2. 学生活动

（1）观察比较两张新旧校门图片的不同。

（2）回忆感觉器官。

总结：利用感觉器官进行比较，我们能够发现很多事物的不同之处。今天，就利用我们的感觉器官来观察与比较身边的事物有什么不同。

[设计意图] 教师利用学生观察自己熟悉的学校新旧校门图片，拉近与学生之间的距离。利用挑战式学习激发学生学习积极性，帮助学生按一定的顺序观察。在这个环节中，教师主要通过回忆旧知的方式挖掘学生的前概念。学生在前面已经学习了人体的感觉器官，对感觉器官有了一定的了解，只知道运用单一的感觉器官来观察和发现事物的特点。这为本节课深入理解感觉器官起到了很好的铺垫作用。

二、探索活动

（一）感觉器官大挑战之一：眼睛

1. 教师活动

（1）观察比较屏幕上的两幅图，找出 5 个不同点，找完整之后请举手示意教师。

（2）请学生用"我通过眼睛看，发现……"的句式汇报自己的观察结果。

2. 学生活动

（1）学生小组合作观察，用人体感觉器官中获取信息最多的眼睛获取信息，教师控制好课堂纪律。

（2）学生小组合作观察后进行组内交流，并形成基本的共识。

（3）学生小组内推荐交流发言人员。发言方式：我通过眼睛看，发现……

［设计意图］本环节是引导学生利用眼睛这个单一的、获取信息最多的感官来发现事物的特征。这样的安排主要是在前面所学知识的基础上运用单一的感官。图片出示前教师明确告诉学生两幅图中共有5个不同之处，激励学生想要用最快的速度全部找出来就要思考找不同的方法。最后利用规范句式进行汇报，可以培养学生完整表达交流的能力。在学生汇报环节，教师主要是起到一种脚手架的作用，指导学生如何观察，并用一定的方法来汇报交流，便于从低段开始培养学生良好的科学探究习惯。

（二）感觉器官大挑战之二：耳朵

1. 教师活动

（1）根据听到的声音判断是什么物品被扔进了桶里，并说明理由。

教师引导一个学生上台将物品依次扔进桶里，每个物品扔三次。其余学生闭上眼睛听，三次结束后睁开眼睛，用固定句式猜物品。

（2）请用"我通过耳朵听，发现这个物品是……，因为……"的句式来汇报，判断结果。

2. 学生活动

（1）学生听音，用自己的生活经验判断物品名称。

（2）学生用"我通过耳朵，发现这个物品是……，因为……"的方式汇报交流。

（3）学生还可以质疑。

［设计意图］本环节是让学生利用比眼睛获取信息次之的单一感官——耳朵发现事物的特征。本活动是学生通过对事物发出的高低、强弱不同的声音，辨别物体材料的软硬、轻重，引导学生能够亲自体验并辨别物体。在活动过程中，扔物体和听声音都是学生合作学习完成，充分将课堂交给学生，体现学生是学习的主体。在学生猜测这个部分，学生将自己的生活经验和现实依

据结合起来，形成的是思维的碰撞，为学生构建科学概念起到铺垫作用。

（三）感觉器官大挑战之三：综合使用感官

1. 教师活动

（1）教师这里有三瓶一样多的水，你准备怎样给它们排序？

（2）教师指导学生交流排序方法，基本形成共识。

2. 学生活动

（1）学生讨论：选择哪种感觉器官来排序并说明理由。

（2）学生小组内合作完成观察活动，将三瓶水进行排序并记录。

（3）小组推荐成员交流汇报排序情况，并说明理由。

[设计意图] 本环节是引导学生选择感觉器官中的某个单一感官发现事物的特征，帮助学生更加明确每种感觉器官能进行什么特征的比较。让学生初步感受单一的感觉器官获得的信息是有限的，不同的感觉器官获得的信息也是不一样的。这个活动的设计是对前面活动的一次提升和思维的冲击，为学生综合运用感官观察埋下伏笔。

（四）感觉器官大挑战之四：挑仿真果

1. 教师活动

（1）如果只能用一种感觉器官来挑战，你会选择哪种感觉器官来挑出仿真果。当学生选择用鼻子闻、用手摸、用耳朵听时，都要戴上眼罩等措施，确保只是用了单一的感觉器官进行判断。

（2）为什么比较的结果不一样呢？怎样才能更准确地挑出仿真果。

2. 学生活动

（1）学生猜测哪种水果可能是仿真果，并简单说明理由。

（2）学生选择自己的某一感官来挑选仿真果，并说明理由。

（3）确定最后的结果。

（4）学生讨论：怎样才能更快更准地挑出仿真果？

[设计意图] 在本环节中首先引导学生远观进行初选，作出简单的猜测。然后使用单一的感觉器官进行近距离地闻、摸、听，最后综合使用各个器官便很快挑出了仿真果。学生会发现使用单一的器官进行挑选出现了很多问题，没能准确地挑选出仿真果，而综合使用感觉器官进行观察能更快更准确地挑出仿真果。学生充分体会多种感官同时参与观察活动能使观察与比较的结果更加准确。

三、研讨交流

1. 教师活动

（1）运用感觉器官，我们可以作哪些方面的比较？

（2）同时运用多种感觉器官进行比较，有什么好处？

2. 学生活动

（1）学生交流用眼睛、鼻子、耳朵、嘴巴、皮肤可以观察物体的哪些特征？

眼睛：大小、颜色、形状……

鼻子：香、臭……

耳朵：强、弱、高、低……

嘴巴：（慎用"尝"）酸、甜、苦、辣……

皮肤：冷、热、烫……

（2）交流用多种感官的好处：可以发现物体的更多特征、信息，可以更快地理解物体的特征。

［设计意图］通过研讨交流，学生可以进一步明确用每一种感觉器官观察能比较出事物的某些特征。综合运用感觉器官观察能更快、更准确地比较出事物的特征。这个环节是本节课学生科学思维得到升华的关键点，可以帮助学生形成新的认识，突出教学重点，突破教学难点。

四、拓展延伸

1. 教师活动

（1）教师引导活动：皮肤感觉测试。

（2）教师示范用手指模拟不同的开口进行测试。

（3）教师提出活动要求：要轻轻触碰，不能太用力以免受伤，及时做好记录。

2. 学生活动

（1）进行皮肤感觉测试，感受为什么教师用手来表示皮肤而不是其他部位。

（2）交流活动感受。

［设计意图］这个活动可以引导学生通过比较的方法发现哪个部位的皮肤敏感，哪个部位的皮肤不敏感。这个活动虽然有一点的难度，但是能够很好地激发学生的学习欲望，感受科学课的快乐，同时也是对感官的进一步认识，

巩固感官功能的作用。

五、反思评价

看看哪个小组的红旗最多？观察比较红旗的获得数量，请红旗最多的小组起立。全班学生给予掌声鼓励。

［设计意图］教师将课堂评价贯穿于整堂课中。教师将课堂评价的本质回归活动，展示于黑板上，学生可以随时看到自己的小组表现情况。教师在评价中避免了耽搁课堂教学时间和教学流畅性。一堂课结束进行最后的总评，可以提升学生的荣誉感和成就感。

六、思维整理

观察与比较

看　大小、形状、颜色……

听　声音的强弱、高低……

闻　香、臭……

摸　温度、光滑……

尝　酸、甜、苦、辣……

［设计意图］板书设计将实物图片和文字有机结合，为学生呈现出的是每一种感官都具有不同的作用和特点。我们单独用一种感官是难以完成我们的观察与比较活动的。同时对于帮助学生构建本节课的科学概念有很大的帮助。板书设计简单、清晰、明了，层次分明，突破了难点，提示了慎重使用"尝"的方法。

七、作业设计

《观察与比较》课堂活动

时间：_____　小组：_____

1. 感觉器官大挑战之一：眼睛

找出图中的 5 处不同，按照下面的模式说一说自己的发现：

我通过眼睛看 _____，发现_____。

2. 感觉器官大挑战之二：耳朵

根据听到的声音判断是什么物品被扔进了桶里。

我通过耳朵听，发现这个物品是_____，因为_____。

3. 感觉器官大挑战之三：选择器官挑战

选择自己的某种感官对物体进行排序。

我用_____观察，我的排序是_____，因为_____。

4. 感觉器官大挑战之四：挑仿真果

选择一种感官来挑仿真果。

我发现_____，单独用_____观察，不能很快挑出仿真果。

[设计意图] 本节的作业设计与课堂活动紧密联系，为了更好地帮助学生开展探究活动，教师设计与探究活动相联系的活动作业。对于二年级的学生来说，要想让他们书写作业有一定的难度，但是激发他们按照这样的方式来口头表达是比较容易的。这样的作业设计，渗透了科学探究方法，培养了学生的科学思维，提升了学生的表达能力。

【案例评析】

在《观察与比较》一课的教学中，观察重点引导学生体验到不同感官获取的信息是不同的、有限的，比较则是要引导学生根据观察获取的信息进行评价、分析。因此，观察是前提，比较才是关键点。本节课遵循了儿童的发展理念，结合儿童认知规律和已有知识经验设计教学，落实儿童学习主体地位，课堂气氛融洽，感受到了感官对于人类观察世界、认识世界的重要意义。

一、探究活动的进阶性

本课设计了四个具有进阶特征的感官挑战活动：找不同—听声辨物—排排队—挑仿真果。找不同是只利用视觉获取信息再进行比较，听声辨物是只利用听觉获取信息再进行比较，排排队可以综合利用视觉和嗅觉获取信息进行比较，挑仿真果是先用单一感官再综合运用感官获取信息进行比较。这四个挑战活动以层层递进的方式引导学生体验单一感官和多种感官获取到的信息的不同和有限，尤其是最后一个挑战活动更是将体验推向了一个新的高度。学生先是猜测几号是仿真果，教师一一进行记录；然后选择某种感官来挑选，在这个过程中学生更是激动无比，看着上台的学生一会儿说1号是仿真果，一会儿说5号是仿真果……学生的心都提到了嗓子眼。这时教师再将所有水果拿到学生身边，学生几乎都拿过来进行看、摸、闻等观察活动，于是真相大白。在整个过程中体会到每一种感官对于人们认识世界的独特性和重要性。

二、指导观察的有效性

不同的感觉器官有它们独特的观察功能，为了让学生更好地感受这一特点，本节课在教学中关注以下几点：首先是在每一个挑战中几乎都先运用单一感官获取信息进行比较，这样对于多种感官获得信息更多这一特点体会更深。其次是选择只用一种感官的活动，引导学生选择眼睛或耳朵进行挑战，这两个是最易获得信息也是获得信息最多的器官。最后是当学生体验只用眼睛进行观察时，就让学生离观察的物体远一些；当学生体验只用耳朵进行观察时，就让学生趴在桌上静静地听；当学生体验只用鼻子观察时，如果要通过气味来辨别物体那就要将眼睛蒙上；如果是要辨别已知物体气味的浓淡，那就要学会正确使用扇闻的方法。总之，在使用一种感觉器官进行观察时，要避免其他感觉器官的参与，学生才能更深刻地体会多种感觉器官共同参与的优势。

三、指导表达的有效性

科学课堂不但要求教师的语言要体现有序性、科学性、严谨性，而且要求学生的用语也要有准确性、完整性。在本节课的教学中对学生科学用语的准确性和完整性指导非常有效。例如：在整理用眼睛观察能比较物体的什么特征时。学生的回答是："××物体是三角形、正方形、长方形、白色、红色……"这时教师就要适时进行指导，使用"形状""颜色"等科学词汇。这样学生就明白了通过眼睛观察可以比较物体的形状、颜色等特征，最后形成"××的形状是长方形""××的颜色是红色"……这样完整的表达。又比如：在本节课的每个观察比较活动，教师都给予了一个汇报的参考模式"我通过耳朵听_____，发现这个物品是_____，因为_____"。这样的模式除了可以引导学生进行完整的表达以外，更能引领学生进行相应的探究。与其说它是一种语言表达模式，不如说它是一种探究模式。课堂上刚开始时还需要教师提醒利用完整的语句来进行回答，慢慢地就算不用教师的参考模板，学生也能用完整的语句进行汇报交流，实现汇报的完整性和有效性。

四、作业设计的活动性

（一）作业设计突出引导作用

科学课中，作业设计是关键的一环，能够帮助学生很快地完成科学探究活动。因此，在设计作业时，作业的形式和模式都应该体现教师的主导地位，这样能够很好地引导学生开展探究活动。教师从引导学生在科学探究作业的引领下,选择用某一种感官到综合运用多种感官进行观察比较。如果没有很好的作业引导,学生可能一开始就会综合地利用所有感官进行观察,这样一来,学生对某一感官能比较物体的哪些特征就比较模糊。

(二)作业设计体现学习主体

作业设计中教师要充分展现学生的主体作用,将课堂还给学生才能够进行充分的探究活动。学生只有主动地、积极地将科学探究作业与科学探究活动有机结合,才有可能深入地参与到探究活动中,变"要我学"为"我要学",这样才能调动学习的主动探究性、积极参与性。在科学探究作业设计上,除了教师的教学环节体现主体性,在学生的作业设计上也应该充分尊重学生的认知规律。课堂作业设计科学、合理,可以很好地规范学生的科学学习,培养良好的科学学习习惯。

(三)作业设计规范表达交流

学生的表达交流能够体现学生探究活动的情况。科学教学中要给足学生表达与交流的时间,也要引导学生进行完整的表达。良好的习惯要从娃娃抓起,二年级的学生在科学探究方面是比较感兴趣的。设计科学规范的科学探究作业,有助于培养学生的规范探究和表达。教师在本节课中,主要根据教学内容设计了层层递进的科学探究作业,引导学生在探究中发现规律,在探究中发现科学。

五、问题与研讨

本节课虽能充分体现教师的引导作用和学生的主体作用,培养学生的科学思维能力,但是在教学上还有值得科学教师们探讨的几个问题:一是引导学生准确表达上有提升的空间;二是关注学生的观点上有待进一步突破;三是学生小组内的观点分享有待进一步加强。总的来说,本节课达到了预期效果,通过反思,找到了改进的基点。

(叙永县分水镇中心小学校　朱现升)

【专家点评】

该课例在设计时关注了学生的学段特点,开展的活动契合了小学低段学生的求知欲,能达到教与学目标的共振效应,是一个很好的教学课例。该课例在引导学生运用自己的感觉器官在观察中进行比较的过程中,教师并没有沿用教材中的常规活动，而是将具有进阶特性的活动设计成有阶梯性、挑战性的活动，引导学生在活动中形成科学观念，在表达中形成科学思维，在实践中形成探究能力，在反思中形成态度责任。该课例的优点在于教师不仅设计了进阶活动，还规范地引导了学生表达与交流，这是小学低段科学教学中应该提倡的，也是落实培养学生科学核心素养的目的所在。

课例 5 主题：课内课外结合的科学实践

《土壤——动植物的乐园》课例与评析

【教学背景】

本课是继学生了解《地球家园中有什么》一课之后，学习的第一个地球家园的重要"成员"——土壤。本课的研究重点是土壤中的动植物。教师引导学生到校园中观察探索，研究熟悉而又陌生的土壤，自主发现原来土壤中有这么多动植物。

二年级的学生去花园观察实践是很积极的，但教师组织教学有一定难度。低年级学生对户外的观察活动会呈现非常兴奋的状态，甚至有些学生只顾着和小动物玩耍而淡化了观察的重点。在活动中，教师指导学生学会"细致、全面、有一定顺序"的观察方法，养成良好的观察习惯，让学生的观察活动更加有效率和质量。观察结束后学生研讨交流，能用自己的语言把观察到的土壤里面和表面的动植物描述出来，认识到各种动植物的生存都需要依靠土壤。

【适用年级】

新教科版小学科学二年级上册

【核心概念】

5. 生命系统的构成层次

10. 地球系统

【学习内容与要求】

5.2 地球上存在动物、植物、微生物等不同类型的生物

1—2年级：②说出生活中常见动物的名称及特征。③说出周围常见植物的名称及特征。

120

10.3　岩石和土壤

1—2年级：③知道土壤为众多动植物提供了生存场所。

【教学目标】

科学观念：知道土壤里和土壤表面生活着许多动物，土壤上生长着许多种类的植物。

科学思维：（1）能在教师的指导下，对土壤里和土壤上生活的动植物，进行全面、仔细、有顺序地观察并记录下来。（2）能用自己的语言把观察到的生活在土壤里面和表面的动植物描述出来。

研究实践：（1）保护学生探究的好奇心，激发学生对土壤里的动植物感兴趣。（2）细致观察，乐于表达。

态度责任：懂得保护生活在土壤上的动植物。

【教学重难点】

重点：指导学生对土壤里和土壤上生活的动植物进行全面、仔细、有顺序地观察并记录。

难点：高效组织学生到校园一角观察土壤里的动植物。

【教学准备】

教师准备：课件图片、视频、活动照片、班级记录表、1盆土培鸡冠花、1个装有蚯蚓的透明观察盒。

为每组学生准备：5张活动记录单、2个放大镜和铲子、1块以科学家名字命名的组牌。

【教学思路】

盆栽导入，聚焦问题→制定计划，明确任务→教师引导，室外观察→提供范例，汇报交流→整理分析，课堂小结→拓展延伸，观察蚯蚓

【教学过程】

课前预学预做。课前预学预做是提高课堂效率的保障。课前，教师布置预学任务，选一块土壤进行观察。本次观察的对象是土壤中的动植物，并在学生活动手册第2页上做好相应的记录。

一、聚焦问题

1. 教师给学生出示事先准备好的、用透明盆子装着的土培鸡冠花，与学生谈话：今天我给大家带来了一位植物朋友，大家看看，这是什么植物呢？

2. 提问：鸡冠花是依靠什么生长的呢？

全班交流。（阳光、水、土壤、肥料……）

3. 我们这节课要研究的就是"土壤"。（板书：土壤）

4. 教师出示一幅有动植物的土壤照片，提问：你们在这张照片的土壤上能看到什么呢？

5. 教师小结：土壤是我们地球家园的重要成员，在土壤表面和土壤里生活着许多动植物。今天，我们一起到校园里观察土壤表面和土壤里都有哪些动植物？

[设计意图] 本环节设计将学生熟悉的植物带到课堂，通过植物生长所需要的条件导入，聚焦本课学习的主题——土壤。这样导入不仅可以让学生由熟悉的事物自然地过渡到对"土壤"的学习，而且可以帮助学生初步建立土壤与植物生命之间的联系，体会到土壤对于植物的重要性。再通过对有动植物的土壤照片的观察，让学生进一步建立土壤与动植物的联系。

二、探索活动

（一）制订计划

1. 在去校园里观察之前，教师需要和大家约定一些观察和记录的要求。

观察地点：学校花坛。（出示一张相应地点的照片，让学生清楚自己将要观察的地点）

观察内容：花坛土壤表面和土壤里的动植物。

观察要求：细致、全面、有序。

观察记录：在记录表上记录动植物的名称、数量、发现地点，以及主要特征。

小提示：①观察时不要伤害动植物，也不能用手去捉（有的动物有毒）；②当遇到不认识的动植物时，可以用文字描述其特征或者用绘画的方式来记录。

2. 大屏出示空白观察记录单，引导学生了解观察记录单填写的内容，确定好观察顺序。再出示一张其他班学生填好的记录单作参考，供学生学习借鉴。

3. 分组，明确各自的任务。以科学家名字（牛顿、爱迪生、钱学森……）分别为每个组命名，并且分发给各组一张制作好的组名牌。

4. 明确激励机制，便于教师组织。表现好的小组，教师在组牌上贴星星，得星星最多的小组，奖励教师上课时展示的盆栽鸡冠花。

[设计意图] 在走出教室到校园花坛观察之前，给学生详细地讲解观察和记录的要求，是为了让学生高效、正确地完成本课的观察任务。低年级的学

生对于到大自然中观察是充满兴趣的，但是观察时很容易偏离主题，所以教师在观察前强调要求，有利于学生明确观察的目的和记录的要点。二年级一部分学生对观察记录的填写有困难，在观察记录前，教师在大屏幕上展示一张已填好的记录单，能帮助学生更好地完成观察记录。以科学家名字为每个小组命名，能方便教师在一个陌生的班级上课时组织和管理学生，也能激励学生以科学家为榜样，爱上科学。

（二）搜集证据

1. 教师带领学生分组到指定地点进行观察，教师到每个组了解学生观察情况，为每个组拍一张照片，观察时间大概 15 分钟。

2. 引导学生"细致、全面、有序"地观察，做好观察记录，并随时准备为学生答疑解惑。教师巡视指导对于观察认真的小组，及时贴小星星，鼓励他们继续认真仔细地观察。

［设计意图］本环节让学生在亲近自然的过程中认真研究熟悉而又陌生的土壤，自主发现原来土壤中有这么多动植物，激发学生对探究土壤以及生活在土壤表面和土壤里的动植物感兴趣。教师引导学生"细致、全面、有序"地观察，有利于学生形成良好的观察习惯和观察方法，并能帮助学生用一定的标准审视自己的观察质量。室外观察对二年级的学生来说是充满乐趣的，教师却是有一定组织难度的。有些学生只顾着和小动物玩耍而淡化了观察的重点，有的学生一直用铲子挖，总想找自己希望看到的动物，这时候教师对学生的组织引导就显得非常重要。

三、研讨交流

（一）小组合作交流

学生小组代表根据观察记录单汇报观察情况。

1. 我们发现了多少种依靠土壤生长和生活的植物和动物？

2. 描述周围土壤生长着的植物和生活着的动物。

教师引导学生有条理地汇报自己的观察结果：

（1）我的观察顺序是_____，观察到的植物有_____，它长在_____（主要特征）。

（2）观察到的动物有_____，它长在_____（主要特征）。

3. 小组选代表展示交流，教师同时利用希沃投屏，在大屏上出示发言小组在花园观察时的照片。

[设计意图] 本环节给学生一定的时间,根据两个提示进行观察记录的整理和反思,有利于学生从刚刚在校园里观察的兴奋状态转换到安静思考的状态,能够静心进入到研讨环节。引导学生把观察的结果描述出来,培养了学生观察后处理信息的能力。低年级的学生对于"汇报+照片"形式更感兴趣,也能吸引其他组学生关注并倾听学生的发言。

(二)引导整理分析

1. 教师在班级记录表上记录下学生交流内容的动植物名称、动植物的特点以及发现的地点和数量。

2. 小结:土壤表面和土壤里生活着许多动植物,很多动植物都需要依靠土壤而生存,土壤是动植物的乐园。

3. 观看土壤中生活的动植物视频。

4. 介绍土地是地球家园的重要资源,但它只占地球表面积很小的一部分。

[设计意图] 本环节通过相互交流,使学生对探究土壤,以及生活在土壤表面和土壤里的动植物感兴趣,懂得保护生活在土壤上的动植物。观看视频,介绍土地是地球家园的重要资源,激发学生热爱土壤,热爱我们共同生活的家园。

四、拓展延伸

1. 用透明观察盒让学生在课堂上观察土壤"居民"——蚯蚓。

2. 根据各小组得到小星星的情况给予大家本节课表现的肯定评价,奖励表现最好的小组盆栽鸡冠花,课后继续观察。

[设计意图] 教材拓展部分"观察蚯蚓的活动",是为了有效弥补学生不易观察到的土壤内部动物生活情况而做的补充观察。

五、思维整理

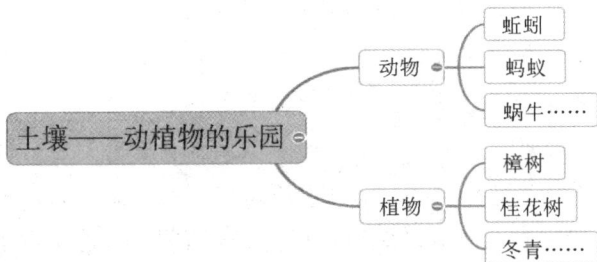

[设计意图] 突出本节课的活动主题，巩固对土壤以及生活在土壤表面和土壤里的动植物的发现。

六、作业设计

（一）填写活动记录表

表5-3　　　　　　　　　　观察校园土壤"居民"记录表

观察人：　　　　　　　　　　　　　　　　　　日期：

观察顺序	动物或植物名称	数量	发现地点	特征
先观察土壤上面，再观察土壤里面。（　　）				
先观察土壤里面，再观察土壤上面。（　　）				
先观察动物，再观察植物。（　　）				
先观察植物，再观察动物。（　　）				

小提示：（1）观察时不要伤害动植物，有的小动物有毒，也不能用手捉小动物（2）当遇到不认识的动植物时，可以用文字描述其特征或者用绘画的方式来记录

（二）交流

1. 我的观察顺序是＿＿＿＿＿＿，观察到的植物有＿＿＿＿＿＿＿＿＿＿，它长在＿＿＿＿＿＿（主要特征）。

2. 观察到的动物有＿＿＿＿＿＿＿＿＿＿，它长在＿＿＿＿＿＿（主要特征）。

[设计意图] 从低年级培养学生观察后及时记录的好习惯，在观察记录的过程中使学生明白土壤上生长着许多植物，土壤表面和土壤里生活着许多动物。观察记录后还要培养学生分析整理记录数据的能力。低年级学生的语言组织能力不强，教师出示发言结构，帮助学生用自己的语言把观察到的生活在土壤里面和表面的动植物有条不紊地描述出来。所设计的作业在课堂上完成，课后不留作业。

【案例评析】

本课例中，教师根据二年级学生年龄认知特点，在课前做了充分的准备，以著名科学家的名字为每个小组命名，制作组牌，便于学生在室内外活动时

的管理。通过精心设计的系列问题和探究实践活动，使学生全面、仔细、有顺序地观察土壤中的动植物，并记录下来。激发学生学习科学的兴趣，提高了学生的科学素养。

一、重视"探究实践"的教学理念

探究实践活动是学生学习科学，获得科学知识的重要方法。小学低年级学生认识大自然的主要方法就是观察，小学低年级主要是用自己的感官观察了解周围的事物。学校现代化的多媒体教学方式，虽然能为学生学习提供视觉、听觉感受，但始终比不上亲身去体验、去实践获得的认识深刻。本节科学课是室外观察课，通过组织学生到学校花园去看一看、找一找、数一数，实地观察、发现问题、完成任务。尽管用了20分钟的时间进行整队和带领学生到学校花园观察记录，但是满足了小学生对周围世界强烈的好奇心和求知欲。这种好奇心和求知欲是推动学生科学学习的内在动力，对其终身发展具有重要的作用。

二、体现"学生体验"的教学方法

（一）预学预做，学生体验

课前预学是提高课堂效率的保障。课前，教师就布置预学预做的任务，选一块土壤进行观察。本次观察的对象是土壤中的动植物，一边观察一边做好观察记录：动植物的名称、数量、发现地点、植物的主要特点、动物的特点等，在学生活动手册第2页上做好相应的记录。

（二）课中引导，观察实践

本课的内容对于二年级的学生来说是充满乐趣的，但对于教师来说是有一定组织难度的。因为学生对户外的观察活动会呈现非常兴奋的状态，甚至有些学生只顾着和小动物玩耍而淡化了观察的重点。教师针对二年级学生的认知水平、年龄特点做了相应的安排。

1. 指导观察详细，确保质量效率

教师向学生强调观察内容是土壤中的动植物，观察的要求是"细致、全面、有一定的顺序"，并且要特别强调在观察活动中注意保护动植物，也不能用手去捉小动物（有些小动物有毒）。教师根据需要，重新设计丰富了内容的记录表。为了让一小部分记录有困难的学生也能很好地完成实验记录，教师在教学时还在大屏上出示一张其他班学生填写的优秀记录单，供大家学习。

2. 组织学生观察，突出主体地位

全班分成八个小组，组内详细分工，选出组长、工具保管员。以袁隆平、牛顿等中外著名科学家名字分别为每个组命名，并且为每个组制作一张组名牌。优点：（1）各小组有响亮的名字，便于教师对陌生班级学生的管理，以及以小组为单位进行评价激励。（2）从课堂的反馈来看，学生也喜欢这样的科学家小组名，这样的小组名还暗示学生从小要以科学家为榜样，崇尚科学，热爱科学。

学生观察时，教师到各组指导、答疑，提醒学生注意事项，随时了解学生观察情况，发现问题，为接下来的课堂展示汇报做准备。教师对学生的观察表现及时评价，为小组贴上小星星，保持学生探究的积极性。在此环节中，教师创设愉快的教学氛围，保护学生的好奇心，突出学生的主体地位。

3. 聚集课堂活动，研讨展示提升

二年级的学生表达能力不强，教师用发言模板引导学生有条理地回答。学生在用语言汇报的同时，也肯定学生用手势动作进行辅助，如：用手比一比蚯蚓的长度，演一演小动物的运动等。学生在小组汇报时，教师没有选表现最好的优生汇报，选择组里表现落后的学生来汇报观察结果，中等学生进行补充，优生来总结，使尽量多的学生都参与进来。学生在利用记录单交流展示时，教师利用希沃白板拍照上传功能，把学生在花园里观察的照片和汇报时的记录单在大屏上展示出来，让其他学生不光能听到观察结果，还能看到观察情况，使倾听的效果更好。

三、注重"基本科学素养"的作业设计

落实"双减"的作业要求，小学科学课内以探究性作业、课外以实践性作业为主。二年级学生的科学作业要在课堂上完成，作业的目的是培养学生的基本科学素养。本节课中主要设计了两项作业：（1）观察花园土壤中的动植物，并在记录单上记下来。这项作业可以培养学生从小养成收集证据的好习惯。（2）交流观察结果。由于小学低年级的学生表达能力不强，教师为学生设计了交流发言的模板，培养学生整理分析实验证据的能力。

四、问题与研讨

这节课的设计教学，满足了小学生对周围世界的强烈好奇心和求知欲，学生积极参与其中，通过实践体验获得科学知识。本节课值得注意的问题：（1）室外科学观察把握好各环节的时间分配。组织学生观察用时多，会导致后面小组研讨和全班交流展示的时间不足。（2）从低年级起培养学生一边观察，一边记录的习惯。

（合江县人民小学校　李清强）

【专家点评】

这是一篇教师充分发挥学生主体地位而成功组织的室内外科学实践探究课。本课研究的重点是土壤中的动植物，教师把学生带出教室亲历探究过程，并利用科学家的名字为小组命名，让学生像科学家一样"细致、全面、有顺序"地观察土壤中的动植物，学生在扮演"居民调查员"的基础上，兴致勃勃地调查土壤中的"成员"。在教师的指导下通过口述、画图等方式描述土壤中动植物的特征，并针对土壤中不同动植物的特征和现象进行简单的分类，具有初步收集信息、处理信息、得出结论的意识。在整个活动中让学生真正成为科学探究的"主人"。

课例 6 主题：序列活动引领的探究实践

《通过感官来发现》课例与评析

【教学背景】

《通过感官来发现》是新教科版小学科学教材二年级下册"我们自己"这一单元的第 2 课。在前一课，学生已经观察研究了我们的身体，身体结构的划分引起学生对身体研究的兴趣，激发了探究欲望，收集信息来自用眼睛看、用手摸、用耳朵听、用鼻子闻甚至用嘴尝，强化用感觉器官能帮助我们认识物体，为本课学习奠定了基础。

本课重点是引导学生通过眼、耳、鼻、舌、皮肤的感觉功能去观察我们周围的事物，了解感觉器官可以帮助我们感知周围世界是什么样子的。教学中，通过观察四张照片收集信息，然后通过五种感觉器官观察四个物品，对比单靠眼睛观察和五种感觉器官收集的信息，让学生认识到借助五感认识周围的事物，获得的信息会更全面、更准确。在此基础上，引导学生对四个物品的特征以及通过五感的方法进行对比分析和总结。

【适用年级】

新教科版小学科学二年级下册

【核心概念】

5. 生命系统的构成层次

【学习内容与要求】

5.5　人体由多个系统组成

1—2年级：④识别人的眼、耳、鼻、舌、皮肤等器官，列举这些器官的功能与保护方法。

【教学目标】

科学观念：（1）眼、耳、鼻、舌、皮肤是我们的感觉器官，能够帮助我们认识周围的事物及其变化等。（2）每个感觉器官都有自己能做的事情，也有不能做的事情。

科学思维：（1）在教师的指导下，能够采用实验的方式，研究感觉器官能做的事情和不能做的事情。（2）能够清楚地描述自己的观察、实验发现的事实和自己想象的内容。

探究实践：能如实地表达自己的发现和想法，对科学探究的兴趣；愿意在合作中承担自己的工作，并积极参与研究活动；树立用证据说话的意识，能坚持自己正确的观点；在进行小组合作学习时，主动研讨与交流，形成集体的观点。

态度责任：愿意在合作中承担自己的工作，并积极参与研究活动；知道技术发明为残障人士改善生活提供了帮助，增强保护感觉器官意识。

【教学重难点】

重点：眼、耳、鼻、舌、皮肤是我们的感觉器官，能够帮助我们认识周围的事物及其变化等。

难点：每个感觉器官都有自己能做的事情，也有不能做的事情。

【教学准备】

教师准备：宝箱、苹果、石头、热水、橘子、玩具、课件、板书、侦探报告单。

学生准备：铅笔、宝箱、苹果、石头、热水、橘子、玩具。

【教学思路】

创设情境，激发兴趣→游戏伴学，认识感官→柯南破案，掌握作用→查看证物，综合应用→通关活动，综合应用→特别体验，学会爱护

【教学流程】

一、聚焦问题

贴图导入：希沃蒙图出示柯南身体图，缺少"眼睛、鼻子、耳朵、嘴巴、皮肤"感觉器官，问：他的身体少了哪些部位呢？

学生观察图，补充完"眼睛、鼻子、耳朵、嘴巴、皮肤"感觉器官。

［设计意图］以学生喜欢的人物柯南创设情境开启本节课的学习之旅，利用希沃技术蒙图功能，让学生找出柯南身体感觉器官的各个部分，快速将学生的注意力集中在我们日常使用的感官以及如何观察周围的世界这个主题上，较好地增加了学生的学习兴趣，为探索活动奠定了基础。

二、探索活动

（一）活动一：宝箱游戏考验（认识各种感官）

1. 游戏及规则：出示一个箱子，大家用自己的感觉器官作出判断，这个箱子里到底装的是什么呢？

2. 认识感官：说一说，你用什么感觉器官来感受，有什么感觉？能判断出是什么物品吗？（学生体验、汇报、教师板书）

3. 小结：在摸东西时，其实是手上皮肤的感觉，我们把它叫作触觉。用眼睛来看物体，我们把这种感觉叫作视觉。用鼻子闻到了气味，我们把这种感觉叫作嗅觉。用耳朵来听声音，我们把这种感觉叫作听觉。用舌头尝味道，这种感觉我们称为味觉。为了安全，用舌头品尝的方式需要在大人或教师的陪伴下才能使用！

［设计意图］通过"宝箱猜物体"这个学生感兴趣的游戏，引导学生描述通过感觉器官感受到的物体特点来猜出物品，让学生认识到感官可以帮助我们认识周围的事物，了解感觉器官都有自己能够感知的特定信息，从而引出课题。

（二）活动二：感官能告诉我们什么信息？

出示不同形状的卡纸、相同形状不同大小的卡纸，抽学生回答。

预设：

眼睛：颜色、形状、大小

耳朵：声音

鼻子：香、臭、酸、腥

舌头：酸、甜、苦、辣

皮肤：软硬、形状、冷热、粗糙、光滑等

（三）活动三：柯南侦探任务1

观察照片，区分看到的和想到的。

1. 创设情境：刚刚的这个小游戏其实是柯南给大家的一个小考验，你们已经顺利通过了，接下来柯南带了一个新任务，你们想挑战一下吗？

录音：小朋友们好，我接到阿笠博士的求助电话，他实验室里漂亮的金鱼缸被砸破了，会是谁干的呢？我去现场寻找线索，发现了四个物品，我会尽快将物品寄过来，请你们先观察我拍下的四个物品的照片，把看到的填写在实验报告单中，以便帮助阿笠博士找到砸缸的嫌疑人。同学们，听清楚我给你们的任务了吗？

2. 教师希望大家一边观察一边做好记录，如果碰到不会写的字，可以参照书上的科学词汇，也可以用拼音快速地记录下来。记住哦，眼睛要准，动作要快。

3. 教师讲解记录表：第一栏我们在照片当中看到的信息，我们能看到什么（预设形状、大小、多少、颜色），组长记录，其他同学给组长说看到了什么。

4. 汇报观察结果：（拍照上传侦探报告）学生分享交流观察结果，其他小组补充。

预设：

石头：粗糙、坚硬、重

水：有水珠、热

橘子：黄色、圆圆的、甜甜的

玩具：有声音

5. 通过看到的这些信息，我们能联想到什么呢？（比如通过第三张照片的蒸气，能想到水是热的），看其他的图你能想到什么信息呢？

6. 小结：原来，我们用眼睛看只能获得一些信息，但有时候我们也可以用眼睛结合我们的生活经验获得稍微多一点的信息。那这些大家通过观察联想到的信息到底正不正确呢？

[设计意图] 通过让学生闯关游戏，增添了活动的趣味性，让学生用眼睛观察四张图片并描述物体的特点，感知用眼睛看观察的信息比较少。学生可以通过观察到的信息，对物品的特点进行联想，区分眼睛看和通过眼睛看联想到的信息，认识到单独一个感觉器官有无法采集到的信息，综合使用多种感觉器官会更加全面地认识事物。

三、研讨：柯南侦探任务 2

运用 5 种感官观察，验证想到的。

1. 引出 4 个证物 [正在我们观察照片的时候，柯南在案发现场发现的四个物品运到了（一样一样出示实物）]：拿到证物以后，我们的柯南又有任务给大家了。大家仔细听。

录音：小朋友们，谢谢你们开动脑筋仔细观察了照片，还收集到了那么多信息。现在我已经将四个物品寄给你们的老师，请你们用多种感官实际观察物品，你又能获得哪些信息呢？

观察拿到的四个物品，把收集的信息填写在报告单的第二栏，对比第一栏和第二栏，完成第三栏内容。

2. 温馨提示。观察之前，教师讲解小组观察顺序，强调尝的物体只有橘子，橘子放到最后，一人尝一瓣；观察热水，应注意轻拿轻放，小心烫手。

3. 汇报观察结果。（拍照上传侦探报告），请你指着屏幕给大家说说你们的观察结果，其他小组补充。

（例如橘子：我想到是甜甜的，我尝了以后发现是酸酸的。）

4. 小结：同学们，通过这个活动，你发现通过多种感觉器官去观察四种物品与单用眼睛去观察照片，有什么不同的感受？多种感觉器官一起来认识物体更准确更全面。（全面板书：更准确、更全面）

[设计意图] 让学生质疑单一用眼睛看和联想出来的信息是否与事实相符，将上一个活动的想象部分通过其他感觉器官进行验证，让学生结合眼、耳、鼻、舌、皮肤多种感觉器官，对物体进行实物观察、收集信息、整理分析。对事实和想象加以区别，引导学生知道观察我们周围的事物需要更多的感觉器官共同合作。

5. 锁定嫌疑人。同学们真厉害，看来你们已经学会了像警察叔叔一样的侦探技巧，那谁才是砸破鱼缸的嫌疑人呢？

柯南找到了 3 个到过现场的人,并给他们录了口供,请大家根据他们的口供找出说谎的人,那一定就是我们要找的嫌疑人。

A. 我到现场的时候,鱼缸已经被打破了,我还听到了房间里婴儿玩摇铃的声音。

B. 我到现场的时候,鱼缸已经被打破了,我口渴,喝了一杯冰水。

C. 我到现场的时候,鱼缸已经被打破了,一块石头放在鱼缸旁边,桌子上还有一些橘子。现在请同学们举手,选出你心中的嫌疑人。(学生:B。)大家都选了 B,为什么呢?(学生:因为喝的是热水。)

6. 小朋友们,你们顺利通关,成为了真正的小侦探。

[设计意图] 学生通过结合视觉、听觉、嗅觉、味觉、触觉五种感官观察物体并收集信息,结合所收集的证据去验证猜想,并通过柯南提供的口供,让学生结合收集的信息,分析嫌疑人所录的口供,最终找到嫌疑人。整个活动逻辑思维强、层层递进、环环相扣,让学生体验到当侦探的乐趣和成就感,学以致用,让学生体会到科学的严谨性和求真性。

四、拓展活动

1. 贴鼻子的游戏:同学们,眼睛、耳朵、鼻子、舌头、皮肤都是我们的感觉器官,如果少了一种感官,我们的生活会变成什么样呢?比如盲人就少了视觉,同学们想不想体验一下盲人的感受?我们来做个游戏吧!给小丑贴上鼻子。既然你是盲人,那老师帮你戴上眼罩,听清楚游戏规则,接下来去给小丑贴上鼻子。

谁愿意帮助他完成这个游戏呢?

2. 在这个游戏中,你有什么感受?面对生活中的盲人,我们是怎样关心、爱护他们的呢?

3. 在生活中,我们也有很多爱护盲人的措施,出示盲道图片、盲文。

4. 同学们,今天体会过盲人了,也帮助过盲人解决困难了,那对于我们身体上的五种感觉器官,我们要怎样对待呢?(学生:爱护。)我们确实要关爱我们的身体,现在同学们正是长知识长身体的时候,不仅要好好学习,还要爱护我们的身体,祝愿同学们健康苗壮地成长。

[设计意图] 拓展环节通过给小丑贴鼻子游戏让学生体验盲人的生活,引导学生学会保护器官并帮助我们身边的特殊人群。让学生了解社会为特殊人

群建造的公共设施，展示科学技术在帮助特殊人群中所起的作用，以及感受科技的先进和科技为他们带来的便利，以此为学生心中埋下一颗学习科学技术的种子，为今后的学习奠定基础。

五、思维导图

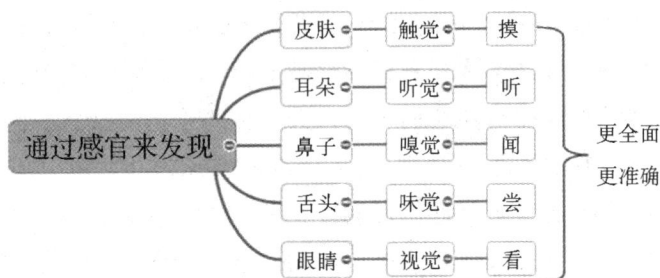

[设计意图]用清晰的流程图反映出各种感觉器官名称、五感以及在收集信息中的作用，不仅呈现出学生探究的成果，还帮助学生建立起完整的知识结构体系，更让学生认识到多种感官的综合应用，获取信息更全面，理解知识更准确。

六、作业设计

1. 填空

(1)（　　）是我们的感觉器官，它们对应的五觉，分别是（　　）和（　　）。

(2)我们在吃包子感觉到包子馅是甜的，我们用到的是（　　）觉。

2. 连线题：如下的现象应分别使用哪种感觉器官进行观察？

眼　　　　　　　　　　早上喝的牛奶非常甜

耳　　　　　　　　　　雨后的彩虹非常漂亮

鼻　　　　　　　　　　树林里有小鸟在唱歌

舌　　　　　　　　　　洗澡水的温度正好

皮肤　　　　　　　　　厨房里飘来的香味

[设计意图]本节课的作业设计包含了两个内容：一是梳理知识，二是对知识的掌握联系实际生活，学以致用。作业层层递进，旨在联系生活考查学生科学概念相关知识的应用意识、应用能力，对学生掌握本节课的科学概念有很好的辅助作用。

【案例评析】

《通过感官来发现》是小学科学新教材二年级下册"我们身体"这一单元的第2课。在本课教学中，教师站在儿童立场设计教学，以培养儿童的兴趣开展课堂组织活动，激发儿童动手动脑主动参与课堂，促进课堂提质增效。

一、巧设问题情境，激发学生学习兴趣

想上好一节课，问题的创设是重中之重。许多问题的提出都需要情境创设，旨在激起学生探究的欲望，激发学生探究科学知识的兴趣。例如，在执教《通过感官来发现》一课时，笔者紧紧抓住学生好奇心强这一心理特点，巧妙创设情境。上课伊始，教师引出了好朋友柯南，让学生化身为侦探同柯南一起破案，转变学生的身份，学生兴致被激发。接着神秘地拿出黑箱子，让学生猜一猜里面的物体是什么？通过一系列的创设情境，引起孩子们的好奇心，激发了学生学习的兴趣。

二、巧创探究氛围，培养学习兴趣

科学相对于其他学科更具开放性，更需要营造学生自主学习的氛围。教师应积极引导学生，使其主动参与学习过程。本课例通过启发学生仔细观察四张图片提供了哪些信息，能联想到什么？结合四种物品，通过多种感官进行发现，收集信息，并进行小组交流。充分调动了每个学生的积极性，引导学生在自主探究中增强了自信心和自豪感。学生对科学知识的浓厚兴趣得到进一步提高，教师教得轻松，学生学得愉快。

三、巧借媒体资源，增强学习兴趣

多媒体技术是一种直观而又吸引学生注意力的教学手段，也是增强学生学习兴趣的有效手段。《通过感官来发现》一课中，探索环节让柯南提供线索，阿笠博士的鱼缸坏了，寻找嫌疑人，以柯南配音和鱼缸破了视频相结合。看视频时，个个神情专注，充满好奇，让学生真切感受到化身小小柯南侦探家的情境。日常教学中，教师要善于借助多媒体资源，对多媒体资源进行巧妙合理地利用，以充分调动学生学习的主动性和积极性，进而增强学生的学习兴趣。

四、巧用科学实验，提高学习兴趣

科学学科最明显的特点就是实验内容较多，教材中几乎每个环节都有科学小实验。教师在教学中要科学合理地利用这些实验。本课在原有实验条件的基础上设疑：如果把包子换成橘子，是不是在准备实验材料时，更方便些呢？把音响换成儿童玩具，能发声的物品，比起音响来说，是不是能让每组成员都得到感受呢？如果单通过课本中几张图片就把这一环节完成了，学生没有亲身用多种感官去体验，得到的信息和效果当然也相差甚远。能在趣味中加深学生对科学知识的理解，是提高学生的学习兴趣强有力的手段。

五、问题与研讨

本节课虽然以儿童兴趣为主开展课堂教学设计、组织课堂教学、引导学生开展科学探究活动，但从课堂教学实践来看，也存在着以下值得研讨的问题：一是教师引导学生开展探究活动的深度还停留在科学概念的表面；二是儿童属于低段学生，识字量和语言表达能力都有限，需要教师引导和及时纠正；三是拓展活动内容还需要丰富，强化对身体器官的爱护。

（龙马潭区安宁学校　雷琴）

【专家点评】

本案例以儿童发展为立场，结合二年级学生的年龄特点和好奇心，以"柯南侦探任务"为主线创设情境，将五种感觉器官的特点和作用渗透于环环相扣的情境中，层层深入地引导学生认识和理解，巧妙地将知识学习、技能训练、思维培养融为一体，很好地激发了儿童主动参与学习和探究的积极性，促进了课堂教学质量的提高和教学效益的提升，有力践行了科学素养培养的进阶思路和五育融合教学理念。

课例 7 主题：课内课外结合的主题实践

《种子长出了根》课例与评析

【教学背景】

这堂课讲的是种子萌发时胚根首先发育成根，随后胚芽发育长出茎和叶，形成植物的幼苗。根是植物的营养器官，一般位于地下，具有吸收水分、无机盐和保护植株生长的功能。部分植株的根系发生了变态，具有储存养分的作用，有的还能用于繁殖，比如我们日常吃的红薯就是植物的根。种植杯中的黄豆种子首先长出根，无论黄豆的种脐摆放的方向如何，长出的根都会逐渐向下延伸。黄豆种子萌发首先长出一条主根，然后再在主根处长出一些更细的根系，叫作侧根。而一般由明显主根和各种侧根所构成的根系，叫作直根系，如蚕豆根。还有一些植物主根与侧根区别不明显，呈胡须状，称为须根系。玉米、小麦等单子叶植物的根系一般都是须根系。

经过寒假，大多数学生播种在花盆中的种子和种在种植杯中的种子都陆续萌发了，但也有学生的种子没有萌发。通过展示交流，教师指导学生发现了种子还不能萌芽的问题，可以让学生进一步强化种子萌发需要适宜的环境条件的认知。当学生看到种子先长出根，并且根总是向下生长的现象时会表现出好奇与兴奋，因为这一现象与大部分学生的认知是冲突的，更多的学生认为应该是先长茎和叶。那么，为什么会先长出根？根有什么作用呢？这时候提出这样的问题，很好地顺应了学生的思维发展需求。教科书先让学生根据所观察到的现象和关于植物根的已有认知推测植物根的作用，之后组织学生通过实验检验自己的推测，这是科学探究的基本方法。而生存于各种自然环境中的植物，根部的形状与特性往往多种多样。比如，生活在戈壁滩等干旱环境中的植物根系发达，而生活在水中的植物根系常常短而细小。认识这一现象，有利于帮助学生进一步建构生物体结构与功能相统一的认识。

【适用年级】
新教科版小学科学四年级下册
【核心概念】
5. 生命系统的构成层次
【学习内容与要求】
5.4 生物体具有一定的结构层次

3—4年级：⑤描述植物一般由根、茎、叶、花、果实和种子构成。
【教学目标】
科学观念：（1）知道种子可以萌发成幼苗。（2）认识种子的萌发先长根，然后长茎和叶片，从根系一直向下生长。（3）理解根能够吸收水分、固定植物、固定土壤，维持植物生存。（4）解释生活在各种自然环境中植物根系的外观形状有着不同的特征。

科学思维：能基于观察描述种子的萌发过程，并能以实验现象和生活现象为依据说明根的作用。

探究实践：乐于运用实验的方法探究根的作用。

态度责任：通过观察、交流等活动，产生进一步探究植物根系作用的兴趣。

【教学重难点】

重点：能用实验的方法证实植物的根有吸收水分的作用。

难点：理解根能够吸收水分、固定植物、固定土壤，维持植物生存。

【教学准备】

教师准备：学生种植过程的图片视频、种子萌发过程视频、不同形态根的图片等教学课件。

为学生准备：大试管、带根的植物小葱、水、油、红墨水、记号笔、学生活动手册。

【教学思路】

课前准备，聚焦问题→种子萌发，先长什么→根的方向，向哪生长→设计探究，根茎作用→观看视频，小组探讨→知识延伸，课外拓展

【教学过程】

一、聚焦问题

（一）提出问题

同学们，我们种植凤仙花的活动在寒假就已经开始了，在寒假当中我收到了你们拍摄的种植凤仙花各个生长过程的照片。现在，我们来欣赏一下你们的种植成果吧，请同学们边欣赏边思考问题。

1. 教师活动

出示问题：你们种的凤仙花在发芽的过程中最先长出来的白色部分是什么呢？根总是往哪里生长呢？

2. 学生活动

学生观看视频并思考问题。发现：凤仙花在发芽的过程中最先长出来的白色部分是根，根都会向土里生长，因为根要吸收土壤里的水分和营养等。

[设计意图] 在寒假当中为孩子们布置好种植凤仙花的任务，观察它们的生长过程，并拍好照片传给教师，教师把这些照片做成视频并配上解说，导入我们的新课。用孩子们亲自种凤仙花的照片运用到课堂中，让他们获得认同感和自豪感。先让他们看自己的种植视频激发学习兴趣，同时带着问题看视频后，可能有的同学还是不大明白，这时教师卖个关子，让他们带着问题

再看教师准备的第二个视频，即种子发芽过程的延时摄影。看完这个视频后就清楚地看到种子是先长根，再长茎和叶，同时发现不管怎么放置种子的种脐，最终根都会向土里生长。

（二）作出假设

既然种子最先长出来的是根，那根的作用一定很重要，那植物的根到底有什么作用呢？（学生大胆猜测）

［设计意图］巧设疑问，引导同学们认识植物的根的作用。

二、探索活动

（一）制订计划

所需器材：试管、试管架、烧杯、食用油、胶头滴管、记号笔、带根小葱、红墨水、小刀、纸巾等。

探索步骤：

1. 将烧杯中的水倒入试管中，同时滴入一滴红墨水，水面高度离管口约5厘米。

2. 将带根小葱放入有红色墨水的试管中，将植物的根浸泡在水中。

3. 在水面上滴些食用油，使试管中的水不会蒸发到空气中。

4. 在水面处做好标记。

5. 观察试管中的水位有什么变化，以及小葱根茎部的颜色有什么变化，将观察的结果记录下来。

6. 这堂课不能立即观察到实验现象，需要把种植的小葱带回教室，每天定时观察，共观察5天，并做好观察记录。

7. 这个实验不能在当堂课中观察到现象，教师需要提前把这个实验做一遍，并把实验现象拍下来做成课件。

［设计意图］让学生亲自参与探究植物根的作用的方法，这样学生后面几天的自行探究才能有方法可依；而课堂中的学习就需要教师提前做实验，并把现象拍下来，这样在课堂中才能让学生具体直观形象地看到现象，从而轻松掌握根的作用。

（二）小组探究

全班共48位学生，分成12个小组完成植物的根的作用的实验探究，以便让学生掌握探究的方法；接下来出示实验图片开始与学生探讨根的作用。

1. 教师活动

出示教师提前做实验时拍的图片，引导学生观察种下的小葱在试管里的水位有什么变化。

2. 学生活动

学生观察图片，汇报实验探究过程中的发现，交流总结小葱根的作用。

小葱的根有吸收水分的作用，小葱的茎有运输水分的作用，小葱是植物，我们就可以说植物的根有吸收水分的作用，植物的茎有运输水分的作用。

[设计意图] 这个实验由于不能在当堂课中观察到现象，教师就必须提前把这个实验做一遍，并把实验现象和过程拍下来给同学们看。根据教师拍的实验过程图片，循循善诱，一步一步让同学们轻松学习到植物的根和茎的作用。

三、研讨交流

通过探究，我们明白了植物的根、茎具有吸收水分和运输水分的作用。请同学们再思考一下，植物的根还有其他作用吗？观看一个风滚草的视频和起大风时大树依然稳固在土壤里的视频。

思考：大风时，为什么风滚草会随风翻滚，大树却依然稳固？

[设计意图] 请同学们观看两个视频并作比较。风滚草由于生活在戈壁，当干旱来临时就会把根部从土里收起来，团成一团，起风时就会随风翻滚，吹到哪里哪里就是新的家，而大树由于根系发达，深深扎根在土壤里，就能固定土壤，同时也固定自己不会随风飘荡，这样一对比就更容易理解植物的根有固定植物和固定土壤的作用。

四、拓展延伸

1. 通过两个视频的比较，拓展植物的根的更多作用。如：固定植物本身和固定土壤等。

2. 教师介绍不同植物的根：其实环境也会影响植物的根的生长，如胡杨树生活在沙漠，根系粗壮是为了吸收更多的水分。水里的浮萍根系很小是因为它生活在水里不缺水。不同植物的根是不同的：有的植物根有一个较粗较长的根，叫主根；有的植物根没有明显的主根，像胡须，叫须根；漂浮在水面生活的植物根短而小；生活在戈壁滩上的植物根粗而长。而红薯的根是一种能够储存大量营养物质的地下块根，属于变态根……还有好多根的知识在课堂中无法一一列举，同学们课后可自查资料进行相关知识的了解和学习。

3. 学生了解有关植物根的知识后，在课后继续查找资料去学习更多有关植物的根的知识。

［设计意图］这样做拓展了学生的知识面，激发了学生的求知欲，求知欲被激发后，他们就会主动去学习相关知识，就会获得事半功倍的效果。

五、思维整理

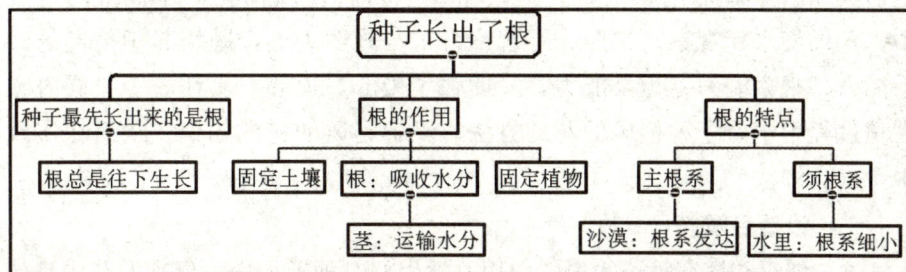

［设计意图］把这一课的知识进行简洁明了的概括总结，有助于学生对本课知识的回顾和掌握。

六、作业设计

1. 种子萌发时先长出（　　　），根迅速向下生长，然后长出（　　　）和（　　　）。

2. 无论把种脐朝什么方向放置，根最终都是向（　　　）生长的。

3. 探究植物根的作用。

（1）选择一棵带根的植物装入有水的试管中。

（2）将植物的根浸泡在试管里的水中。

（3）在水面上滴上食用油，使试管中的水不会被蒸发到空气中，并在水面处做好标记。

（4）一段时间后，发现试管中的水面下降。

（5）结论：试管中水面下降说明植物的根有（　　　）的作用。

4. 试管中水位的变化说明了什么？

［设计意图］在"双减"政策背景下，作业不宜过多过难，只需把重难点抓住即可，这样设计作业就把本课的重难点再次突出和强调，加深学生的识

记和理解能力。

【案例评析】

实践是检验真理的唯一标准，所以探究活动是学生学习科学的重要方式。本节课主要是让学生在亲历种植的过程中去探究种子的根的相关知识。

一、实践出真知

马克思曾说："实践出真知。"科学课就需要在实践探究中寻求真理，因此我们不难发现，科学探究对于小学科学教学的重要性。本课就是一堂与生活实际联系非常紧密的课，通过学生亲自种植凤仙花，在种植的过程中，每天浇水、观察、拍照、写观察日记、画图表等，既培养了他们的动手能力、观察能力、记录能力，又增强了爱心、恒心、责任心等，同时在种植过程中学习了种植凤仙花的方法、了解了凤仙花的知识，从而在实践中得出真知。

二、设疑后解答

这一课重在探究种子的根的作用，学生们对种子最先长出来的芽尖是什么还不大明白：有的说是茎，有的说是根，有的说是芽，这就证明学生虽然亲自种植了，但是对于科学概念的建构还没有形成。所以，教师提问：种子最先长出来的是根还是芽呢？抽了几位同学回答后，发现他们的答案都不同，到底谁对谁错呢？教师给他们出示植物生长过程的延时摄影视频，看了视频后，学生就能直观地感受和了解到植物真的是先长根再发芽的过程，视频效果具体形象、直观明了。

三、操作后交流

这堂课需要重点指导的是学生对植物的根有吸收水分的作用这部分。这堂课重在让学生们亲自参与、亲自探究、亲自种植，同时课后还要继续观察。学生们的学习兴趣很高，教师提出的问题学生们都能积极展开小组讨论，并能说出自己的见解，充分给予了学生讨论交流和自己动手的时间和机会。接着教师出示提前拍好的实验延时摄影视频，学生直观地看到试管里的水每天在减少，植物的颜色变红了，横切和纵切开植物的茎会看到红色的点和红色的线，这些都说明种子的根有吸收水分的作用。所以，先操作再交流就会让同学们有事可做，有话可说，有据可依。

四、探究后复习

怎样检测学生是否达成学习目标？需要我们通过多种方式收集关于学生

学习的证据。科学作业设计就是教师收集学生学习证据的有效方式。

本课教学中将作业设计融入以下探究活动：①种子萌发先长什么？后长什么？②凤仙花的种脐朝各个方向摆放，根会往哪里生长？③凤仙花种子的根有什么作用？④将植物的根浸泡在试管里的水中，在水面上滴上食用油，一段时间后，发现试管中的水面下降，说明植物的根有什么作用？这种设计难易程度适中，既有前测，又有过程，还有总结，突出了重难点，这样就能检测学生是否掌握了本堂课的内容。

五、问题与研讨

这堂课有两个值得探讨的问题：一、要研究种子长出的根，我们都知道种子长出的根不是在课堂中短时间能够观察到的，这是一个需要长时间观察的过程；二、要研究种子的根的作用，种子的根很多都长在土壤里，对我们的观察与探究也有一定的局限性。针对这两个问题，我做了相应的思考与准备，也取得了较好的效果。但在以后的教学中我们还要提前做足更多的准备：如多种植物的种植、视频、知识等各种相关资料的收集……做到尽可能全面化，才能取得更好的效果。

（泸县得胜镇得胜中心小学校　胡媛媛）

【专家点评】

该课例是一堂通过探究活动而认识种子是先长根再长茎和叶，以及根有哪些作用的课例。教师在假期就给孩子们布置种植凤仙花的作业，这样的目的是早规划、早探究。因为这堂课要探究种子的根的相关知识，这不是在短时间能够看到的，所以有难度，因此这个内容必须提前规划。而教师提前就让孩子们做好了观察的准备和知识的储备，等到课堂上就能轻松应对所需探究的知识了；同时在课堂中，教师通过拍摄种子发芽生长的延时摄影视频，让学生快速直观地观察到种子的确是先长的根再长的茎和叶，对孩子们在假期种植的凤仙花知识做了再次的探究和巩固；接着通过探究实验学会探究种子的根的作用；再拓展根的种类等，拓宽知识面；也为孩子们以后继续学习根的相关知识做好了铺垫。

课例8 主题：密切联系生活的探究实践

《一天的食物》课例与评析

【教学背景】

《一天的食物》是小学科学四年级上册"呼吸与消化"单元的课。学生通过记录一天吃的食物，在已有的经验基础上学习收集和整理有用信息，有意识地注意自己的一日三餐以及其他各种各样的食物。在记录、整理和分类活动中，使学生发现我们每天吃的食物是丰富多样的，为后续探究食物的营养，合理饮食健康生活做铺垫。

四年级的学生已经了解了食物是人类生存的基本保障，要想满足身体对营养的需求，就要吃各种各样的食物。关于食物，学生在以前的生活与学习中有着较多的体验，这些体验都会构成本单元学习的基础。但学生对于食物的关注常常是零散的，想到和遇到的问题多是喜欢吃什么、吃的是什么等问题，即使涉及饮食健康问题，得到的解释也不尽全面。通过本单元的学习，让学生尝试用一种与以往不同的眼光来看待"食物"，发现食物与人体生命活动之间密不可分的关系，并发现食物自身会发生奇妙的变化。

【适用年级】

新教科版小学科学四年级上册

【核心概念】

7. 生物与环境的相互关系

【学习内容与要求】

7.3 人的生活习惯影响机体健康

4—6年级：②饮食对健康的影响，养成良好的生活习惯。

【教学目标】

科学观念：记录和分类一天的食物，认识我们一天要吃很多不同的食物来保持身体健康。能在教师的引导下，根据一定的标准对食物进行分类。

科学思维：能积极参加讨论，初步掌握调查记录和统计食物的方法；能在教师的引导下，找到各种食物之间重要的、共同特征对食物进行分类。

探究实践：会用多种方法对食物进行分类；会对记录的结果进行分析整理，得出结论。

态度责任：在调查、讨论、制定方案、记录和统计的活动中，掌握收集信息、整理信息的科学研究方法，养成实事求是的科学态度和良好的科学素养。

【教学重难点】

重点：通过记录一天中吃的食物，培养健康饮食的意识。

难点：对食物进行分类。

【教学准备】

教师准备：多媒体课件、三餐统计表。

学生准备：三餐统计表、标签纸、学生活动手册。

【教学思路】

地域美食，激发兴趣→回忆美食，完成记录→组织探究，学习分类→整理交流，完善概念→进行交流，获得发现→提出问题，拓展思考

【教学流程】

一、聚焦问题

（1）请学生介绍合江的美食，同时通过播放合江美食图片，引起学生对食物探究的兴趣。

（2）除了呼吸之外，饮食是我们从外界获得能量的又一重要活动。我们每天吃的食物有什么特点？揭示课题。

［设计意图］通过当地美食介绍让学生具有参与感和认同感。同时，照片上不同的食物需要的食材数量是不一样的，学生通过观察食物可以为后面教学一天中吃了多少种食物埋下伏笔。

二、探索活动

（一）记录统计一天中吃的食物

1. 教师活动

（1）引言：你能把一日三餐的食物按照早餐、午餐和晚餐记录在表格中吗？（展示记录表）

（2）提问：刚刚有学生说他吃了一碗面条，大家想一想这碗面条算几种食物呢？（预设：里面有一个鸡蛋、青菜、牛肉和面条）分析：一碗丰盛的面条里面是由面条、青菜、鸡蛋和牛肉四种食物组成。许多食品是由多种食物

组成，大家一定要注意由多种食物组成的要分开来记录哦！

（3）布置要求：大家都很好地掌握了正确找出食物数量的技能。接下来，大家把自己昨天的三餐食物记录到记录表中吧！在填写表格时，大家要按照三餐有序地记录，记录完成后和小伙伴交流一下你发现了什么。

（4）小结：学生，一天中我们要吃很多种不同的食物，每天的饮食丰富多样。这么多的食物，不知道大家有没有看得眼花缭乱呀！面对丰富的食物，我们想要更好地认识它们，不妨采用分类的方式来研究一下吧！

2. 学生活动

（1）把自己昨天吃的食物名称写在卡片上，每张卡片只记录一种食物。

（2）数一数你昨天一共吃了多少种食物。

（3）小组汇总：大家在分享的时候发现很多食物都出现了重复，为了方便我们更好地研究食物，我们需要把每个人的三餐统计表按照小组汇总成一张大表格，让食物能够更加清楚地呈现在大家面前。在汇总时，重复的食物只需要记录一次，汇总的是整个小组所有成员三餐的食物，并数一数小组成员昨天一共吃了多少种食物？（预设：20—30 种）

［设计意图］通过让学生回顾自己昨天吃的食物，一是让其有参与感，在回顾自己昨天吃的食物时让食物信息在大脑进行再回顾处理，印象更加深刻；二是通过让学生将食物记录在卡片上与小组进行汇总，为下一个"给食物分类"活动准备素材。

（二）对一天中的食物进行分类

1. 教师活动

（1）提出要求：分类首先要确定一定的标准，例如我们刚刚在记录食物时按照三餐顺序：早餐、午餐和晚餐进行记录，这个方法就是按照进餐时间进行分类的。同学们，你们有哪些分类方法，赶紧把你们的食物先写到卡片上，然后依据一定的标准分一分吧！

（2）交流分类标准：①主食和副食分类：主食是我们餐桌上的主要食物，一般指用粮食制成的，能够很快地帮助我们填饱肚子的食物；副食指的是下饭的鱼肉蔬菜等。（让学生按照这一分类标准对小组的食物卡片进行分类，完成后分享交流。）②植物类食物和动物类食物分类：植物类食物是指以植物的种子、果实或组织部分为原料，直接或加工以后为人类提供能量或物质来源的食品；动物类食物是动物来源的食物，包括畜禽肉、蛋类、水产品、奶及其制品等。（让学生按照这一分类标准对小组的食物卡片进行分类，完成后分享交流。）③荤食和素食分类：荤食指的是含有肉类的食物；素食指的是不含肉、家禽、海鲜等动物产品的蔬菜食物。

（3）让学生按照这一分类标准对小组的食物进行分类（规定好每个小组的分类标准，确保每一种分类都有小组完成），完成后分享交流（将每一种分类标准选取一个小组进行展示，让其他小组学生共同探讨，看看他们的分类标准是否正确，如果不正确及时进行更正）。

（4）小结：通过分类我们发现，每天我们都在吃不同种类的食物，食物种类繁多。

2. 学生活动

（1）小组讨论，教师进行指导，并督促学生将食物粘贴到卡片上。

（2）学生分享小组交流成果。

[预设：（1）按照生吃和熟吃可以分为生食和熟食；（2）按食物的来源分为植物类食物和动物类食物；（3）按照食物的种类分为荤食和素食；（4）按照食物的性质分为主食和副食等]

（3）每组学生挑选一种分类方式对组内的食物进行分类。

（4）学生分享小组交流成果。

[设计意图] 通过分类让学生知道我们一天吃的食物种类有很多，同时让学生从分类中直观了解自己一天中哪些类别的食物吃得多，哪些类型的食物吃得少，可以适度引导学生思考，这样的饮食习惯是否健康、合理，从而为后一课食物要均衡做准备。

三、研讨交流

1. 教师活动

一天中甚至一周内，哪类食物吃得最多，哪类食物吃得最少？

2. 学生活动

学生根据自己的记录表回答，并思考自己的饮食是否合理。

[设计意图] 目的是让学生发现自己每天吃得最多的是哪类食物，同时可以和身边的小伙伴比较一下，教师可以有目的地请班上三种类型学生（胖点的、瘦点的、标准点的）说说他们吃的食物种类和数量。让学生自己去发现不同身材学生的饮食有何区别，为后面食物中的营养做准备。

四、拓展延伸

1. 教师活动

今天我们通过记录、整理、分类等科学研究方法对一天的食物进行了研究，讨论研究了如何记录一天中三餐的食物，对于丰富多彩的食物有许多种分类标准可以帮助我们分类整理。关于食物还有许多可以研究的问题，下课后大家可以继续研究。

2. 学生活动：思考如何选择食物种类更有利于我们身体健康？

观看视频，了解古蔺的美食。

[设计意图] 了解一天的食物后，开始思考食物种类与人体健康之间的联系。通过观看古蔺的美食进而将地域饮食文化融入学生课堂，不同地域为什么饮食上会有差别，可以让学生思考地域与食物之间的联系，生成更加值得学生去课后探究的问题。

五、思维整理

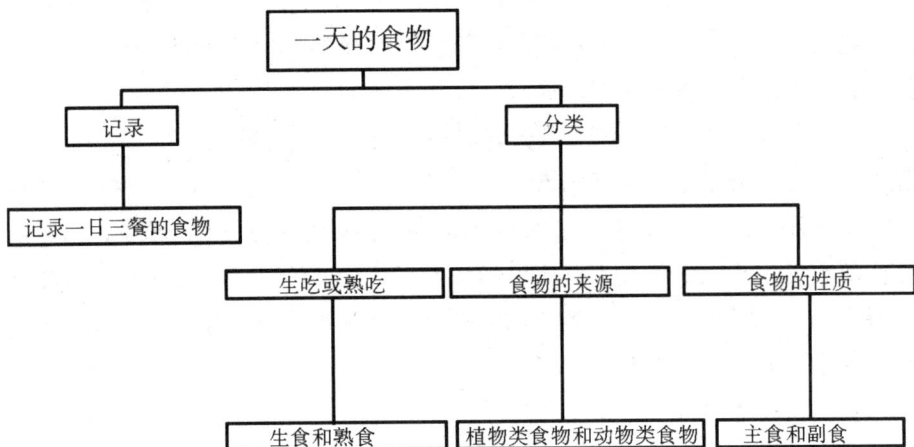

[设计意图] 板书通过思维导图的方式，既简洁又直观，有效帮助学生理解和记忆本课的知识点。

六、作业设计

（一）梳理性作业设计

1. 下面食物中，属于荤食的是（   ）

　A. 卷心菜　　　　　B. 豆腐　　　　　C. 螃蟹

2. 以下食物中，适合生吃的是（　　　）

    A. 香蕉　　　　　　　　B. 鸡肉　　　　　　　C. 大米

3. 土豆鸡块这道菜属于（　　　）食物

    A. 植物类　　　　　　　B. 动物类　　　　　　C. 植物类和动物类

4. 以下说法错误的是（　　　）

    A. 饮食是我们从外界获取能量的重要活动。

    B. 蔬菜含有丰富的营养，但加热后，营养就会被破坏，所以蔬菜都应该生吃。

    C. 我们一天要吃很多不同的食物来保持身体的健康。

（二）过程性作业设计

表 5-4　　　　　　　　　调查不同地域饮食文化与地理环境的关系

地域	地理环境特点	菜品特点	代表性菜品

（主要对中国八大菜系进行调查）

［设计意图］对本课知识进行及时巩固，掌握学习情况，让学生及时将本课所学到的知识进行运用。课后调查不同地域饮食文化与地理环境的关系，可以让学生初步了解中国的饮食，感受中国饮食魅力的同时发现中国人民的智慧，还有就是不同的饮食与地理环境有关系。

【案例评析】

《一天的食物》选自新教科版四年级下册"呼吸与消化"单元。本节课教师通过研读课标、解读教材、分析学情，对教学内容进行了整理和架构。教师对教材中的教学进行了三方面的改动，起到很好的实施效果。

一、深挖教材，重构教学活动

（一）结合生活实际"巧妙性引入"

导入以当地美食作为切入，既可以了解学生对当地饮食文化的了解，又能极大激发学生的学习兴趣。导入中选取了不同类型的食物，为后面的认识和分类做了铺垫，达到了很好的效果。课堂上学生介绍家乡的美食也能拉近师生之间的距离。

（二）联系生活，设计"结构性材料"

书上是让学生将前一天吃的食物填写在小方纸片上，再进行汇总、分类。由于上课学生人数多，准备起来比较麻烦，加上分类时不好操作，将其换成标签纸可以有效节约准备工作和课堂分类时间。

（三）学以致用，巧设"拓展性活动"

拓展环节教师加入了当地的美食，学生特别感兴趣。观看视频中还让学生思考，对比自己家乡的美食有何不同；让学生课后思考地域与饮食文化之间的关系，能够深入研究我们的饮食文化，为后面的知识内容做更多的准备和铺垫。

二、研读教材，倡导学生主体

（一）解读教材，领会编写意图，确定教学目标

课堂根据教材的编写意图，确定科学观念、科学思维、探究实践、态度责任四方面目标。在目标导引下，重组教材，优化教学过程，使教学过程的每一个环节都能为达成教学目标所服务，真正做到探究的有效性。在板书设计方面，将知识脉络和过程方法脉络呈现在学生面前。在亲历探究的过程中，习得一种探究的方法。

（二）目标导引，重组探究活动，促进有效探究

确定目标后，要对教材作适当处理，把学生完整地记录一天的食物作为重点。对于这个问题，应稍作引导，要求学生可以按照三餐顺序进行记录。由于食物数量很多，如何交流和描述，如何进行整理，并把整理内容作为下个阶段的学习利用，需要根据学生的特点和需求确定教学策略。在执教过程中，借助记录表和贴纸要求每个学生把食物名称记录在贴纸上，然后以小组为单位将贴纸贴在记录单上，有相同的只贴一张，并统计出本组在一天中一共吃了多少种食物，哪种吃得最多，哪种吃得最少。将研究结果

——填在食物统计表上，有相同的只填一次即可，然后在班内进行交流。这种方式改变了本堂课原本谈话、交流的主要形式，让学生动起来。随着学生思维的发展，贴纸不仅方便了本环节的探究，对下一环节食物的分类也能起到帮助。

（三）以学定教，判断生成点价值，在思辨中发展

要围绕教学目标，及时对学生学习探究后形成的"生成点"进行价值判断，抓取那些能为教学目标服务，特别是能为突破教学重点有重要作用的"生成点"，通过与学生对话、沟通，了解学生在想什么？是怎样想的？并在此基础上，及时调整教学预设，让课堂从儿童的实际出发，回归儿童的本真。

食物分类是本课教学的难点，在这部分教学中，先让学生说可以如何给食物分类，并详细讲解了食物分类的几种方法（按照主食、副食分类；按照荤食、素食分类；按照动物类、植物类分类；按照生食和熟食分类），在学生进行分类前已经将其思维限定在我想要的框架内。其实对于学生如何给食物分类要求不能太高和固定标准，让他们自己按照自己的想法进行分类即可。小组讨论出统一的方法即可尝试进行分类，只是在交流时发现问题及时更正，引导学生认识分类存在的问题，进而调整分类方法，使分类更趋于科学就行。

（四）提高站位，把握板块内容，提高设计质量

尽可能站在单元教学和小学科学的板块教学对课堂进行研读，确保教学目标合理、有效。真正关注好学生的前概念，不同地方、不同学校学生的知识储备和学校的教学要求是不一样的，只有弄清学生对本堂课的前概念才能有效地设置教学目标，才能让学生在课堂上有效参与教师的教学活动，进而达到教学要求。材料和课堂问题思考准备更充分，只有将课堂上所有会出现的问题都考虑到并做好相应准备，课堂才能高效、有序进行，才能让学生在课堂上生成更多有效问题。

三、作业设计，巩固科学概念

对本课知识进行及时巩固，同时对学生掌握情况进行了解，让学生及时将本课所学的知识进行运用。课后调查不同地域饮食文化与地理环境的关系可以让学生初步了解中国饮食，感受中国饮食魅力的同时发现中国人民的智慧，了解不同的饮食与地理环境有关系。将课堂的知识进行迁移，生成更多

151

可以让学生增长知识的内容。

四、问题与研讨

通过课堂效果、学生反馈以及参考其他教师的课堂后对本课评价，以下方面值得研讨：一是要站在单元教学和物质科学领域进行思考，对学生后续单元学习和知识延伸起到帮助；二是对学生前概念要进行充分了解，教师对于食物的知识储备应该丰富，以面对课堂上学生对于食物提出的很多疑问。

（古蔺县第一小学校　胡勇）

【专家点评】

本课教学知识相对四年级的学生来说是相对简单的，主要目的是激发学生兴趣和为学生构建营养、合理饮食做铺垫，教学中教师以让学生介绍当地美食作为导入，很好地激发学生学习兴趣。教学中的填写食物种类和对食物进行分类是很费时间的两个环节，教师通过用标签纸既解决了材料准备麻烦问题，又让分类环节节约了大量时间。分类后分小组展示，其他小组成员一起纠正的环节，充分调动学生学习兴趣。最后再到欣赏教师家乡的美食，很自然地引出让学生思考不同地域饮食文化为什么不同，与什么有关？很好地让学生的知识进行了迁移，生成了更有探究价值的问题。

课例 9 主题：生活的实例促进种植探究

《果实和种子》课例与评析

【教学背景】

《果实和种子》一课选自四年级下册"植物的生长变化"这一单元，本单元以种植凤仙花为一条主线来探究植物生长变化的过程。很多老师在教学本单元时都会引导孩子们在春期（2月末）开学种下凤仙花，但是气候还不适宜凤仙花种子发芽，直到临近期末凤仙花才差不多开花，凤仙花的生长速度与课程的教学进度很难同步。

关于果实和种子的相关认识，孩子们在之前的学习中也有所涉及，但可能只是片面的，甚至存在着一些错误的前概念。比如：什么是果实，果实是怎样形成的，种子对于植物本身的意义……不同植物的果实的外部形态特征不同，但它们都由果皮和种子两部分组成。种子是果实不可分割的一部分。果皮具有保护种子的作用，种子成熟后，果皮还可以帮助植物将种子传播出去，使得种子找到适宜的生存环境，发育成新的植株。根据不同果实的果皮特点，可以将果实分为干果和肉果。干果又根据成熟后果皮是否开裂分为裂果和闭果。蚕豆的果实成熟后会自动开裂，将种子传播出去，这样的果实是裂果。如向日葵、板栗等植物。果实成熟后种皮不开裂，这样的果实属于闭果。不同植物果实中种子的数量不同，但是每个植株都会结出许多果实，于是就可以产生许多种子。这些种子再萌发长成新的植株，使得种族得以延续，繁衍后代是果实和种子对植物自身的价值。因此，果实和种子也是植物的繁殖器官。

【适用年级】

新教科版小学科学四年级下册

【核心概念】

5. 生命系统的构成层次

【学习内容与要求】

5.4 生物体具有一定的结构层次

3~4年级：⑤描述植物一般由根、茎、叶、花、果实和种子构成。

【教学目标】

科学观念：（1）认识植物的果实和种子；（2）认识植物的果实和种子对于植物自身的生存功能。

科学思维：能在教师的引导下，比较不同植物的果实与种子的相同与不同点。

探究实践：（1）能基于观察获得的信息描述果实的生长变化过程，能运用解剖的方法观察果实的结构。（2）能基于果实和种子的结构特点及已有认知分析果实和种子的作用。

态度责任：（1）乐于解剖植物的果实，并能如实记录和报告观察到的信息。（2）尊重事实，乐于分享自己的想法，接纳他人的观点。

【教学重点】

重点：了解果实的生长变化，认识果实的结构和种子。

难点：了解果实的生长变化，认识果实的结构和种子。

【教学准备】

教师准备：蚕豆果实、向日葵果实、苹果、豌豆果实、小刀、吸水纸1张。

学生准备：蚕豆果实、向日葵果实、苹果、豌豆果实、小刀、吸水纸1张、记录单。

【教学思路】

美食引入→回顾植物生长变化过程→观察一株完整植物→解剖果实比较异同→体验果实与种子的作用→拓展（种子怎样传播）

【教学过程】

一、聚焦问题

（一）美食导入

1. 出示两道美食：蚕豆和豌豆角。

2. 学生思考：两道美食是植物的哪个部分？

3. 交流汇报（预设：蚕豆吃的是种子；豌豆吃的可以是种子，也可以是果实。）

［设计意图］3月正是蚕豆和豌豆大量上市的季节，几乎家家户户都会吃到这两道美食。教师以学生生活中的美食引入课程，既联系了学生的生活实际，又激发了学生对本节课的学习热情。这样设计的目的就是更好地将科学的学习内容与生活紧密联系起来。

（二）引出问题

1. 视频展示蚕豆生长变化的过程，最后指向一株植物上的果实。蚕豆的生长变化经历了哪些阶段？

2. 观看视频，思考：果实对植物来说有什么作用呢？

3. 交流种植的经历，揭示探究主题。（预设：播种—成长期—开花—结果—果实成熟）

［设计意图］蚕豆对于学生来说并不陌生，农村的学生大多数都和父母或家人一起种植过蚕豆，但对于城市的孩子来说相对陌生。由于蚕豆的生长周期通常是跨年的，这样就使得学生关注得较少。考虑到这方面的因素，教师采用视频展示蚕豆的生长变化过程，同时结合蚕豆的种植经历更能帮助学生

理解植物的生长过程。

二、探索活动

（一）观察一株完整的蚕豆

1. 出示一株完整的蚕豆植株。

2. 观察同一植株上不同阶段的果实，比较它们的相同点和不同点。

3. 交流一株蚕豆不同阶段的果实情况。

［设计意图］一株完整的蚕豆从上到下依次展现的就是蚕豆开花结果的变化过程，也就是蚕豆果实的生长变化过程，这样就弥补了学生缺少的连续观察所获得的体会。当然，这里教师为了形象地展示蚕豆果实生长的过程，选择了一张能完全呈现蚕豆果实生长的图片，学生经历的是蚕豆从开花到果实长大的完整的观察。

（二）解剖一个完整的果实

1. 解剖并观察蚕豆果实的结构

（1）引导：我们怎样知道蚕豆里面是什么样的？里面有什么呢？

（2）学生猜测蚕豆里面有什么。

（3）教师示范解剖蚕豆，提出注意事项和安全教育。

（4）提示：根据凸起的数量就知道里面有几粒种子。

（5）交流解剖的方法；明确解剖要求后，小组内解剖并做记录；汇报交流解剖观察情况。

［设计意图］从整株蚕豆的观察聚焦到一个蚕豆果实，引导学生对蚕豆果实的重点关注，这也是解决本节课的重点——解剖蚕豆果实。教师首先对解剖的方法进行示范，由于蚕豆果实的解剖我们可以不借助工具，因此教师采用演示的方法进行示范。在示范过程中，教师提出明确的要求，通过解剖观察果实的结构，并观察果实里面种子的数量，初步发现规律。

2. 解剖并观察多种植物果实的结构

（1）引导：蚕豆果实里面有种子，其他的植物果实里面有没有种子呢？我们继续来解剖观察记录。

（2）学生明确解剖要求和安全提示。

（3）解剖并观察多种植物果实的结构；根据老师提供的果实图片作出猜测；分小组进行解剖、观察、记录。

[设计意图] 学生有了对蚕豆果实的解剖，基本上掌握了解剖果实的方法，但是不同果实的解剖方法是不同的。为了达到正确解剖不同植物果实的方法，教师分别引导学生畅谈怎样解剖其他植物的果实。通过对几种不同的果实进行解剖，认识到植物果实具有相同的结构特点，它们都是由果皮和种子构成，同时也感受植物种子的多样性。

3. 比较它们的相同和不同

（1）教师：果实里面有什么？除了种子剩下的部分叫什么？它们有哪些不同呢？

（2）学生交流汇报探究发现。

（3）小结：相同点是果实由果皮和种子两部分组成。不同点是形状、大小、颜色。

[设计意图] 虽然学生在解剖时已经感受到了不同种类的果实存在着差异，同类植物的果实也存在不同，但是学生的认识还停留在表层，果实的相同和不同需要教师正确引导才能更好地认识和归纳。经过教师提出的三个针对性问题的引导，将关注的点进行转移，帮助学生从现象到本质的认识，对知识点进行深化。

三、研讨交流

1. 果实都有果皮和种子，它们分别有什么作用？

（预设：果皮的作用是保护种子，种子的作用是繁殖后代。）

[设计意图] 为什么果实都会有果皮和种子呢？它们的作用又是什么呢？引导学生结合前面解剖果实的经历，激发学生思考与总结，感受植物的果实对于植物自身的作用就是繁衍后代、种族延续，而果实的果皮则是保护种子和帮助种子繁衍后代。果皮的作用不好理解，但是通过再次回顾解剖的过程，问题就迎刃而解。

2. 我们经常吃的食物哪些是果皮，哪些是种子？

（1）抽取 3 个同学进行课堂活动的挑战，最后自己列举我们吃的食物哪些是果皮，哪些是种子？

（2）学生完成挑战答题。

（3）引导小结：果皮可以分为外果皮、中果皮、内果皮。比如苹果，削掉的就是外果皮，吃的部分就是中果皮，里面硬的一层就是内果皮。

[设计意图] 用希沃课堂活动的形式让学生判断我们吃的是果实的哪个部

分，然后再让学生列举，感受植物的果实对人类的作用和意义。关于果皮的理解有的学生认为果皮就是我们削的皮，也有学生提出了外果皮，教师顺势指出果皮分为外果皮、中果皮、内果皮，并指认出苹果和梨的外果皮、中果皮、内果皮。

3. 研讨果实里面的种子

（1）引导：一个果实中有多少粒种子？一株植物中有多少粒种子？结出这么多种子有什么意义？

（2）学生交流汇报。

（3）小结：同种果实里面的种子数量是不同的。一株植物有很多的种子，正因为这样才得以繁衍后代。种子的作用除了供动物食用，还可以繁衍后代，实现代代相传。我们要保护好种子，让植物的种子继续传播下去。

［设计意图］这个科学研讨活动的目的就在于引导学生对种子数量进行一个具体的计算，学生通过从种子数量的计算活动中，感受"春种一粒粟，秋收万颗子"意义所在。为了进一步深化对种子的关注，教师提出了要保护种子，只有保护好种子才能使植物得以代代相传。同时这个活动的安排也是为了从种子的传播引出后面的拓展活动，研究种子是怎样传播的。

四、拓展延伸

1. 教师：植物是怎样将种子传播出去的呢？

2. 学生：有些是靠动物传播，还有些是靠水传播……

3. 教师：关于种子传播的方式，我们下节课继续研究。

［设计意图］拓展活动既是对本节内容的深化，也是对下节内容的紧密联系，学生可能会结合自己的生活经验进行一些简单的交流。为了引导学生进一步深入了解种子的传播方式，教师有意引导学生去了解，去调查，去思索种子的传播，为下节课的学习做好准备。

五、思维整理

果实和种子

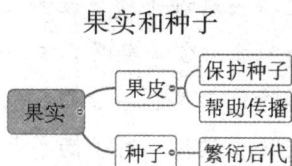

［设计意图］用思维导图的形式展示板书，将果实的结构和各个部分的作

用进行系统地展示。板书看似简单，却能够明确地呈现果实的结构和果实各部分之间的作用。三个层次展示果实的结构图，突出了本节课的重点科学概念，同时也构建了知识框架。

六、作业设计

（一）前测性作业设计

从上往下观察一株蚕豆的果实情况：最上面的果实（　　），中间的果实（　　），最下面的果实（　　）。

（二）探究性作业设计

表 5-5　　　　　　　　　　果实内部结构观察结果记录表

果实名称	蚕豆	向日葵	苹果	豌豆
种子数量				
果实结构（画一画）				

（三）总结性作业设计

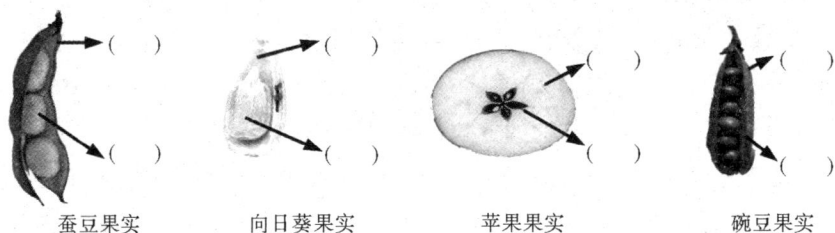

蚕豆果实　　　　　向日葵果实　　　　　苹果果实　　　　　豌豆果实

果实是由（　　）和（　　）两部分组成的。

［设计意图］本节课的作业设计包含了三个内容：一是前测性作业设计，帮助学生梳理知识，整体把握蚕豆种子的生长变化过程；二是探究性作业设计，将探究活动与作业设计有机结合，实现了方案、数据、结论的高度融合，有效地帮助学生构建科学概念；三是总结性作业设计，帮助学生再一次巩固果实的结构，总结得出果实是由果皮和种子两个部分组成的。将三个作业设计有层次地处理在课堂探究活动中，对于帮助学生掌握本节课的科学概念起到巩固作用。

【案例评析】

《果实和种子》选自新教科版四年级下册"植物的生长变化"这一单元。这节课是在学生学习了植物的花的结构后的探究活动。学生需要经历对果实的探究活动，发现果实是植物进行繁衍后代的重要环节。在教学中，教师主要以引导学生开展探究活动的方式构建科学概念，形成系统的科学知识。

一、突破教材的束缚"用教材教"

在对新教材进行解读中，执教者发现：本单元以种植凤仙花为线索了解绿色植物的生长变化。3月，本地凤仙花还没有结出果实。怎样结合本地实际情况开展教学，既能达到教材设计的意图，又能帮助学生认识果实的结构？经过实地观察、走访，决定选用本地同季节的蚕豆为主体进行研究。本课教材安排有三个探索活动和三个研讨活动，在教学设计时对探索活动进行了整合，对研讨顺序作了如下调整。

教材中探索活动1是观察一株完整的植物，了解植物的生长变化过程。探索活动2是观察果实的结构。探索活动3是观察更多植物的果实，比较它们的异同。将后面两个探索活动整合为一个，解剖并观察蚕豆与其他植物的果实。学生会发现尽管不同植物的果实形状、颜色、大小各不相同，但是它们的果实一样都包括果皮和种子两部分。探索活动的整合进一步激发了学生感受生物世界的多样性，建构生物多样性与共同性相统一的观点，将数种子的活动留到研讨中。

三个研讨活动中的第一个研讨活动和第三个研讨活动都是关于果实结构的，因此把第三个提前，具有连贯性。第二个研讨活动是关于植物种子的作用，放到最后体会"春种一粒粟，秋收万颗子"的含义，符合学生的认知规律。同时与设置的拓展活动种子的传播相结合，与下一课内容相衔接。

二、突出学习的主体"学生中心"

科学学科教学主要以探究活动为主，最好人人都能参与到科学活动中。执教者一直倡导设计并落实以"学生中心"的科学探究活动。在本课教学活动中，教师在关键性的探究活动开始前进行了有效引导和示范，促进科学探究活动的有效展开。比如蚕豆的解剖方法，教师面对全体学生进行了有效的示范，提醒学生用小刀解剖果实注意安全。这些看似简单的引导，实际上是促进学生参与度较高的有效准备。在学生解剖完果实后，引导学生对整个学习成果进行了充分的展示和交流。从学生展示学习成果的活动中，可以看到学生自信的笑容，表现出了对探究活动的满足感和成就感。以学生为中心的科学探究活动，可以有效地激发学生参与活动，引导他们对科学的热爱和好奇，能持之以恒地投身到科学探索活动中。

三、凸显作业设计的"梯次结构"

科学学科的特点是要引导学生在科学探究活动中构建科学概念，形成科学技能，提升科学素养。结合本课教学内容和学生认知规律，在作业设计方面，遵循了在课堂上通过科学探究活动的方式来逐步完成，在作业设计中充分体现学生自主、合作探究的学习方式。本节课的作业设计采用了三段式"梯次结构"，实现作业与探究活动的有机结合，实现探究活动的高效推进。一是前测性作业设计，通过视频和图片结合的方式对学生已有知识和经验进行挖掘，为后续的科学探究活动做好铺垫。二是过程性作业设计，突出本节课的探究活动重点，结合探究活动的指向性，引导学生通过解剖、数一数、画一画的方式，在活动中深入认识果实是由果皮和种子组成的，每一个部分有着不同的作用。三是总结性作业，主要是对科学探究活动的再提升，是对科学概念的再提炼。在此环节，学生在交流活动中不仅发现了果皮的特点，还在教师的引导下发现果皮分为外果皮、中果皮、内果皮。这是本次作业中学生在总结环节发现的新知识点，是本节课知识的拓展亮点。作业设计是一节科学课不容忽视的环节，有"梯次结构"的作业可以帮助学生更好地投入到科学探究活动中。

四、问题与研讨

课堂没有最好只有更好，本课的教学有以下几个点值得探讨：一是时间的分配可更合理；二是教师的语言可以更干净利落；三是学生的发言加强引导；四是课堂上教师要善于用手势启发孩子举手发言，充分听取学生的观点，进行实时指引。

（泸县兆雅镇杨九学校　吴永凤）

【专家点评】

本节课最大的亮点就如教师所说，以教材为蓝本，采用当地学生既熟悉又陌生的果实作为教学材料进行教学，这是科学教材中涉及种植这一块常会遇到的问题。该课例采用播放视频的方法，突破时间和空间的限制，让学生感受植株生长的整个过程。教师的做法将学生生活中的实例搬到了课堂上，紧密联系了学生的生活实际。在作业设计环节，教师紧扣"双减"作业设计与学业评价要求，做到了作业与探究实践活动的有机结合，实现了教与学的有机统一，达到了教学效益的最大化。

第二节　物质科学实例

新教科版小学科学教材中，"物质科学"领域主要包括 12 个单元，共有 90 个课题，重点是引导学生认识物质特征，理解物质的运动与变化规律。

教研团队主要从以下几个方面开展主题式教学实践研究。为落实"双减"政策，更好地发挥学业评价功效，开展了专题研究"作业设计提升科学素养"；在学习学科核心概念的基础上，理解跨学科概念，并应用于真实情境，研讨了"问题情境下的融合探究"；为构建高效的自主探究课堂，注重了课堂教学方法的研究，如"创新实验助力探究实践""搭建自主探究的脚手架"；为发展学生思维能力，开展了学生科学思维的培养方法研究，如"利用模型培养科学思维""用图示法认识三态变化"；为了加强学段衔接，注重了活动化、游戏化、生活化的学习设计，如"幼小衔接下的趣味探究""低段的游戏化探究实践""生活化资源的开发利用"……

"物质科学"领域的课例研究，本小节主要精选了 16 个课例成果，以供大家参考。

课例 10 主题：幼小衔接下的趣味探究

《认识物体的形状》课例与评析

【教学背景】

本节课是一年级下册"我们周围的物体"单元的第 3 课。上节课已经学习质量是物体的一个基本特征，本课是利用物体的摆放，引导学生体会物体的形状特征。本课围绕"如果把物体装进盒子里，怎样装得更多"这一主题进行探究，其目的是研究物体的形状是如何影响占据的空间。文中有两个探究活动：一是哪种物体放得多？二是怎样装得更多？第一个活动是通过比较木块和乒乓球的平铺数量，发现差不多大小的物体，因为形状不同，平铺的数量也就不同；第二个活动是用多种平铺方式摆放橡皮擦和螺母，发现同一物体用不同侧面平铺摆放数量不同。通过两个活动使学生明白：物体的形状会影响其占据空间。

学生经过本单元前两课的学习，已经知道物体的一些特征，如：颜色、大小、轻重等，而且也学会了用"称"的方法来测量物体的轻重。这节课引导学生从占据空间这个角度来解释形状，为认识质量、体积打下基础。为了让"占据空间"这个概念更形象具体易于理解，教材用了一个"固定大小的盒子"来使概念具体化。课中的活动较多，对于一年级的学生来说还是有难度。因此，在进行教学设计时，要多方面考虑学生的实际情况，耐心指导，鼓励学生大胆发表自己的见解。

【适用年级】

新教科版小学科学一年级下册

【核心概念】

1. 物质的结构与性质

【学习内容与要求】

1.1　物质具有一定的特性与功能

1—2年级：①观察并描述物体的形状特征，能根据物体的外部特征对其进行简单分类。

【教学目标】

科学观念：（1）知道许多物体的形状是固定的，形状是物体的基本外部特征之一。（2）理解物体的形状会影响其占据空间。

科学思维：（1）能多角度观察常见物体的形状。（2）利用发散思维，对同一物体提出不同的平铺想法。

探究实践：（1）观察常见物体形状的相同与不同。（2）能根据物体侧面的不同，找到多种平铺的方法。

态度责任：（1）在活动中，愿意与学生合作、相互交流。（2）激发学生主动探究物体形状的兴趣。

【教学重难点】

重点：知道许多物体的形状是固定的，形状会影响其占据空间。

难点：探究形状不同的物体有多种平铺的方法。

【教学准备】

教师准备：乒乓球、正方体木块、橡皮、螺母若干、纸盒 4 个、布袋 1 个、圆形卡纸 1 张、小篮球 1 个、铁垫圈若干、大米 1 杯、沙 1 杯、课件。

学生准备：乒乓球 12 个、正方体木块 18 块、橡皮 80 块、螺母 6 个、纸盒 2 个、水槽 2 个、塑料袋 1 个、学生活动手册。

【教学思路】

复习引入，新旧衔接→猜测物体，引出课题→明确标准，演示操作→分组探索，平铺实践→研讨交流，提升认识→拓展延伸，学以致用

【教学过程】

一、聚焦问题

导入：上节课我们比较了乒乓球、木块、塑料块、橡皮的轻重。今天我们邀请了一些"伙伴"来到我们的科学课堂，让我们来认识一下它们有什么特点呢？

1. 猜一猜：出示口袋。这个口袋里有四个小礼物，不打开口袋，你能用哪些方法猜出里面装的是哪四种物体？（注：口袋里的四种物体分别是乒乓球、橡皮、方木块、螺母。）

2. 看一看：学生猜测后，依次拿出四种物体引导学生说出它们的形状，强调形状也是物体的重要特征之一。

3. 说一说：区别平面图形和立体图形。出示纸片和篮球，学生对乒乓球的形状有不同的看法，你觉得它更像篮球还是更像圆圆的纸片。再次强调球体、正方体、长方体、六棱柱。

4. 引出课题：今天我们一起来探究物体的不同形状（板书：认识物体的形状）

［设计意图］通过复习上节课认识的物体导入本课，体现课程的连贯性。设置"猜一猜"活动，先把四种形状不同的物体装入口袋，让学生不打开口袋猜测，再引导学生用"摸""看"的方法进行猜测，调动学生的好奇心。同时直接引导学生关注物体形状，初步知道根据形状的不同，判断出四种物体是乒乓球、橡皮、方木块、螺母。区别小篮球和圆纸片的形状，旨在加深学

生对平面和立体图形的认识。

二、探索活动

（一）平铺的标准和方法

1. 出示两个方形盒子，它们的大小一样，是固定的。怎样把乒乓球和木块平铺进盒子里呢？（首先说一说平铺有什么标准，并用课件演示"平铺一层""不悬空"。）

2. 演示平铺：怎样在盒子中平铺一层木块呢？请学生到讲台上演示平铺的方法。

3. 强调：每个盒子只能装一种物体。

[设计意图] 在教师的引导下学生上台演示，帮助学生理解平铺的标准是"平铺一层""不悬空"，提高学生的操作能力，锻炼学生的表达能力，增强学生的自信心。通过教师的适时讲解与学生的平铺演示，帮助学生直观地理解了什么是"平铺"，符合一年级学生的认知水平。

（二）分组探究一：平铺木块和乒乓球

1. 引导：小组合作将两种物体分别平铺进盒内，并做好数据记录。每个盒子只能装一种物体。比一比，哪组装得最快、最多。

2. 温馨提示：（1）铺一层，不悬空；（2）每个盒子只装一种物体；（3）不把盒子挤变形；（4）分工合作，做好记录。

3. 学生分组活动。

4. 学生交流结果，教师把数据记录在黑板上（木块 16 块、乒乓球 9 个）。

5. 分析研讨：同样大小的木块和乒乓球平铺在盒子里，为什么数量不一样呢？（板书：形状不同）

（预设：正方体木块贴得紧密，留出的缝隙小；乒乓球贴合得不紧密，留出的缝隙很大，浪费了许多空间，没有铺满，装得少，所以数量不一样。）

6. 再探究：将木块和乒乓球换一个方向重新平铺，会改变木块和乒乓球的平铺数量吗？

学生快速转一转，翻动一下盒子里的木块和乒乓球。

（乒乓球和正方体木块各个面都是一样的，无论怎么摆放数量都一样，其摆放的方式只有一种，所以平铺的数量也不会变。）

7. 视频小结：方木块、乒乓球的平铺比较。

[设计意图] 通过平铺方木块和乒乓球的活动，激发学生探究摆放方法的

兴趣，能正确平铺这两种物体。通过平铺结果的比较，学生能知道同样大小的两种物体，形状会影响平铺的数量，知道方木块和乒乓球各个面的形状都是相同的，只有一种平铺方法。

（三）分组探究二：平铺橡皮

1. 明确要求：用同样的方法，小组合作将橡皮平铺进盒内，并做好数据记录。比一比，哪组装得最快、最多。

2. 学生分组活动。

3. 展示交流：为什么平铺的橡皮数量不一样呢？

（躺着、侧着、立着放的方式不一样，混合组装）

4. 课件出示不同方式的平铺图片并小结：

橡皮正反面和侧面大小不一样，"躺"着放和"立"着放的数量是不一样的。因此，物体用来平铺的"面"不一样，平铺数量也就不一样。

5. 视频小结：橡皮的平铺比较。

［设计意图］通过平铺橡皮的活动，学生知道橡皮的形状与方木块、乒乓球不同。平铺的面不一样，就有"躺""侧""立"三种平铺方法，甚至还可以两种或三种组合起来平铺，初步认识到形状会影响平铺的方法和数量。学生平铺体验后，又以视频展示橡皮的多种平铺方式，培养了学生的创新意识，为后面的平铺活动积累了经验。

（四）探究三：平铺螺母

1. 比一比：观察螺母的形状，你认为螺母有几种平铺方法呢？

（有两种平铺方法："躺""立"）

2. 研讨交流：观察螺母不同方式的平铺图片，说一说为什么数量不一样呢？

（形状比较特殊的六棱柱螺母各个面的形状不同，可以"躺"，也可以"立"，平铺的方式不一样，结果就不一样。）

3. 视频小结：螺母的不同平铺方法。

［设计意图］探究螺母的平铺，让学生知道螺母有多种平铺的方法，设置"比一比"游戏活动，激发了学生探究物体摆放方法的兴趣，给学生提供了自主探究的机会。让学生用自己的方式将物体尽可能多地平铺到盒子中，再引导学生分析其中的原因，发现同一物体用不同侧面平铺数量不同，进一步都助学生理解物体的形状会影响其占据空间。

三、研讨交流

1. 用螺母把盒子铺满后，盒子真的被完全填满了吗？说出你的看法？（出示米、沙、垫圈）

2. 螺母的形状可以变形把这些缝隙填满吗？不可以，因为螺母的形状是固定的。（板书：形状不变）

［设计意图］通过观察，学生发现铺满螺母的盒子并没有真的装满，因为螺母是固定形状，不可以随意改变。盒子里装螺母的数量是有限的，到一定程度就不能再装进去。引导学生理解像螺母这样的物体形状是固定的，是不变的。接着学生通过思考和教师的引导，知道盒子中的缝隙还可以放入其他形状的、更小的物体，如米、沙、垫圈等，提高了空间的利用率。

四、拓展延伸

1. 拓展活动：书架、鞋架、衣柜平铺整理前后对比；比较拼接出独特造型的地砖、地板；观察各种形状的西瓜；交流轮船与集装箱的摆放关系。

2. 你还知道生活中哪些地方运用了平铺的知识？

（教室里的桌椅摆放，做操时站队，把作业写在格子里，菜地里的菜……）

［设计意图］通过多种平铺实例引导学生把平铺的知识内化，凸显学以致用。学生通过寻找生活中利用平铺的实例拓宽知识面，既培养学生爱干净、爱整理的好习惯，同时又强化提高空间利用率的意识。

五、思维整理

认识物体的形状

形状不同　　16块

形状不变　　9个

8—52块

25—65个

［设计意图］采用图文结合的方式在探究活动中及时呈现本课探究重点，

进一步帮助学生认识物体的形状会影响平铺的方法和数量。整个板书结构清晰明了、直观形象、易于理解，符合一年级学生的认知水平。

六、作业设计

（一）预学检测

1. 回忆上节课认识了哪些物体？

2. 这节课想学习物体的哪一个特征？

（二）探究性作业：完成记录表

表 5-6　　　　　　　　《认识物体的形状》活动记录表

日期：　月　日

	mù kuài 木 块	pīng pāng qiú 乒 乓 球	xiàng pí 橡 皮	luó mǔ 螺 母
第 1 次				
第 2 次				

（三）课中检测：判断题

1. 将正方体形状的物体摆放在方形盒子里更合适。（　　）

2. 把苹果摆放在水果盘中，没有空隙。（　　）

3. 把铅笔水平平铺和立着平铺在同样的笔盒里，数量不一样。（　　）

（四）课后实践活动

在相同大小的盘子里能平铺（　　）个鸡蛋、（　　）个土豆。

［设计意图］课前的预学检测是为了帮助学生养成复习和预习的好习惯；课中的记录表是为了培养学生重视实验数据的记录，以便通过分析对比得出结论；课中测试设置了三个判断题，简单检测学生对本节课知识点的掌握程度；课后实践活动学以致用，既巩固了已学知识，把平铺的方法运用在生活中，也培养了学生的观察能力和探究能力。

【案例评析】

本案例从占据空间这个角度引导学生理解物体的形状,指导学生用多种方式平铺物体,为学生认识质量、体积打下基础。考虑到一年级学生好奇心强和专注时间短的特点,将课例中的教学过程进行多次优化,加深学生对知识点的理解。

一、注重幼小衔接,设计趣味探究

本课探究活动较多,对于自控能力较弱的一年级学生来说,要专注于探究活动在组织教学上是有难度的。因此,本课的教学设计注重幼小衔接,充分考虑学生的认知水平和身心发展规律,设计丰富多样的趣味活动,吸引学生积极参与探究。

在本课导入时设计"猜一猜"活动,学生知道隔着袋子用眼睛看不出物体的形状,通过"摸一摸"的方式猜测出物体,激发了学生的学习兴趣。课中设置"比一比"的游戏活动,学生带着"规则"去多次比试"平铺",利于提高学生思维能力和操作能力。课后的实践活动继续探究相同大小的盘子里能平铺多少个鸡蛋、土豆。通过再次动手探究,不仅提高了学生的动手能力,还巩固了平铺的知识,激发了他们爱科学、学科学的兴趣。

二、重视多样体验,有效推进探究

低段学生的学习方式主要是体验式探究。组织教学时,要以学生为中心,引导其经历探究,在活动体验中获得知识,习得方法,积累经验。探究活动虽多,但经过巧妙引导,在平铺方木块和乒乓球中,发现是形状不一样造成的。接着探究橡皮和螺母,发现平铺的面也会影响数量。多样化的"平铺"活动由浅入深、由易到难,符合学生的认知特点,激发了学生探究物体摆放方法的兴趣,给学生提供了自主探究的机会。整堂课充分运用了信息技术手段,在课件、图片对比、微课的辅助下,学生一次次经历"观察—发现—推测—验证"的科学探究活动。整个教学更加直观、生动、有趣,有利于学生对抽象知识的理解与接受。在多次的"平铺"体验中,学生的合作能力、逻辑思维能力、主动探究能力和创新能力得到了发展。

三、优化作业设计,促进学生发展

为了更好地完成教学,巩固知识点,引导学生把平铺的方法运用在生活中,本课例优化了科学作业设计。课前的预学检测是帮助学生养成复习和预习的好习惯；课中的记录表培养了学生重视实验数据的记录，以便分析对比得出结论；课中测试设置了三个判断题，检测学生对本节课知识点的掌握程度；课后实践活动，把平铺的方法运用在生活中，提高了学生的探究能力。

四、问题与研讨

本课教学还存在以下问题值得研讨：

1. 如何把课堂引入的猜礼物情境设置得更神秘，更生动？

2. 在分组活动中，如何细化小组建设，使其分工更明确、更有效地探究呢？

3. 低年级的学生对科学探究非常感兴趣，教师如何提高教学机智，规范学生探究，做到张弛有度？

（合江县人民小学校　黄从先）

【专家点评】

本课例中教师落实幼小衔接，从低段学生特点出发，设计丰富多样的趣味探究活动，鼓励学生主动探究，让学生亲历探究过程，对实验中获得的数据加以分析整理，从而帮助学生轻松理解物体形状的具体特征。整节课中，教师注重对学生的思维能力和核心素养的培养，在学习物体的形状特征时，教师不是直接把自己的意见强加给学生，而是让学生先自由平铺，再通过比一比谁铺得多，一步步引导学生注意到平铺的面不同，平铺的数量就不同。为了激发学生的创新思维，教师还引导学生组合平铺，这样就可以得到许多平铺结果。整节课，教师始终引导学生在玩中探索新知、理解新知，教学效果非常好。

课例 11 主题：细处入手提升课堂实效

《谁轻谁重》课例与评析

【教学背景】

本课是一年级下册"我们周围的物体"单元的第 2 课，其隐含的概念为质量是物体的基本属性，并且可以通过测量得到。在一年级阶段学生不需要了解质量的概念，更无须准确测量物体的质量，只需要了解物体有轻重，能够比较不同物体的轻重并排序即可。本课通过观察、预测、手掂、用简易工具测量等多种比较活动，促使学生逐步建立对"物体有轻重"的认识。

在第1课的观察活动中，学生已经初步认识并实践了一些观察、描述物体的方法，积累了一些关于物体特征的科学词汇，比如轻重、粗糙、光滑等，甚至他们可能已经注意到不同物体的轻重可以用手掂一掂的方式来比较。但是，这种简单的方式能否准确比较物体的轻重呢？学生会发现，对于两个物体轻重的比较，不同的人可能会给出不同的结果。尤其是当两个物体的轻重差不多的时候，就很难用"感觉"的方法来判断。这就引发了学生的进一步思考：如何更为准确地判断物体的轻重呢？针对一年级学生可以用一种简单的测量方法，即运用简易天平来称量，并通过观察、简单统计等多种手段得到比较结果。

【适用年级】

新教科版小学科学一年级下册

【核心概念】

1. 物质的结构与性质

【学习内容与要求】

1.1　物质具有一定的特性与功能

1—2年级：①观察并描述物体的轻重。

【教学目标】

科学观念：知道质量是物体的基本特征之一，并且可以被测量。

科学思维：能在教师的指导下对物体轻重进行比较，用掂量、称量等测量方法比较物体的轻重，知道不同的方法可能导致比较结果的准确程度不同。且轻重和大小适当的物体可作为称量的标准物。

探究实践：认识到掂量、称量等方法的准确程度不同。能用掂量、称量对身边的小物品进行轻重比较。

态度责任：发展进一步研究物体的兴趣和愿望。

【教学重难点】

重点：质量是物体的基本特征之一，并且可以被测量；用掂量、称量等测量方法可以比较物体的轻重，不同的方法可能导致比较结果的准确程度不同。

难点：用称量的办法进行测量并记录。

【教学准备】

教师准备：多媒体课件、乒乓球、玻璃弹珠、大小相同且形状相同的不锈钢碗和塑料碗。

学生准备：大小相同的木块和塑料块、大小不同的橡皮、简易天平、回形针若干、学生活动手册。

【教学思路】

聚焦问题，观察物品→准备材料，引发兴趣→组织探究，学习掂量、称量→整理交流，完善概念→应用知识，解决问题→提出问题，拓展思考

【教学过程】

一、聚焦问题

乒乓球和玻璃球，这两个球哪个重哪个轻呢？有什么办法可以比较？

[设计意图] 了解学生比较轻重方法的原有认知水平，了解学习前概念掌握程度，为认识并实践科学的比较方法奠定基础，激发学生继续探究的欲望。（学生不是任由教师涂抹的"白板"，在开始学习科学课程之前，学生就已经形成了对自然界如何运转的相关理解，即科学前概念。）因此，通过这个事例了解学生比较方法的掌握程度很有必要。

二、探索活动

（一）预测

1. 教师活动

（1）出示 5 个物体：如何比较 5 个物体谁轻谁重呢？

（2）先预测 5 个物体的轻重并做好记录。（教师提示记录表以及排序方法的记录）

2. 学生活动

汇报预测结果。通过黑板上学生汇报数据发现预测存在不同。

[设计意图] 预测是科学探究的重要环节。它是在观察与实验的基础上，根据科学原理和科学事实进行理性思维加工以后，对未知的自然现象及其规律所作的定型解释和说明，是学生思维发散最为活跃的阶段，是一种积极的创造活动，是提高学生创造能力的有效途径。此活动兴趣点在于：对同样大小的木块和塑料块、材质和形状相同但大小不同的橡皮，学生会如何比较？我的比较方法与其他学生的有何不同，自己的方法可行吗？进而激发下一环节的学习兴趣。

（二）掂量

1. 教师活动

介绍掂量方法，并带领学生进行物品掂量实验。

2. 学生活动

尝试用掂量的方法比较物体的轻重。

3. 交流反馈

（1）说说给5种物体掂量比较的结果。

（2）说说比较过程中遇到的困难。（如木块和塑料块的质量很接近，很难用掂量的方法进行比较）

［设计意图］科学数据的收集是科学探究的重要一环，是推理、得出结论的关键。通过收集全班学生数据对比，让学生发现大家的数据并不一样，使学生认识到掂重的方法并不完全准确，引发学生进一步探究的欲望。

（三）称量

1. 教师活动

（1）出示简易天平并介绍。

（2）演示利用简易天平比较木块和塑料块的轻重。

（3）播放微课：用回形针作为标准单位称量其中一种物体的质量。

2. 学生活动

利用简易天平称量5种物体；对称量结果进行记录。

［设计意图］通过自己动手称量物体重量培养学生的动手能力，记录数据培养学生严谨的科学探究习惯和态度。同时，引导学生以小组为单位把称量的结果呈现在黑板上，旨在为后续的集体研讨做准备。

三、研讨交流

1. 教师活动

投影仪展示一位学生的记录表：看一看我们三次排序的结果是怎样的？

2. 学生活动

哪种方法更准确？说说你的想法。

［设计意图］目的是让学生发现不同的人预测的结果可能不同，甚至差异会比较大，因此预测是准确的。掂量的方法仍然是依靠人的感觉，当物体的轻重差不多时，会出现不同的判断结果；当有更多的物体时，

操作会更麻烦，结果会更不准确。回形针作为标准物称量，称量后记录回形针的个数，这样得出的结果不仅比较精确，而且适合比较更多的物体。

四、拓展延伸

1. 教师活动

（1）比较两个碗的轻重。出示两只形状相似、大小相同、材质不同的碗。提问：它们一样重吗？

（2）初步感知材质、大小对物体轻重的影响。

2. 学生活动

学生交流想法。

［设计意图］通过比较"用不同材料做成的大小相同的碗，它们的轻重有可能不同"。指向核心概念"大小相同、材质不同的物体，轻重可能不同"，引发学生更多思考和实践。

五、思维整理

表 5-7　　　　　　　　　　"谁轻谁重"活动记录表

	预测	掂量	称量：天平
大橡皮			
小橡皮			
乒乓球			
木块			
塑料块			
实验结论：			

［设计意图］所有的科学探究活动最终都是为其实验结论的得出做铺垫，此处的思维整理主要是引导学生通过表格填写，发现掂量和称量两种比较方法的适用性。

六、作业设计

表 5-8 　　　　　　　　　　常用物品轻重的比较

物品	比较方法	谁重
Vs	掂量：☐ 称量：☐	
Vs	掂量：☐ 称量：☐	
Vs	掂量：☐ 称量：☐	
Vs	掂量：☐ 称量：☐	
Vs	掂量：☐ 称量：☐	

　　[设计意图] 能正确使用掂量、称量比较物品后，及时让学生对本课教学知识进行运用，称量和掂量在生活中运用很广，对于一年级的学生需要大量的实例来巩固这两种比较方法的运用，通过对身边物品的多次比较可以强化学生对知识的合理运用。

174

【案例评析】

低段学生学习需要通过快乐和谐的团队活动引导其互动交流，引导他们在合作探究过程中对简单的科学实验任务分小组探究，这种方式利于培养低段学生的科学学习兴趣和需求，对提升课堂教学效率和质量很有帮助。

一、教学站位重认知立场

一年级学生容易接受直观形象的事物，但是概括能力比较弱，经常会出现词不达意，术语欠缺；心理特点方面，很多学生都是自我为中心，与学生合作意识不强，而本节课在称量环节需要合作，因此对于合作意识的培养是关键；同时，一年级学生在情绪方面控制能力弱，在 40 分钟的课堂中常出现纪律松散、好动等现象。因此，在教学中需要建立有效的管理策略。

（一）注重表达练习

本课的表达重在训练学生能表述出木块比泡沫块重，木块比螺母轻的观察结果。其中，学生给五种材料按从轻到重排序有一定难度，教师可以采用图像和文字相结合的方式让学生进行练习。下面两种表达方式可根据班级学生情况选用：

第一种表达："最轻的是＿＿＿＿＿＿，用数字 1 表示，第二轻的是＿＿＿＿＿＿，用数字 2 表示……"（依次表达）

第二种表达："我从轻到重排序，物品排序序号为 3，2，4，1，5。"

（二）考量材料选择

实验材料的实用与充分是保障科学课堂探究活动有效性的关键。本课实验材料的选择需要注意三个小细节：一是在本课中需要用到学生活动手册进行记录，因此五种材料我们最好不要进行更改，不然会增加学生记录难度；二是五种材料轻重大小选择很重要，既要让学生用猜测和称量能够比较出来，又要让学生用掂量不能比较出来，为后面称量做准备（重点在木块和塑料块的选择）；三是称量环节中需要用到的回形针数量要足。

（三）重视称量示范

科学实验如果仅仅用语言讲述如何操作，对一年级学生来说过于困难，主要是学生对很多细节无法处理，因此本课的掂量和称量需要教师进行示范。

示范过程中，掂量可以直接操作，学生能够看清楚；对于称量，要么进行投屏演示，要么做成微视频进行示范讲解，不然学生对于如何使用天平、回形针，以及如何称量和记录会存在困难。

二、探究学习重有效指导

对于一年级学生，探究式的有效指导应把握探究活动中各要素的要求，要设置符合学生水平的探究任务，让学生有充足的时间进行实践，要将活动记录和动手有机融合。本节课指导的细节之处在于：①对科学活动手册表格的填写作指导。针对一年级学生识字不全以及如何填写表格是一个难点等情况，在填写环节要进行演示讲解，如数字表示什么，填写位置在哪里。②对掂一掂物品谁轻谁重作指导。如果让学生自主对五个物品进行轮流掂量的话，学生很难作出判断。因此，最好是教师带领学生，两个两个地进行对比掂量。③对学生称量物体轻重作指导。称量用到的工具是简易天平和回形针，针对一年级学生好动的特征，称量环节学生操作容易失误，最好是教师带领学生称量几个他们用掂量比较不出来的物品，这样能让课堂教学更有序和有效。同时，称出物体重量后，在由轻到重的排序上作一定的指导。

三、作业设计重方法巩固

本课作业设计重点在于引导学生运用课堂所学知识、方法，对生活中的物品进行更多观察。引导学生在经历对身边物品用掂量和称量的方法作比较的过程中，强化方法应用和知识巩固。

四、问题与研讨

综合教学效果、学生反馈和听课教师建议，本课还有以下几点值得研讨：一是导入环节，要用好实验器材，提升趣味性；二是在称量环节，学生操作管控和数据处理能力应进一步强化；三是加强学生的倾听、发言、记录、整理等科学习惯的培养。

（古蔺县第一小学校　胡勇）

【专家点评】

本课教学活动设计亮点在于重视细节处理。比如，探究活动中的掂量、称量操作看似简单，但如果教师不对教材进行深入研究，让学生自主对5种物品用掂量和称量的方法进行比较，将会出现时间不足、课堂混乱及学生注意力不集中等现象。为此，教学中教师特别注意对学生的记录表填写作指导、对据量方法作指导、对称量方法作指导，很好地突破了本课的教学重难点。同时，利用微视频进行称量方法的演示和讲解，有事半功倍的效果。可见，本课例执行者在细节处理上下足了功夫，提升了课堂教学效果。

课例 12 主题：营造民主氛围促进交流

《观察一瓶水》课例与评析

【教学背景】

经过"我们周围的物体"这一单元前四课的学习，学生已初步掌握通过感官辨别一些常见固体物在重量、形状、颜色、材料等方面的不同；学会了根据物体不同的特征进行分类，知道了按照不同的分类标准分类就会有不同的分类结果；通过观察与比较，学生对物体的自身属性有了进一步认识。本课需要学生运用已掌握的观察比较的方法，观察水的主要特征，学习对水进行观察和描述，主要有三个学习活动：观察和比较水、洗发液的相同与不同；观察比较水、洗发液和木块的不同；描述、记录观察比较结果。通过以上三个学习活动，一是使学生发现水具有无色、无味、透明等特征，进一步巩固眼看、鼻闻、手摸的观察方法；二是使学生初步了解水具有流动性，无固定形状，也是为后一课认识空气特性做必要准备。

【适用年级】

新教科版小学科学一年级下册

【核心概念】

1. 物质的结构与性质

【学习内容与要求】

1.2 空气与水是重要的物质

1—2年级：④观察并描述水的颜色、状态、气味等特征。

【教学目标】

科学观念：（1）认识水有许多可被感知的特征，如：无颜色、无气味、会流动、透明等。（2）知道水和洗发液一样，都可以被盛放在容器中。能区别水与木块等物体，水没有固定的形状。

科学思维：（1）能在教师的指导下，观察水的特征，比较与描述水、洗发液、木块的不同点和相同点。（2）初步具有从不同角度提出观点的意识，能突破对常见物品功能的思维定式。

探究实践：（1）能利用多种感官观察水的外部特征，并能对这些特征进行简单的比较分析等。（2）具有简单交流、评价探究过程和结果的意识。

态度责任：（1）能如实记录观察到的信息，尝试从不同角度、不同方式认识事物。（2）愿意倾听他人想法，乐于分享和表达自己的想法。（3）树立节约资源和保护环境的意识。

【教学重难点】

重点：知道形状是物体的重要特征之一，水无颜色、无气味、透明、会流动、没有固定形状。

难点：认识固体和液体的主要区别是形态不同。

【教学准备】

教师准备：教学课件、学生实验材料1套、水、乳白色洗发液、不同形状的透明容器、透明且有颜色的塑料袋1个、玻璃棒1根、木块等。

学生准备：1瓶水、1瓶洗发液、相同透明塑料瓶2个、小木棍每组2根、学生活动手册、观察记录单等。

【教学思路】

情景创设、聚焦特征→分层探究、认识特征→对比研究、形成认识→研讨总结、归纳特征→拓展延伸、保护资源→练习应用、形成能力

【教学流程】

一、聚焦问题

（一）情境导入

教师：小朋友们，今天我给大家带来一位新朋友，它叫小水滴"源源"。听说叙永县画稿溪是个好地方，他去了一趟，给大家带来了一件礼物。（出示1瓶水）

1. 课件出示叙永县画稿溪景区溪水图片，请学生一起来观察。

提问：同学们看到了什么？猜猜瓶子里是什么？

2. 揭示课题。

教师：对，是水。今天我们就来观察1瓶水。

3. 寻找水。

教师：水对于我们来说很熟悉，你在哪里看到过水？

学生：学生自由交流自己在哪些地方见到过水。

[设计意图] 用"中国水周"吉祥物小水滴"源源"增强对一年级小朋友的吸引，结合叙永县画稿溪（学校周边环境）拉近学生距离。通过情境导入了解学生的前概念，了解学生对水的特征的掌握情况，基于学生原有认知，寻找教学的切入点，快速引导学生进入新课学习。

（二）聚焦问题

1. 聚焦水的特征

教师：我们的生活离不开水，水是什么样子的？你能和大家说一说吗？

学生：叙述自己知道的水的特征。（尽可能多地让学生发言，叙述对水的已有认知。）

2. 归纳整理学生的回答，形成最初认知

师生交流，教师选择性地板贴学生用到的描述水重要特征的词语。

[设计意图] 以学生为中心，围绕学生对水的已有认识谈话，有利于学生营造学生民主学习的氛围。结合学生已有生活经验，作出水的特征的假设，展开水的特征讨论，并尝试用专业词汇交流，利于培养学生的科学表达能力。

二、探索活动

（一）观察水和洗发液

1. 观察方法的研究

（1）猜一猜

同时出示洗发液的瓶子。

教师：猜一猜里面装的是什么？说说你是怎么知道的？

学生猜测并说出猜测的理由。

教师告诉学生瓶中装的是洗发液。

（2）回忆观察方法

教师：前几节课学习中，我们都用了哪些观察方法？怎样观察比较水和洗发液？

学生：可以用眼睛看、鼻子闻、手摸……

教师：因为洗发液不能食用，同学们不能用"尝"的方法。（课件出示强调"未知物体"一定不能用嘴去尝）

（3）学生观察比较水与洗发液并根据自己的观察汇报

[设计意图] 学生在交流中，教师提示注意事项和安全，再次对前四课观察活动和观察方法进行巩固和发展，为本课的观察活动提供探究基础。引导学生学习知识的同时，形成科学能力，培养学生良好的观察习惯。

2. 学生观察水和洗发液的不同点和相同点

（1）看一看

①水的颜色

教师：如果只用眼睛看，水和洗发液有什么相同，又有什么不同呢？

学生：分组观察并汇报。

教师：谁来说说水的颜色？洗发液的颜色呢？（教师引导学生关注它们颜色的不同。课件出示：白色与无色）

教师：（出示"调色板"）你能找到水是什么颜色的吗？

学生：（预设）不能找到水的颜色。

②建构透明的概念

教师：透明与颜色是一回事吗？

教师：那什么是透明的？我们一起来看一看吧！（视频出示：隔着塑料膜可以看到笔，隔着瓶子也可以看到笔，说明塑料膜、瓶子是透明的。）如果隔着白纸会怎样？

学生：开展小组活动。

教师：请同学们说一说自己的实验发现。

学生：汇报、交流发现。汇报表达句式：隔着这瓶水，我（不能/能）看到书上的字。水是（透明/不透明）的。隔着洗发液，我（能/不能）看到书上的字，洗发液是（透明/不透明）的。

教师：继续出示绿色透明塑料袋，一起来判断它的颜色与透明度。

学生：绿色且透明。

教师：像这样的物体还有吗？

学生：举例子。

③水的流动性

教师：透明的都是水吗？（视频了解固体的透明凝胶）

教师：它是水吗？为什么？水是怎样的？

学生：交流并说明自己的理由。

教师：水真的会流动吗？我们来试验一下吧。

学生：实验、记录、交流，师生共同归纳总结。

④水的形状

教师：（出示1瓶水并晃动）你知道水有哪些形状呢？

学生：自由说水的形状。（尽量引导学生举例说明）

教师：有的小朋友说水是圆柱形的，有的说是……水到底是什么形状的呢？

（教师演示：将水装入圆柱体杯中，水是圆柱体的；把这杯水倒在花瓣杯子中，水是花瓣形的；倾斜杯子，发现水的形状也跟着发生了变化……）

教师：水究竟是什么形状？

学生：学生根据自己的观察回答并总结。

教师：引导学生归纳水、洗发液的特征。（适时板书重点词，如：无色、透明、不透明、会流动……）

［设计意图］应用水、洗发液作为对比观察物，引导学生应用眼睛看的方法观察，认识水的透明性、流动性等特征；通过对比观察，区分白色与无色。在交流与分享中培养学生用证据说话的科学精神。

（2）闻一闻

教师：水和洗发液还有什么不同？

学生：（预设）闻一闻……

教师：用闻一闻的方法可知道它们的气味不同。（视频讲解"扇闻"的方法后，师生分别示范"扇闻"，并指出"扇闻"对安全的重要意义。）

学生：小组内"扇闻"，交流水和洗发液的气味特点。

（3）摸一摸

教师：水和洗发液除了颜色、气味不同，如果用手摸，感觉一样吗？

学生：交流。

教师：怎样摸呢？（教师讲解手摸对比方法：用玻璃棒蘸洗发液滴到食指上，再用拇指搓捻；用同样的方法把水滴在另一只手的食指上，搓捻后进行对比。）

学生：动手操作并汇报总结。

教师：(温馨提示：因为以后科学课实验中会有化学药品，有的具有腐蚀性，如强酸、强碱之类，所以未知安全性不要使用摸的方法。)

3. 总结水与洗发液的异同

教师引导学生进行回顾探究过程和观察到的结果，并总结水和洗发液的相同和不同，共同完成班级记录单。

水：无颜色、无气味、透明、能流动。

洗发液：乳白色、有香味、不透明、能流动。

[设计意图]在教师的引导下，学生分步骤完成对水和洗发液的观察比较任务，在师生交流中完成班级记录单，引导学生更准确地发现水和洗发液的不同特点，并在总结中引导学生对水和洗发液各自的特征作完整表述。

(二)观察比较水、洗发液和木块

教师：通过观察比较，发现了水和洗发液的相同与不同。如果把水和洗发液与木块比较又会有什么发现呢？

教师：把洗发液和水分别倒入不同形状的瓶子里，引导学生与木块对比观察。

学生：观察后交流观察发现。

(1)水与洗发液能流动，木块不能流动。

(2)水和洗发液的形状随容器形状发生变化，没有固定形状；木块的形状不随容器的变化发生改变。

(播放课件，回顾探究过程，反思探究结果，总结固体、液体的不同)

[设计意图]引导学生在观察与比较中发现水和洗发液都能够流动，因此倒入不同形状容器中都能形成不同的形状，而木块只能摆放进容器，形状不发生改变。理解液体没有固定形状，固体有固定形状，形成对固体与液体本质特征的认识。

三、研讨交流

教师：我们通过用眼睛、鼻子、手进行观察，请同学们从颜色、是否透明、是否流动、形状、气味、黏度等方面再次描述水的特点。

学生：分享小组记录单。

教师：投影小组记录单让全班学生进行交流；结合课堂板书，引导学生进一步归纳水的特征。

[设计意图]引导学生通过本课科学知识的整理与归纳，强化水的特征认

识，形成共同认知。同时，培养学生的信息整理、归纳与分类能力，为后续学习打好基础。

四、拓展延伸

（一）猜一猜

教师：课件出示两个黑色的瓶子，你知道哪个是水吗？

学生：判断并说出自己的理由，其他学生质疑补充。

（二）互动小游戏

借助希沃白板开展"小游戏"，在小组 PK 中巩固水的特征、洗发液的特征。

（三）看谁流得快

教师：播放"看谁流得快"视频。（出示水与黏度不同的透明物体，比流动）

学生：观察并思考：为什么水流动最快？说出自己的想法。

［设计意图］在引导学生进行知识整理与归纳的基础上，开展练习、游戏活动，以在提高学生课堂注意力的同时，增加了科学知识学习的趣味性；在丰富学生认识中培养学生的应用意识，提升学生的交流能力和科学素养。

五、总结提升

（一）了解世界水周知识

教师：视频播放世界水周知识，学生观看后交流：你知道了什么？我们要怎么做？

（二）总结反思

教师：通过今天的学习你都知道了什么？

学生：尝试用以下句式说自己的收获。

通过今天的学习，我知道了：水是_____的、_____的、_____的、_____的……

洗发液是_____的、_____的、_____的、_____的……；木块是_____的、_____的、_____的、_____的……

［设计意图］在科学教学活动中，引导学生对现象、事物特征进行科学的描述，准确表达也是科学能力的重要方面。在观看视频后，结合对应句式引导学生汇报，旨在提升学生对科学知识的总结与归纳能力，提升科学词汇的准确表达能力。同时，树立学生保护水资源、节约用水意识。

六、思维整理

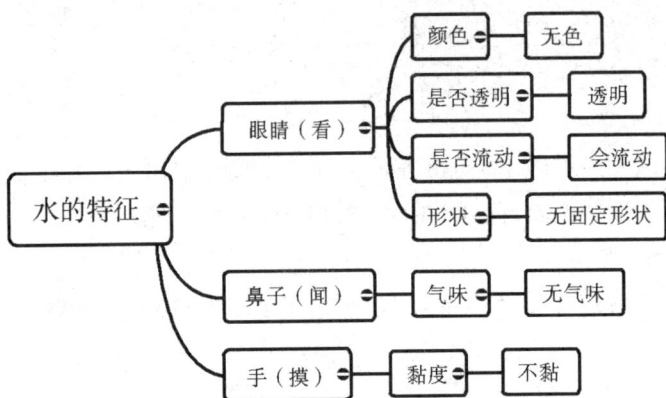

[设计意图] 运用思维导图,比较形象直观地展示授课内容,梳理知识脉络,呈现学习过程、思维过程和观察、实验、分析等科学方法,利于学生理清学习思路和掌握重点知识。

七、作业设计

(一)描述性作业

1. 通过今天的学习,我用到的观察方法有:用(　　)看、用(　　)闻、用(　　)摸。(①眼睛　②鼻子　③手)

2. 水的特征我知道(在正确选项上面打"√")。

颜色:①白色　②无色　　　　透明度:①透明　②不透明
是否流动:①会流动　②不会流动　形状:①有固定形状　②无固定形状
气味:①有气味　②无气味　　　黏度:①黏的　②不黏

3. 我知道用鼻子闻的方法是:(　　　　)(不填,学生示范动作)。

(二)拓展性作业

小朋友,学习了水的研究方法,你还能用这种方法研究以下物体吗?请把观察到的物体的特征说给爸爸妈妈听。(务必在家长的监督下选择安全的物体进行探究。)

表5-9　　　　　　　　　物体特征记录表

物体	特征
胶水	

184

物体	特征
牛奶	
……	

　　[设计意图] 针对一年级小学生的认知特点，本课的作业采用描述性作业与亲子探究拓展作业相结合的方式设计。其中，描述性作业采用选择和做扇、闻动作的方式解答，在巩固新知的同时，降低了答题的难度；拓展性作业注意强调学生课外探究安全，促进亲子情感的培养和持续的科学探究兴趣培养。

【案例评析】

　　本课例结合小学生的年龄特点与认识基础，围绕熟悉的生活经历，设计适合学生年龄特点的科学探究活动，激发学生科学探究兴趣，引导学生主动参与探究，重视观察方法掌握与学生认知结构层次建构。

　　一、调用多种感官，营造探究氛围

　　《义务教育科学课程标准》（2022 年版）提出：要引导学生能利用多种感官或简单的工具，观察对象的外部形态特征及现象，并能对这些特征和现象进行简单的比较分类；培养学生具有初步搜集信息和得出结论的意识，尝试用不同角度、不同方式认识事物等要求。本课例结合"新课标"和教材内容，引导学生用"眼""鼻""手"等多种感官进行观察，引导学生在观察中收集和处理信息，培养实事求是的科学态度。重点围绕"用眼睛看"引导学生从颜色、是否透明、是否流动、形状等特征进行观察，在参与科学活动中获取证据，检验自己的想法和不断修正自己的观点，培养学生的实证意识和科学思维能力。

　　二、选用身边材料，深入探究分享

　　科学探究离不开物质材料的支持，精心准备与设计的教具可以帮助学生更好地理解抽象难懂的科学知识。本课例结合学生熟悉的叙永县画稿溪景点与中国水周吉祥物"源源"创设情境导入，调动学生探究兴趣；选用学生熟悉的洗发液、木块作为与水的对比物，利于学生更好地探究与交流。具体教学中，由学生自主探究水的特征，到在教师指导下认识水的颜色、透明度、流动性、形状等，再到学生对洗发液和木块特征的对比探究，层层递进地引发学生思考、交流和形成共识。特别是本课教学中，对于"透明"这一概念的理解，学生容易和物体"颜色"混淆，为此，教师特意准备既是透明又有颜色的材料，以引导学生借助材料形象地区分"颜色"与"透明"两个概念。

三、深入合作探究，引导交流分享

从学生已掌握的观察方法入手，重视观察方法的引导和学生认知结构的建立。一是强化观察方法的引导。在充分结合学生前概念的基础上，对学生已经掌握的观察方法进行强化。重点引导学生应用眼睛看、用鼻子闻、用手摸（用皮肤感受）等观察方法开展科学探究，形成对"水"的科学认识。二是重视观察层次的指导。在教学过程中，学生对于"看"的方法是比较熟悉的，如何指导学生有层次、有深度地去"看"，是本节课的一个重点和难点。比如，对于"颜色"与"是否透明"两个易混淆概念，则选择了先探究"是否透明"，再探究"水的颜色"，再利用既有颜色又透明的物体进行突破。在"气味"与"黏度"的探索中，重点进行实验方法的指导，强化实验中的规范操作。三是注重科学精神的培养。在教学中，对于"是否透明""是否流动"两个概念，分别用到微课和学生比较熟悉的材料引导学生主动探究。对于"形状""气味""黏度"的探索，则采用教师演示与学生分组实验结合，变单一形式为多样形式，增强学生科学学习的兴趣。此外，在作业设计中也注重学生的科学能力培养、科学精神的渗透，引导学生在家长的指导下积极开展课外、家庭实验，培养学习运用科学的能力。

四、问题与探讨

为学生后续的学习打下坚实基础是我们广大科学教师不懈的追求。由于小学一年级学生在识字能力、语言表达能力、上课注意力、小组合作能力、思维能力等各个方面尚处在启蒙阶段，为适应低段儿童的年龄特征，在科学课堂教学中，应更加注重设计适合低年级儿童的科学探究活动，培养科学探究兴趣，让学生保持科学好奇心。

（泸县玄滩镇玄滩中心小学校　刘清容）

【专家点评】

科学教学中，执教者在教学方法上作出改变，在教学设计上与众不同，在教学行为上更加优化等，都是创新的体现。本课教学中，教师特别重视为学生营造一种民主的课堂氛围，让学生敢于表达自己的想法，同时重视引导学生说出相应想法的科学依据，做到了教学方法上的创新。这样既可以引导学生主动交流，又可以引导学生克服交流的随意性，还可以引导学生经过思考得出自己科学的结论，利于提高学生交流与表达的能力，对学生的后续成长有很大的促进作用。

课例 13 主题：在深入探究中解决问题

《在观察中比较》课例与评析

【教学背景】

本课是一年级上册"比较与测量"单元的起始课，教材内容由"聚焦""探索""研讨"三个板块组成。一年级学生已有一定的在生活中比较的经验，例如比身高和体重等，但在观察和比较时通常会停留于物体外观的相似之处上，例如物体的颜色、形状等。他们对多个物体之间的比较以及对比较结果的描述还有一定难度。为此，"聚焦"板块利用学生喜欢的恐龙情境，以"图中的恐龙哪只大哪只小"引出比较的话题。这是一个观察活动，又是一个比较活动。教师不必给出标准答案，而应给予充分鼓励，让学生说出更多的比较方法，为后面探索部分的学习做铺垫。为了培养学生的证据意识，要求学生说出结论的同时尽量说明理由（证据）。"探索"板块采用小组探究的形式，让学生动手比较恐龙模型的大小，目的是让学生关注如何比较大小。学生会意识到要将恐龙放在同一平面上，从同一起点比高度、比长短，从而关注"比较的公平性"。考虑到学生的认知能力有限，本环节采用"扶放结合"的教学策略，先由老师组织完成"长短"的比较，让学生掌握比较和记录的方法之后，再放手让学生进行"高矮"的比较。"研讨"板块提出两个问题：其一是"我们是怎样比较的"，主要是让学生讲述自己的比较方法；其二是"比较的结果是什么"，主要是鼓励学生使用清晰易懂的语言表达比较结果。教学中，可进一步引导学生反思自己的比较过程，思考"如何比较更准确"，为下一课《起点与终点》的学习做铺垫。

【适用年级】

新教科版小学科学一年级上册

【核心概念】

1. 物质的结构与性质

【学习内容与要求】

1.1　物质具有一定的性质与功能

1—2年级：①观察并描述物体的轻重、薄厚、颜色表面粗糙程度、形状等外部特征，能根据物体的外部特征对其进行简单分类。

【教学目标】

科学概念：(1) 观察物体相同和不同之处就是进行比较。(2) 不同的观察和比较方法可能会有不同的结果。

科学思维：(1) 能从多角度观察和比较物体。(2) 尝试用排序的方式来描述和记录观察的结果，并与学生讨论、交流。(3) 具有对探究过程与方法进行反思的意识。

探究实践：(1) 愿意倾听他人的意见，乐于讲述自己的观点。(2) 乐于进行小组合作学习。

态度责任：了解观察和比较是人们经常用到的认识活动。

【教学重难点】

重点：能用不同标准进行观察，进行比较排序，并讲给学生听为什么。

难点：会记录自己的观察所得。

【教学准备】

教师准备：学生实验材料1套、教学课件。

小组材料：不同大小的恐龙、活动记录表。

【教学思路】

引出思考→探索比较→实践运用

【教学过程】

一、聚焦问题

1. 播放恐龙相关的视频，学生说说观看后的感受。

2. (出示恐龙图片) 引导学生比较哪只恐龙大？哪只恐龙小？(学生按自己的想法回答)

3. 揭示课题：在观察中比较。

[设计意图] 一年级的学生对新鲜事物十分好奇，对恐龙模型更是十分喜欢，当他们看到恐龙时，会无比激动。在他们对恐龙充满喜爱之情时，顺势

提出问题，让他们利用肉眼观察比较物体的大小，他们会保持浓厚的兴趣主动参与探究，积极解决问题。

二、探索比较

（一）探索实践

1. 现在老师这里有几只不同的恐龙，同学们可以用什么办法来比较一下它们谁大谁小呢？（学生自由回答，鼓励学生说出自己比较的方法。）

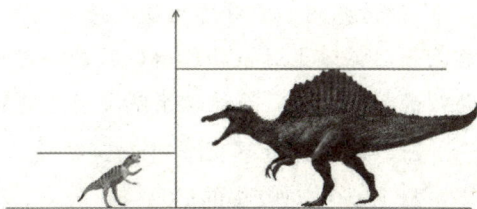
图 5-5　恐龙大小对比图

2. 实验一

（1）实验任务：四人小组分组实验，比一比恐龙的大小，用你喜欢的顺序帮它们排一排。（学生按自己的想法给恐龙自由排序，把恐龙的序号填入表格，老师巡视，了解学生排序的依据。）

（2）实验反馈：让学生到实物投影处展示自己的排序，并说说自己为什么要这样排序。（学生上台展示、交流，老师及时表扬会用科学方法解决问题的小组。）

图 5-6　动手对动物大小排序

（3）研讨

教师：我们刚才用了什么方法来比大小的？

学生：交流。（预设：可能是恐龙的高低，可能是恐龙的长短……老师表扬他们独特的发现，指出观察方法可用眼睛看、用手量等）

教师：出示网红"胖瘦门"，引导学生观察物体的胖瘦，比较其大小。

学生：观察物体的胖瘦，比较其大小，对发现进行交流。

（二）深入比较

1. 实验二

（1）实验任务：从班上随机选出 4 名学生。引导其他学生按一定的标准对 4 名学生进行排序，并将排列序号填进实验表格。

（2）实验反馈：让学生说说自己为什么这样排，依据是什么？鼓励学生用多种排序方法。

（3）师共交流，引导学生理解：不同的观察和比较方法可能会有不同的结果。不同的比较方法，比较的标准是不同的，比如长短和高矮，所以结果不同。

［设计意图］引导学生能利用不同的方式观察物体，并对其作出比较，旨在初步引导学生对事物作出比较后，尝试按一定的顺序排列，并能简要交流使用的排序方法，培养学生解决问题的能力。

三、研讨：分享交流

1. 让学生对收集的信息进行分享、交流学习收获。

2. 师生共同归纳总结，提出还想探究的问题。

［设计意图］基于观察结果，研讨不同的观察和比较方法，培养学生整理信息和分析问题的能力，引导学生合作中表达交流和解决问题。

四、拓展：引导应用

我们生活中很多东西都可以通过观察来进行比较。同学们课后可试试用自己喜欢的方法，为家里的凳子或者自己的文具等进行排序。

［设计意图］生活中处处有科学，本环节旨在引导学生联系生活，将本课所学到的知识和观察比较的方法回归到生活中加以应用，以提高学生应用意识和学会主动解决生活问题的能力。

五、思维整理

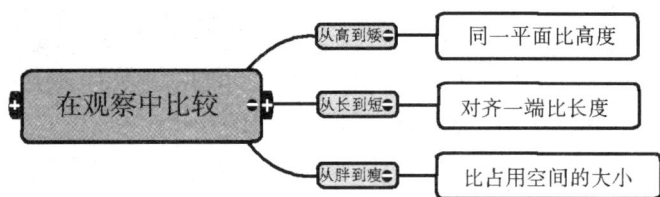

［设计意图］清晰的思路是分析问题、观察比较、表达交流、解决问题的前提和保障。本图从"比较的公平性"出发，进一步强化按不同标准分类和排序，其结果不一样，引导学生学会在生活或学习中，要根据实际需要确定分类标准作出正确判断。

【案例评析】

知识经济时代，科学技术的发展越来越决定着国家和民族的兴衰存亡，应重视从小培养学生用科学的思维解决学习和日常生活中遇到的问题，提升科学素养。

一、重理念引领

爱因斯坦曾经说过，一个问题的产生通常要比它的结论得出更为重要。问题的提出是科学探究的开始，也是学生探究兴趣的所在。因此，教师应在这两方面多下功夫：一是要积极鼓励学生大胆地提问，二是要在科学教学过程中创设一定的情境。同时，在科学教学中，探究的方法是很最重要的，教师要结合具体的教学内容引导学生学会各种不同的探究方法。比如：在观察中探究、在实验中探究、在思考中探究、在合作中探究等。此外，学生在探究中会遇到一些问题与困难，这时，教师应进行适时引导，主动倾听学生的意见，并鼓励学生寻找解决问题的方法，避免学生遇难而退，要培育学生持之以恒的精神。

二、重教师指导

一年级学生已有一定的比较经验。例如，会比较身高和体重。但他们在观察和比较活动中，通常会将注意力集中在物体外观的相似之处与不同之处上。例如，物体的颜色、形状等。本课教学中，教师要引导学生在比较恐龙模型时，有意识地将恐龙对齐后比较长短，把它们放在同一桌面上比较高矮、大小等。引导学生意识到只有公平的比较才能得出有说服力的结果。其中，学生对多个物体之间的比较结果描述是有困难的，教师要加强引导。

三、重问题解决

观察是人们认识世界、获取信息的重要途径，也是科学研究的重要方法。在观察过程中，人们会有意无意地对观察的事物进行比较，这种比较常常是事物之间互为参照物的对比，比较结果也是一种相对的结果，不是标准化测量的结果。本课引导学生通过观察恐龙"比一比恐龙模型的大小"开始探究，我们会发现，学生对恐龙模型的大小仅一看便有了定论，这个定论的潜在依据可能是比较恐龙的胖瘦，也可能是比较恐龙的长短，还可能是比较恐龙的高矮。通过活动，他们会意识到不同的人有不同的比较方法，比较方法不同可能会有不同的结果。其间，教师要引导学生反思自己的比较过程，引出公平比较的话题，让学生认识到只有公平比较的结果才会有说服力。

为解决"学生真正学会观察和比较"这一问题，在实验前，以小组为单位，教师先将小组成员和恐龙模型都编上号，每名学生编号对应相应恐龙编号。这样会让学生带着更明确的目的参与观察与比较活动，更能引导学生以主人翁的精神投入探究。因为每名学生手中都拿着对应号码的恐龙，在比较和完成实验记录时，学生会不自觉地转化角色，以第一人称（我的恐龙……）开展探究、比较和交流。这样，每个学生首先对自己的恐龙是最高（最矮）、最长（最短）、最大（最小）……十分清楚。学生还会在不自觉中以"×××的恐龙最……"开展组内自主分享和交流。同时也方便在最后汇报环节，用游戏的方式检查全班实验结果。例如，教师可用"每个小组拿最高恐龙的学生请起立"等方式进行成果检验，对应组号的学生就会起立，教师一目了然就看到了每个小组的比较结果，让问题得到轻松解决。

四、问题与思考

儿童参与探究的兴趣很大程度上影响问题解决的程度。在本课教学中，用学生喜欢的恐龙模型，以及采用"第一人称"角色引导学生探究，较好地调动了学生参与解决问题的主动性。但由于低段儿童的注意力集中时间较短，需要在课中更及时以灵活的方式加强调动和调节。

（古蔺镇第三小学校　刘晓毅）

【专家点评】

本案例借助恐龙教具，从"哪只恐龙最大"问题出发，创设真情实景，引导学生每次选择"高矮""长短""胖瘦"等某一方面作为标准进行比较，理解"比较的标准不同，比较的结果也不同"，以培养学生从不同的角度观察和分析的能力。在引导学生掌握正确的观察与比较方法的探究活动中，提升学生用科学的头脑解决生活中的实际问题的能力，以从小培养学生将来用所学的科学知识造福人类的意识。

课例 14 主题：创新实验助力探究实践

《磁极与方向》课例与评析

【教学背景】

本课是二年级下册"磁铁"单元的第 4 课。通过上节课的研究，学生已经发现磁铁上有两个磁性最强的部位，叫作磁极。他们也发现条形磁铁、蹄形磁铁的两个磁极上分别涂有红、蓝两种颜色，甚至还关注到磁极上标注的字母"N"和"S"。但大多数学生可能认为磁铁的颜色、字母与磁铁的本质是没有联系的，以此为契机刚好可以作为本课教学的起点。通过本课的学习，要在学生心中构建起磁极与方向具有内在联系的科学观念。

本课由四部分组成：第一部分——聚焦，由指南针能够指示方向暗示磁铁的磁极与方向之间有关系。第二部分——探索，通过支撑和悬挂两种不同的方法让学生在实践中发现不同形状磁铁的磁极最终都会指向南北。这部分是本课的重点和难点，支撑法和悬挂法在实践中并不好操作，那怎样才能更好地实现实验目的呢？执教者在本课例中作了一些探索和尝试。第三部分——研讨，学生通过观察和归纳发现，磁极指向南、北方向是有规律的，建立起磁铁有南极和北极，而且南极和北极是不能改变的这一科学观念。第四部分——拓展，学会使用指南针并用指南针辨认实际的方向，通过这些活动让学生意识到南北磁极的命名及由来，为后续制作水浮式指南针做好铺垫。

【适用年级】

新教科版小学科学二年级下册

【核心概念】

3. 物质的运动与相互作用

【学习内容与要求】

3.2　电磁相互作用

2—4 年级：⑤知道磁铁同时存在两个不同的磁极。⑥指南针中的小磁针可用来指示南北。

【教学目标】

科学观念：（1）磁铁能指示南北方向。指南的磁极叫南极，用字母 S 表示；指北的磁极叫北极，用字母 N 表示。（2）指南针是利用磁铁能够指示南北方向的特点制成的。

科学思维：（1）能采用表格的方式如实地记录和交流有关磁极与方向的信息。（2）体会重复测试在探究中的必要性和重要性。

探究实践：（1）在教师的指导下，能用水浮和悬挂的方法组装实验器材。（2）能通过重复测试、简单表格来收集和记录磁极与方向的证据。（3）能初步运用比较的方法从实验记录表中发现磁极与方向的关系。

态度责任：（1）知道指南针是生活中常见的产品，它为人们辨认方向带来了便利。（2）能通过说明书了解指南针的使用方法。（3）能按要求进行合作探究学习。

【教学重难点】

重点：磁铁能指示南北方向。指南的磁极叫南极，用字母 S 表示；指北的磁极叫北极，用字母 N 表示。

难点：指导在开展实验探究的基础上做好记录分析。

【教学准备】

教师准备：教学课件、抽奖转盘、大条形磁铁、大蹄形磁铁、大环形磁铁。

学生准备：小水槽、圆形小泡沫块、用白纸包裹的条形磁铁、方位纸、蹄形磁铁、环形磁铁、细线、大塑料瓶、筷子、指南针、学生活动手册。

【教学思路】

感受抽奖，引出课题→回忆方向，认识两极→改进装置，指示方向→联系方向，命名磁极→用指南针，辨别方向→思维整理，形成认知→回顾抽奖，巩固提高

【教学流程】

一、聚焦问题

1. 老师这里有几件礼品，想送给大家，谁想要呢？

2. 大家都想要，那送给谁呢？对了，我们可以抽奖，谁来抽？

3. 出示抽奖转盘，请学生上台抽奖。为什么几位学生都抽到"谢谢惠顾"，没人抽到教师的礼品呢？

［设计意图］"兴趣是最好的老师。"通过抽奖这种常见而有趣的游戏，激发学生的学习热情。几位学生上台都转到"谢谢惠顾"，引起学生思考，聪明的学生联系本课主题，可能很快就会想到磁铁上来，那为什么有磁铁每次都抽到同样的呢？很自然地引到本课课题——磁极与方向。同时，这个活动还在潜意识里教育学生，抽奖是可以做手脚的，不要相信外面那些抽奖活动，培养学生利用科学知识解释生活中的一些现象和问题，对一些小把戏要有科学的认识。

二、探索活动

（一）活动一：回忆方向，认识两极

1. 关于方向，你还记得哪些？你知道太阳从我们教室的哪个方向升起的

吗？找到太阳升起的东方，然后确定其他方向，把方位纸摆好。

2. 出示我们常见的条形磁铁，你还记得它的两极分别叫什么吗？这上面标了"N"和"S"，你知道是什么意思吗？是不是和方向有关呢？知道四个方向的英语单词是怎么写的吗？与我们今天研究的磁极是否有关系呢？

[设计意图] 探究活动是建立在理论与实践相结合的基础上的。辨别方向不能空指乱说，必须在指定地点确定真实的东南西北方向后，才能开始探究。同时与英语学科相融合，"北方"英语是"North"，"南方"英语是"South"，第一个字母就是"N"和"S"，让学生明白磁铁上字母含义的由来。通过条形磁铁上的标记，引导学生思考磁铁是否与方向有关。

（二）活动二：改进装置，指示方向

1. 刚才我们猜测磁铁的两极会指南方和北方，是否真的是这样呢？我们先用条形磁铁来做实验。看教师为大家准备的小水槽和小泡沫块，大家觉得怎样做呢？（把包好的磁铁放在泡沫块上，让它自由转动，看停下后指向什么方向。）并做好记录。

2. 实验中要注意什么？

[设计意图] 实验探究不仅包括做实验，还要设计实验。虽然二年级的学生独立设计实验不太可能，但通过教师准备的器材，学生应该能猜到做什么，至于他们猜得对不对，怎样做才正确，这就需要教师引导。同时通过学生交流共同探讨出实验中应该注意的细节，既促进了学生思考，又强化了实验操作要求。

3. 打开包磁铁的白纸，注意先打开一半，以免全打开混淆了，看看什么颜色的磁极指向什么方向。

4. 各组发现红色的指向北方，蓝色的指向南方。

5. 再用线挂起蹄形磁铁和环形磁铁做实验，看它们静止后是不是同样地红色指向北方，蓝色指向南方。

[设计意图] 之前用白纸把条形磁铁包起来，是为了避免磁铁上已标明的方向对学生实验造成干扰。学生实验后再拆开白纸，并记录颜色与方向的关系，实验的过程更深刻。

三、研讨交流

1. 通过刚才的实验，你有什么发现？磁极的颜色与方向有关系吗？

2. 以前我们只知道磁铁有两极，不知道怎么命名，现在我们可以命名了，指北的一极就叫北极，指南的一极就叫南极。

［设计意图］二年级的学生可能玩过磁铁，但只是用它吸铁玩比较多，有的学生可能知道磁铁有些地方磁力强，有些地方磁力弱，有初步的磁极概念，但一般都不知道磁极还有名称。通过磁极指示的方向来命名，进一步建立磁极与方向的联系。

四、拓展：用指南针辨别方向

1. 知道有什么东西能指示方向吗？指南针是中国四大发明之一，今天我们就来学习使用指南针吧。

［设计意图］通过介绍指南针是中国古代四大发明之一，介绍指南针的发展历史、重要作用和使用方法，既能培养学生的动手能力，又能培养他们的爱国主义情感，引导他们从小学科学，爱科学。

2. 你能用指南针指一指校门和国旗在什么方向吗？

［设计意图］指南针在课堂上是有效的学具，在生活中是有趣的玩具，学生都想要亲自体验一下。认识了指南针后，马上对指南针的使用进行学以致用，既巩固了知识又促进了学习，体现了"玩中学"。

五、思维整理，形成认知

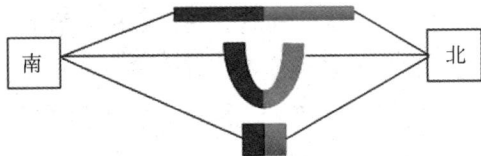

［设计意图］板书力求精简突出、图文并茂。此板书只有两个字，文字太多对二年级的学生来说太难理解，也不易记忆。中间是三种形状的磁铁，表明了磁极与方向的关系，又突出了主题。

六、作业：回顾抽奖，巩固提高

1. 现在知道为什么教师的转盘每次都转到"谢谢惠顾"了吗？如果让你来设计转盘，你能不能转到你想要的礼品？

2. 选择填空

通过实验我发现：磁铁____指示南北方向；指北的磁极叫____极，一般是____色的；指南的磁极叫____极，一般是____色的。（只填序号）

①能　　②不能　　③南（S）　　④北（N）　　⑤红　　⑥蓝

[设计意图]"双减"形势下，让学生尽可能少留书面类作业，尤其对一二年级学生来说更不能太多，有也要在课堂上完成。当然也可以适当设计活动类作业。

课前的"抽奖游戏"环节，学生上台都没抽到自己想要的礼品，这是为什么？可能一开始学生就有疑问，现在学习了磁极与方向的关系后，学生很容易就想到了其中的原因。同时，让学生自己来设计转盘，既解答了上课开始的疑问，又训练了学生思维，首尾呼应，深化主题。

选择填空是对本课科学知识的及时巩固。因二年级学生写字较慢，对ABCD等字母也不熟悉，所以要求他们填序号，以降低难度。对于二年级的学生来说，题也不宜过多，仅用一道题考查本课关键的科学知识，符合学生年龄特点。

【案例评析】

《磁极与方向》是动手能力和实验记录要求比较高的一堂课。对于二年级的学生来说，很有难度。本课主要的教学理念就是以问题为导向，改进器材降低实验操作难度，通过课件明确记录要求。

一、"问题导向"是本课设计的基本理念

在准备这堂课的过程中，教师遇到了几个问题，通过对这些问题的研究，找到了解决的办法，从而优化了课堂教学设计。

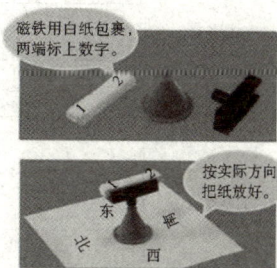

图 5-7

（一）实验装置问题

教材上的实验装置是用旋转架（见图5-7）支撑条形磁铁做指示方向的实验。在预做实验时用旋转架试了好多次效果都不好，可能是旋转架不够灵活，也可能是学校的磁铁磁性不强，轻轻拨动后，条形磁铁最后停下来经常指不到南北方向。

图 5-8

教材上用的是木制支架（见图5-8）。学校没有专门的木制支架，用铁架台肯定不行，因为铁架台与磁铁之间会产生吸引力，影响实验效果。

（二）课堂引入问题

教材上是直接出示指南针，通过谈话引出磁极与方向有对应关系，从而引出本课的主题：磁极与方向。这种引入方法虽然回顾了上一课所学的知识，但学生兴趣不是很高。没有任何根据就说磁极与方向有对应关系，显得有点牵强。

（三）实验记录问题

二年级的学生因为知识水平的限制，对于怎样做好记录有一定难度。尤其是完成活动手册上的表格（见表5-10），一是根本看不懂，二是好多学生都会填错。表格既要横着看，四个方向中选一个方向打钩，又要竖着看，是哪个磁极的哪次实验结果。好多学生一排打两个钩，或者把磁极2第1次实验的结果，钩到磁铁1第2次实验结果那里。怎样讲解这个表格，让学生懂得准确地记录实验现象是一个难题。

表5-10　　　　　　　　　　条形磁铁能否指示方向

日期：

条形磁铁	实验次数	东	南	西	北
磁极1	1				
	2				
	3				
磁极2	1				
	2				
	3				

二、"实验创新"是解决问题的主要方式

针对以上问题，教师经过多次思考和尝试，以创新实验为主要方式找到了解决的办法：

（一）改用水浮法让条形磁铁指方向

关于用条形磁铁指示方向的问题，既然用支撑法不行，那就改用水浮法。找一块泡沫放在水面上，再把条形磁铁放在泡沫上，让磁铁和泡沫一起自由旋转。静止后，磁铁就指向南北方了。一开始用常用的方形水槽，但水槽下还要放方向纸，水槽挡住了方向纸上的字，看不清方向。于是改用小的圆形塑料水槽（商店里装票尾夹用的），能看到方向纸上的字，但方形的泡沫块容易碰壁，又把泡沫块做成圆形，这样实验总算达到了满意的效果。（见图5-9）

图 5-9

（二）生活材料代替木支架简化操作

关于用蹄形磁铁和环形磁铁指方向的问题，不能用铁架台又不易做木支架，就改用塑料瓶。用矿泉水瓶，剪掉圆顶形的上部，只留中部和底部。在蹄形磁铁和环形磁铁上系一根线，穿在筷子上，放在塑料瓶里就能让磁铁自己转动从而指示方向了。（见图5-10）

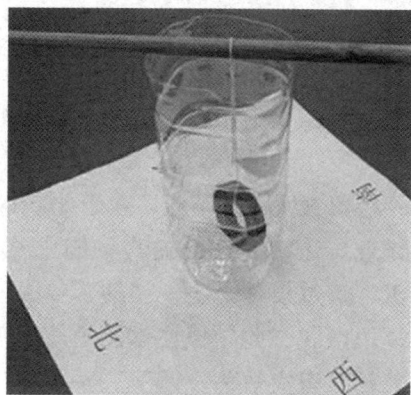

图 5-10

（三）妙用抽奖游戏激发学习兴趣

教师有次在电脑上填写一个问卷后弹出一个抽奖界面，一下子想到上课也可以用抽奖游戏激发学趣。如果在抽奖指针下加枚小磁针，那学生不管怎样转动指针，最后指针都会指向指定方向，这个游戏一定能引起学生的兴趣。到实验室用泡沫做了个抽奖用的转盘和指针并试了试，把"谢谢惠顾"放在北方，指针下就是磁针的北极，这样随便转动几次，指针最后都是指向北方的"谢谢惠顾"。其实这也告诉学生抽奖有陷阱。

（四）希沃显示重点指导实验记录

关于实验记录的问题，针对之前学生所犯的错，首先强调因为一个磁极只能指示一个方向，所以一排只能打一个钩。再在希沃课件上用显示重点隐藏干扰项的方法，突出每次实验要填的地方，从而让学生较快地明白怎样做记录，完成一次之后再移动突出显示下一次要填的地方。（见表5-11）

表 5—11　　　　　　　　　　条形磁铁能否指示方向

日期：

条形磁铁	实验次数	东	南	西	北
磁极 1	1				
	2				
	3				
磁极 2	1				
	2				
	3				

三、"精炼作业"是巩固知识的有效方法

"双减"政策要求二年级的学生书面作业不能过多，必须在课堂上完成，不能留书面家庭作业。基于此，本堂课共设计了两个作业：一个是活动类作业。让学生寻找抽奖不能中奖的秘密，并尝试着自己设计一个抽奖转盘，通过设计来实现想抽到什么就抽到什么；第二个作业是一个简单的选择填空题。此题抓住本课的核心知识点，通过填序号降低作业的难度，既轻松又有实效。

四、问题与研讨

本堂课的设计很合理，实践很成功，一是课堂引入很精彩，二是器材改进很有效，三是实验记录很有序。但还存在以下问题：一是实验过程中的指导还可以更精细。虽然教师亲自动手演示并用视频进行了展示，但还有学生在操作中出现错误，尤其是指南针的使用方法，部分学生没有掌握；二是学生的评价还可以更及时丰富，通过评价更好地促进学生的有效探究。

（泸县百和镇土主学校　易首都）

【专家点评】

该课例是一个通过创新实验认识事物特征及其应用的课题。执教者一开始巧设"抽奖游戏"而激趣引入新课，直到学生完全认识磁铁的相关属性。整堂课都体现了器材创新、实验方法创新、互动交流方式创新。这样的设计正好与新课标中"倡导设计学生喜闻乐见的科学活动，创设愉快的

教学氛围，保护学生的好奇心，激发学生学习科学的内在动机"这一理念相契合。通过循序渐进的探究活动环节进行引导，辅以优化过后的实验器材，逐步激发学生的探究热情，帮助学生在潜移默化中完成了对新知识的吸收与理解。

课例 15 主题：低段的游戏化探究实践

《磁铁的两极》课例与评析

【教学背景】

本课出自教科版科学二年级下册"磁铁"单元的第 3 课。本课教材用条形磁铁、小钢珠和回形针这三个学生熟悉且感兴趣的物体引入新课，引出本课所要研究的课题——磁铁的磁力大小问题。探究活动环节设计了三个活动：第一个活动是学生用 1 枚回形针靠近条形磁铁，感受不同部位的磁力大小；第二个活动是学生用 5 枚回形针来检验条形磁铁各部分的磁力大小；第三个活动是观察铁粉被条形磁铁吸引后的分布状态。通过三个活动一步步证实了条形磁铁磁力具体分布问题。在三个活动后进入研讨环节，总结归纳出条形磁铁磁力分布情况。拓展环节，学生在知道了条形磁铁的磁极分布情况以及探究方法后，教师引导学生思考并寻找蹄形磁铁的磁极，并把它的磁力分布图画在学生活动手册上。

学生对磁铁比较感兴趣，乐意跟随教师一起探究磁铁的秘密。在前面玩磁铁的过程中，已经有学生发现磁铁的磁力大小有区别。在平时的生活和学习中，他们用磁铁吸引物体时，也会不自觉地用条形磁铁的一端去吸引。他们隐隐约约地感知到磁铁两端的磁力要大一些的特点，但是还不能用科学语言来描述这一科学现象，为本节课开展磁铁两极的探究活动奠定了良好的基础。但是，二年级学生自控能力和动手操作能力还有些欠缺，课堂教学中可能会产生一些生成性问题。因此，根据本课的教材安排和学生认知特点，设计低段学生喜欢的游戏化探究活动，激发学生的探究兴趣。

【适用年级】

新教科版小学科学二年级下册

【核心概念】

3. 物质的运动与相互作用

【学习内容与要求】

3.2　电磁相互作用

1—2年级：⑤知道磁铁同时存在两个不同的磁极。

【教学目标】

科学观念：（1）知道磁铁上磁力最强的部分叫磁极，磁铁有两个磁极。（2）知道条形磁铁具有两端磁力大、中间磁力小的特点。

科学思维：初步分清观点和事实，利用发散思维、重组思维等方法提出不同的假设，并具有提供证据的意识。

探究实践：（1）能在观察中发现并提出科学问题，并对提出的问题作出猜测。（2）通过反复实验获取有效证据，用证据验证猜测。

态度责任：在活动中愿意与学生合作交流，学会倾听他人的观点。

【教学重难点】

重点：用不同的实验探究条形磁铁的磁力分布情况。

难点：用不同方法来检验条形磁铁不同部位磁力的大小。

【教学准备】

教师准备：条形磁铁、装有水的透明杯子、回形针、课件等。

学生准备：实验记录单、学生活动手册、条形磁铁、小钢珠、回形针、测磁力卡、铁粉盒、蹄形磁铁、环形磁铁等。

【教学思路】

单元导读，激发兴趣→聚焦问题，大胆猜测→动手实践，验证猜测→研讨交流，得出结论→拓展延伸，发散思维→思维整理、深化认知

【教学过程】

一、聚焦问题

（一）观看动画，激发兴趣

教师：听说咱们班的宝贝们可喜欢看动画片《猫和老鼠》了。老师今天也给大家带来了一段《猫和老鼠》的片段。请大家认真观看，看看猫和老鼠之间发生了什么样的趣事？

学生：认真观察动画片，说说故事中的有趣之处——老鼠用什么办法对付猫。

［设计意图］根据二年级学生的年龄特征，播放他们比较感兴趣的动画片《猫和老鼠》中，老鼠总是用磁铁的一端对准猫身上挂的铁制物品片段，动画片段生动形象地展现了磁铁的作用。利用生动形象的动画，一是吸引学生将

注意力集中在课堂上，二是巩固了前面所学的内容，三是引入了本课学生要探究的问题，四是引发了学生继续探究磁铁秘密的兴趣。

（二）磁力挑战，聚焦问题

1. 挑战游戏：老师的一枚回形针掉到杯子里了，你能否借助这块条形磁铁从杯子外面把它取出来？

2. 学生上台大胆尝试，并说说理由。

3. 引导交流：磁铁的各个部位都有磁力吗？磁力大小都相同吗？课件随机出示学生的各种猜测。

4. 揭示探究主题：究竟哪一个才正确呢？让我们一起来进行磁铁的磁力研究吧！

［设计意图］本环节在整合教材的基础上进行了一些改变，教材上用的是条形磁铁吸引小钢珠和回形针来引出问题。考虑到学生对于这样的操作已经有了经历，所以将此内容进行了改动，改为用条形磁铁吸出杯中的回形针。通过学生上台展示，学生的学习兴趣高涨。他们在观察的过程中会发现条形磁铁不同部位的磁力大小有所不同，对哪个部位磁力大，哪个部位磁力小有了初步的猜测，从而引出接下来的探究内容——条形磁铁不同部位的磁力情况。

二、创设游戏，探究磁力

（一）磁力游戏一：用回形针测试磁力

1. 认识材料：出示实验材料，一根条形磁铁和一枚回形针。

2. 小组合作：根据教师提供的实验器材设计实验方案。

3. 学生汇报，共同梳理出合理的实验方案。

4. 分组探究：用回形针靠近条形磁铁，感受磁铁不同部位的磁力大小，注意每个学生至少操作 3 次。

5. 全班交流。

6. 小结：我们能感受到当回形针靠近条形磁铁两端时，磁铁吸引力强，说明条形磁铁两端磁力大。

［设计意图］学生通过亲自参与磁力探测，感受到条形磁铁两端磁力较大。将实验结果与课初猜测作比较，引导学生在思维上产生了一次碰撞，为接下来继续探究磁铁不同部位的磁力给予了情感上的帮助。同时，学生体会到用证据说话对于科学探究活动的必要性和重要性，为接下来探究活动的继续开展做好了充分的思想准备。

（二）磁力游戏二：用测试卡测试磁力

1. 认识材料：出示小组实验材料，每组1根条形磁铁、5枚回形针、1张磁力测试卡。

2. 小组交流：这5枚回形针如何放置比较好？

3. 观看微课：了解实验操作步骤和注意事项，引导学生正确开展实验并做好实验记录。

4. 分组探究：仔细观察实验现象，如实记录相关数据，填写好磁力卡，然后对数据进行综合分析。

5. 展示交流：根据班级记录表进行交流与汇报，引导学生说一说通过实验发现了什么现象。

6. 引导：刚才有些小组中间那枚回形针没动，是不是条形磁铁中间没有磁力呢？要知道这个问题，我们还得再次验证。

［设计意图］磁力测试游戏中，学生通过反复实验和认真观察，找到了证据去证实自己的观点。在实验前，教师反复强调实验至少需要三次，引导学生认识到反复实验对于科学探究活动的重要性。有的小组中间那一枚回形针没有动，学生形成一种条形磁铁中间没有磁力的错误认识。但是，条形磁铁中间部分是否一点磁力都没有呢？引发了学生继续探究磁铁各部分磁力大小的兴趣，也由此引出了下一个探究活动——研究条形磁铁中间是否有磁力。

（三）磁力游戏三：用铁粉盒测试磁力

1. 认识材料：出示条形磁铁和铁粉盒。如果把条形磁铁靠近铁粉盒，会产生什么现象？

2. 小组交流：尝试用铁粉盒测试磁力。

3. 示范指导：讲解实验方法和观察重点。

4. 分组实验：在活动手册上画一画铁粉在条形磁铁上的分布。

5. 展示交流：实物投影部分学生的活动手册，引导学生总结实验结果。

［设计意图］亲历以探究为主的游戏是低段学生喜欢的学习方式。本环节教师引导学生反复进行磁力测试，发现条形磁铁两端铁粉分布多，中间分布少的这一现象，直观地呈现了条形磁铁磁力分布的特点。本实验对于学生来说存在着一定的难度，受到实验器材或者操作不规范等问题的影响，可能会导致实验效果不明显。有教师也建议采用演示实验，但考虑到学生很乐意亲自动手验证自己的想法，还是将此实验改成了学生分组实验，以引导学生通过游戏体验，动手操作能力和科学思维能力得到更好发展。

三、研讨交流、得出结论

引导交流：通过刚才的三次磁力测试，你有什么发现？

师生小结：条形磁铁两端磁力大，中间磁力小。

教师介绍：磁力最大的部位叫作磁极，条形磁铁有两个磁极。

（板书：两端磁力大，中间磁力小　磁极）

［设计意图］科学课程标准要求学生通过实验自己得出结论，避免教师直接告诉学生实验结论。本环节学生通过对前面三个探究活动中的实验现象进行整理和归纳，对条形磁铁两端磁力大，中间磁力小这一科学结论达成共识。同时，学生对自己能通过探究活动归纳总结出科学结论很有成就感，对学好科学、运用科学知识更有自信。

四、拓展游戏，发散思维

（一）探究蹄形磁铁的两极

引导：刚才我们知道了条形磁铁磁力分布情况，那么蹄形磁铁的磁力又是如何分布的呢？是否也有两个磁极？我们应该如何来证明呢？

认识材料：现在可以借助你们手中的材料，尝试寻找蹄形磁铁的两极。

分组探究：寻找蹄形磁铁磁极，在学生活动手册上圈画出蹄形磁极。

（二）探究环形磁铁的两极

大家的实验器材箱中还有环形磁铁，想知道环形磁铁的磁力分布是怎样的？是否也有两个磁极？它的磁极在哪里？课后，请大家继续去探究吧！

［设计意图］引导学生学以致用，探索不同种类磁铁的两极，培养学生科学思维能力。本环节教师引导学生思考并寻找蹄形磁铁、环形磁铁的磁极，进一步激发他们探究磁铁的欲望。同时，学生也认识到科学的探究活动不局限在科学课堂上，还可以用学到的知识在课外继续进行科学探究。

五、思维整理，深化认知

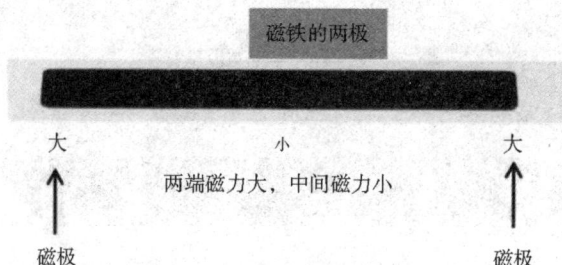

磁铁的两极

大　小　大

两端磁力大，中间磁力小

磁极　磁极

[设计意图] 板书设计是课堂教学的重要组成部分，在突出重点、突破难点方面起着至关重要的作用。此板书凸显了条形磁铁的重要特征，呈现了本节课的教学重点，帮助学生对条形磁铁的磁力分布有了更加清晰的认识。

六、作业设计

（一）梳理性作业设计

小组内讨论磁铁磁力大小的问题，并将各组的猜测记录在记录单上。

（二）探究性作业设计

1. 活动一：回形针靠近条形磁铁，感受条形磁铁不同部位的磁力大小，每个学生感受三次，并在小组内说说自己的感受。

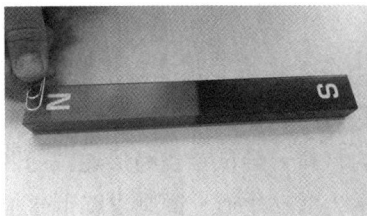

图 5-11　接近磁铁的一端　　　图 5-12　接近磁铁的中部

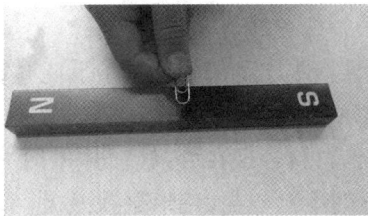

2. 活动二：用磁铁的不同部位接触回形针，并把每次被吸引的顺序记录下来。

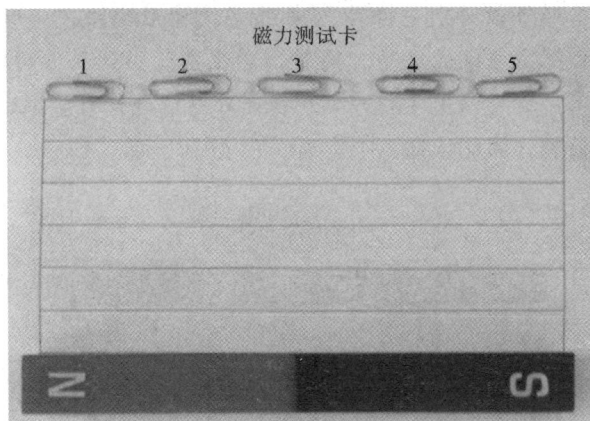

图 5-13

第一次被吸引的顺序：（　　）（　　）（　　）（　　）（　　）

第二次被吸引的顺序：（　　）（　　）（　　）（　　）（　　）

第三次被吸引的顺序：（　　）（　　）（　　）（　　）（　　）

综合以上三次的排序：（　　）（　　）（　　）（　　）（　　）

3. 活动三：轻轻晃动铁粉盒，观察铁粉的分布，并在学生活动手册上画出铁粉的分布图。

图 5-14

（三）拓展性作业设计

设计实验方案，探究蹄形磁铁的两极，并在学生活动手册上画出铁粉的分布图。

（四）选择性作业设计

寻找实验材料，探究环形磁铁的两极，并和同伴交流自己的发现。

［设计意图］作业是帮助学生及时巩固课堂所学知识，形成技能的一条基本路径。在"双减"背景下，教师要改变传统的作业布置观念，要让作业成为学生探究科学的一种载体。本堂课的作业设计，对学生探究活动的顺利进行起到了至关重要的作用。探究性作业帮助学生对实验现象进行归纳总结，突破本节课的教学难点。拓展性作业的设计帮助学生认识到，科学探究活动不仅仅局限于科学课堂上，在课外也能发现许多科学奥妙。

【案例评析】

本课探究《磁铁的两极》是教科版科学二年级下册的内容。本课活动较多，如何根据低段学生的认知水平和身心发展规律，设计低段学生喜欢的学习方式呢？那就是关注学段衔接，注重活动化、游戏化的学习设计。

一、创设游戏化活动，训练思维能力

本课教学的总体思路是在学生好奇心和求知欲的驱使下，引导学生在"玩"中经历一个完整的游戏化探究活动，认识磁铁的两极特性。好奇心是学生主动探究未知世界的原动力。考虑到低年级学生的年龄特点，本节课设计了具有进阶特征的3个磁力测试游戏活动。教师一步步引导学生探究磁铁各个部分磁力的大小，是本节课的教学主线。在教学过程中，教师大胆放手让学生动手去操作，鼓励学生大胆表达自己的观点。利用记录单引导学生互动交流，认识磁铁的两极特性，也学到了科学的探究方法，促进了科学思维发展。

二、构建和谐课堂，激发探究兴趣

建构主义认为，知识不是通过教师传授得到，而是学生在教师和同伴的帮助下自主探究中获得的。教师为学生创设了一个和谐的课堂氛围，让学生在合作探究中获取知识，掌握科学的探究方法，激发探究兴趣。本课一开始，为了调动学生学习积极性，用学生十分感兴趣的《猫和老鼠》动画片片段引入磁铁这一话题，接着采用条形磁铁从水杯中取出回形针这个挑战活动，唤起学生已有的认知，由此引出本课研究的主题，进而开展一系列磁力测试游戏活动。这些环节，学生都很感兴趣，也很乐意和小组成员一起探究。

三、创设交流平台，发挥作业功效

小学科学作业是帮助学生巩固新知，促进学生科学思维发展的一种载体。本课根据探究活动设计了多元化的趣味性作业。通过小组内讨论磁铁磁力大小的问题，引入本节课所要探究的问题。通过探究性作业的设计，帮助学生一步步构建"磁铁的两端磁力大，中间磁力小"这一科学概念。通过拓展性作业，巩固所学知识与技能，开拓学生的科学视野。通过选择性作业，进一步培养学生探究的兴趣。作业设计层层递进，环环相扣，学生都很乐意完成，积极分享。从作业效果来看，一系列的活动帮助学生对磁铁有了新的认识，对继续研究磁铁有了浓厚的兴趣。课后，很多学生迫不及待地拿出环形磁铁，探究它的磁极问题，更有学生想到了利用磁铁的磁性去探究其他事物。

四、问题与研讨

学生通过本节课的学习，对磁铁有了新的认识，动手能力和科学能力都得到了发展，懂得了研究同一问题可以采用不同的方法，认识到了亲自动手实验对于科学探究活动的重要性。当然，本节课也出现了一些值得思考和探究的问题：首先，实验器材改进效果也不是太明显，需要再进一步改进。其次，简单的实验可否考虑大胆放手让学生操作，在他们的错误中生成有效的教学资源。

（泸州市龙马潭区长安学校　何光琴）

【专家点评】

认识磁铁是学生非常感兴趣的研究主题。执教者充分利用学生对磁铁的好奇心设计了低段学生喜欢的游戏化探究活动：以动画片生动形象地展现了磁铁的作用，激发了学生探究磁铁秘密的兴趣；通过上台展示用条形磁铁吸出杯中的回形针，使学生探究兴趣高涨，同时也发现条形磁铁不同部位磁力大小有所不同；继而开展了磁力测试比赛探究磁铁不同部位的磁力大小；然后通过有趣的"磁粉绘画"进一步证实了条形磁铁磁力具体分布问题。

课例 16 主题：问题情境下的融合探究

《比较相同时间内运动的快慢》课例与评析

【教学背景】

《比较相同时间内运动的快慢》是新教科版科学三年级下册"物体的运动"单元的第 6 课。本课与前一课都是研究怎样比较物体运动快慢的问题，也是学生对行程问题的初步了解。本课的探究内容是通过比较相同时间内物体运动距离来比较运动速度。三年级的学生对生活中的物体运动快慢有一定的感性认识。例如：大人比小孩走得快；小车比大车速度快等。但他们还不能准确掌握比较运动快慢的方法。学生对科学探究活动的掌握有一定的难度，需要教师对整个活动的设计安排具有一个详细的方案，特别是对活动细节的示范指导尤其重要。

学生通过前一课的探究学习，基本掌握了比较相同距离内运动的快慢方法，也学习了秒表的使用、测量长度的方法等，为本课"比较相同时间内物体运动的快慢"探究活动做了准备。本课教学以生活中的实例"学生上学问题"引出本节的重点——在相同时间内，根据物体运动的距离来比较运动的快慢。根据上课的实际需要安排了三个活动，室外活动一：在不同地点不同时出发，比较运动快慢；室外活动二：同时出发沿直线运动，在相同时间内比较运动快慢；室内活动：根据不同交通工具在相同时间内运动的距离判断快慢。三个探究活动层层深入，均指向"物体运动相同的时间，比较运动的距离，距离长的运动快，距离短的运动慢"的概念。拓展活动是帮助学生对本课知识的具体运用，即将知识运用于生活，解决生活问题。

【适用年级】

新教科版小学科学三年级下册

【核心概念】

3. 物质的运动与相互作用

【学习内容与要求】

3.1　力是改变物体运动状态的原因

3—4年级：②知道测量距离和时间的常用方法。③知道用速度的大小来描述物体运动的快慢，知道自行车、火车、飞机等常用交通工具的大致速度。

【教学目标】

科学观念：知道运动相同的时间，可以用比较运动距离的方法来比较运动快慢；距离长，运动快；距离短，运动慢。

科学思维：（1）应用"相同时间比距离"的方法判断物体运动的快慢。（2）利用软尺测量物体的运动距离。（3）掌握测量工具的正确使用方法。

探究实践：（1）养成合作探究，分析数据的能力。（2）通过对实验数据的收集、整理，知道尊重客观事实的科学态度。

态度责任：感知使用测量工具秒表计时、用软尺测量距离的准确性和便捷性，体验借助工具使用对科学探究活动的重要意义。

【教学重难点】

重点：应用"相同时间比距离"的方法判断物体运动的快慢。

难点：学会控制变量，测量运动相同时间的距离，比较运动的快慢。

【教学准备】

教师准备：教学PPT、室外场地。

学生准备：20 米软尺、秒表、学生活动记录单。

【教学思路】

复习回顾，引出问题→经验运用，解决问题→设计方案，探究问题→收集分析，形成结论→解决问题，运用新知→拓展延伸，后续探究

【教学过程】

一、聚焦问题

（一）回顾前概念

交流：通过上节课的学习，我们知道运动相同的距离，时间短的运动快，时间长的运动慢。除了这种方法，我们还有其他比较运动快慢的方法吗？

（二）创设问题情境

讨论：三年级 1 班学生李弋同学家离学校 2000 米，张山同学家离学校 1800 千米。今天早晨他们上学从家到学校都用了 20 分钟。比一比，他们谁更快，说明理由。

（三）提示主题

在相同时间内，要比较物体运动的快慢，可以通过他们运动的距离来进行比较。今天我们就来学习《比较相同时间内运动的快慢》。（板书：比较相同时间内运动的快慢）

［设计意图］通过回顾上一节课的内容，加深学生对运动快慢的理解。通过学生熟悉的生活实例再现上学真实情境，将探究问题生活化而引发学生的思考，从而激发兴趣。引入"相同时间比距离"的主题，为后面的学习做铺垫。

二、探索活动

（一）比一比，选一选：哪种交通工具更快（室内活动）

［PPT 出示六种交通工具 1 小时内通过的距离图片］

1. 教师活动

放假出行我们需要选择交通工具，这里是六种交通工具 1 小时内通过的距离，结合你的生活经历判断哪种交通工具更快呢？说一说你的排序依据。

2. 学生活动

先小组讨论，填写实验记录单，再全班展示交流。

［设计意图］以出行选择交通工具为情境，调动学生生活经验，给交通工具的行驶快慢排序，帮助学生理解相同时间内运动距离的长短。学生能结合

自己的生活经验和数据排序，从而培养了学生运用知识解决问题的能力，体验到原来科学知识就来源于自己的生活。

（二）量一量，比一比：看谁走得快（室外活动）

1. 小组活动：同时出发比快慢

教师提问：如果我们也想比一比，谁在规定时间里走得快，该怎么比呢？需要些什么工具呢？

学生活动：结合前面知识回答。

教师引导：明确实验要求，并提供实验步骤资料。

（1）2名学生比赛：听口令后沿直线用脚跟接脚尖的方式同时行走，听到第二次口令停止。

（2）另2名学生负责用软尺分别测量运动的距离并记录。

（3）重复实验三次并记录。

教师活动：教师示范行走方式。

学生活动：分组实验并记录。实验结束后回教室交流研讨。

［设计意图］学生通过亲身体验，2名学生进行比赛，其余学生分工记录、测量、监督。小组成员集体体验利用"相同时间比距离"来判断运动快慢。通过活动，体验小组合作的重要性，掌握测量工具的正确使用方法。

2. 小组活动：不同地点不同时出发比快慢

教师提问：刚刚2名同学同时出发，我们很容易判断谁快谁慢。如果2名同学不在同一个地方，也不同时出发，你有办法比较他们运动的快慢吗？

学生活动：小组讨论，制定方案

教师引导：我们可以借助计时器和软尺，记录2名同学在规定时间内运动的距离。

教师活动：出示实验操作资料，进行示范动作，明确实验操作要求。

（1）2名学生听口令分别从不同地点，不同时出发，运动时间都为10秒。

（2）另2名学生用软尺分别测量运动的距离并记录。

（3）重复实验3次并记录。

学生活动：分组实验，交流研讨。实验结束后回教室交流研讨。

小结：相同时间内运动距离越远，运动越快。

［设计意图］在探索同时出发比快慢的基础上，逐步增加难度让活动更贴近生活。控制运动时间相同，让学生慢慢形成"相同时间比距离"的概念，并掌握测量工具、计时工具的使用。通过对活动数据的收集、分析，最后发现"在相同时间内，运动距离越远，运动越快"。

三、研讨交流

教师提问：综合前一课和这节课的内容，你能说一说有什么方法比较运动的快慢？

学生活动：通过对活动现象和数据的分析进行总结归纳。

小结：运动相同时间，运动距离越远，运动越快；距离越近，运动越慢。

［设计意图］引导学生对小组数据进行整理与分析，对运动快慢的比较方法进行总结归纳。将小组的收获进行全班分享，从而培养学生分析问题、归纳总结知识的能力。对小组间存在的分歧进行求同存异。通过合作的模式让学生更能理解科学概念，及时巩固新知。

板书：

$$相同时间比距离\begin{cases}距离短，运动慢\\距离长，运动快\end{cases}$$

四、拓展延伸

1. "追击跑"游戏：2 名学生一前一后站在同一条跑道上，听口令起跑和停止。

如果后面的学生追上前面的学生，谁运动得快？

如果后面的学生没有追上前面的学生，又应该怎么比较运动快慢？

2. 比较生活中常见物体的运动快慢。

利用物体运动的时间和距离，能比较它们运动的快慢，即速度的大小。

下表中的数据是生活中常见物体的运动速度，说一说它们运动的快慢。

表 5-12 　　　　　　　　生活中常见物体运动速度对比

物体	速度	物体	速度
蜗牛	1.5mm/s	汽车	30m/s
步行	1—1.5m/s	高速列车	70m/s

续　表

物体	速度	物体	速度
自行车	4m/s	飞机	250m/s

[设计意图] 设计"追击跑"游戏，将所学知识运用于生活，提高学生对科学探索的兴趣。通过生活实例巩固科学知识，进一步认识科学与生活的紧密联系，从而提高学生对科学学习的兴趣。

五、思维整理

比较相同时间内
运动的快慢 { 运动相同时间，运动距离越远，运动越快
运动相同时间，运动距离越近，运动越慢

[设计意图] 学生通过两次对实验现象的记录和分析达成共识；教师随机板书直接呈现本课重点科学概念。动态化的板书设计展示了学生的探究过程，也直观呈现了学生的思维过程。

六、作业设计

在3个探索活动、2个拓展活动中适时完成作业。

（一）给交通工具排序

下面是6种交通工具在1小时内通过的距离，请根据你的经验给它们排序。

表5—13　　　　　　　　　　给交通工具排序

交通工具名称	1小时行驶距离（千米）	从快到慢排序（用数字）	备注
喷气式客机	900		
汽车	120		
快艇	100		
轮船	45		
自行车	15		
高速列车	300		

（二）小组探究活动

1. 同时出发比快慢

表 5-14

	行走的距离				运动快慢
	1次	2次	3次	取最大值	
学生 A					
学生 B					

2. 不同地点不同时出发比快慢

表 5-15

	10s 行走的距离				运动快慢
	1次	2次	3次	取最大值	
学生 A					
学生 B					

通过实验我们发现：运动相同的时间，距离_____（长/短），运动快；距离_____（长/短），运动慢。

（三）拓展活动

1. "你追我赶"游戏。两名同学前后相距 10 米站在同一条跑道上，听口令同时起跑和停止，其余同学用软尺测量并记录运动距离，比较他们运动的快慢。（课后完成）

2. 给下列物体的运动速度排序。

①自行车行驶速度为 4 米/秒

②人步行速度为 1.5 米/秒

③高速列车行驶速度为 70 米/秒

④汽车行驶速度为 30 米/秒

⑤飞机行驶速度为 250 米/秒

⑥摩托车行驶速度为 18 米/秒

第一名_____；第二名_____；第三名_____；第四名_____；

第五名_____；第六名_____。（只填序号）

[设计意图]本作业引导学生通过探究活动的亲身体验，合作完成探究任务，将所学知识运用于生活中，并在小组探究活动中养成团结互助的良好学习习惯，树立运用知识解决生活问题的意识。旨在将作业设计与探究活动有机结合，减轻学生课外作业负担。

【案例评析】

本课教学设计主要以学生生活实例创设问题情境，激发学生的学习兴趣。在小组合作探究中，有机融入数学相关知识，引导学生通过运动、测量、记录、分析、比较等方式，构建"运动时间相同，比较运动的距离，距离长的运动快，距离短的运动慢"这一概念。

一、以"学生主体"为教学设计理念

"比较相同时间内运动的快慢"这一主题对学生来说，最熟悉的就是运动场景。

这一探究主题决定了学生的探究活动不能只限于在实验室内，要充分考虑学生的认知水平，针对拟定的教学目标和教学内容，按照学习进阶设计自主探究活动。所以，我们应该带领学生走出实验室，到操场上真实地体验"在运动中比快慢"。

本着以学生为主体的理念，本课教学从学生的主体站位出发，创设了"比较运动快慢"的问题情境。①室内活动：旅游选交通工具，出行比快慢。②操场活动：定点同时出发比快慢。③操场活动：不定点不同时出发比快慢。④课外活动："追击跑"游戏比快慢……不同地点、不同形式的比快慢活动，进阶设计，有序推进，帮助学生在已有认知基础上构建"相同时间内运动距离越远，运动越快"这一科学概念。

二、以"活动为载体"开展探究性学习

探究活动的生活化是学生自主探究的切入点，应把活动内容与学生的生活经验联系起来，引导学生在室内外体验"比较相同时间内运动的快慢"。因此，开展一场"运动比赛"便成为学生自主探究的主要学习方式。

制定比赛方案、选择比赛地点、确定比赛参与人员、制定比赛规则、选择测量工具、填写比赛记录、公示比赛结果等，都是学生要解决的问题。对于经历了多次运动会的学生来说，已有一定的实践经验。教师可以引导学生自主讨论，完善比赛方案，示范指导运动方式的统一、测量工具的正确使用、比赛成绩的规范记录。在小组合作探究中，有机融入体育运动、数学测量的相关知识。学生通过运动、测量、记录、分析、比较等方式，构建"运动时间相同，比较运动的距离，距离长的运动快，距离短的运动慢"这一概念。

三、以"学科融合"设计实践性作业

本课探究以运动比赛为主设计多样化的实践性作业，推进探究活动有序开展。在这些实践性作业中，融入了体育运动比赛和数学知识的运用。例如：用比时速的方法排序，为旅游出行选择交通工具；根据运动比赛经验，设计科学的比赛方案；正确使用工具计时和测量距离，并完成比赛记录；通过数据分析，比较运动快慢……设计了课外小组"追击跑"游戏体验，巩固本课做学知识与技能。

四、问题与研讨

室内外相结合的探究活动组织教学有一定难度，需要课前做好充分的准备工作。怎样才能让自己的课前准备更充分、活动更有序而高效呢？我觉得可以从以下几个方面思考：

1. 熟读教材教参，科学设置教学目标；
2. 走进学生生活，了解学生前概念；
3. 精准设计活动，因地选择合适的器材；
4. 加强学科融合，提高学习成效。

（纳溪区太山实验学校　李祥）

【专家点评】

本案例通过设置科学探究的真实情境，让学生走出教室亲历探究，走进教室归纳总结。在比较物体运动的快慢时，应用"相同时间比距离"的方法来判断，帮助学生在探索的过程中学会控制变量。在相同时间内测量出物体的运动距离，利用数学知识进行计算分析，把科学知识和数学知识有机融合。整个活动充分体现了学生在科学知识基础上用数学思维来比较物体运动快慢的过程，为今后学生学习行程问题打下基础，也是为学生综合素养的提升做好铺垫，促进了学生核心素养的全面发展。

课例 17 主题：在探究中培养转化思维

《一袋空气的质量是多少》课例与评析

【教学背景】

通过上一课的学习，学生已经知道了空气有质量，明白了与 20 筒空气质量相当的绿豆数量。本课提出"一袋空气的质量是多少"的问题，让学生进一步探究，重在通过引导学生感知 100 筒空气的质量，进而强化学生对空气有质量的认识。面对这一问题，学生是否能用身边更多小物体去衡量 20 筒空气的质量，并用转化的方法得到一袋（100 筒）空气的质量大约是多少，是本节课要让学生思考和体验的重点和难点，需要分步解决。为此，需引导学生用身边的多种小物体作为参照物，衡量 20 筒空气质量，以直观认识一袋空气（100 筒）的质量。同时，引导学生尝试将一袋空气（装有 100 筒空气）与等重的小物体作对比，从而发现质量相同的物体其大小（体积）不同，甚至可能差别较大，引导三年级的学生初步感知物体密度，为以后学习密度知识做铺垫。

【适用年级】

新教科版小学科学三年级上册

【核心概念】

1. 物质的结构与性质

【学习内容与要求】

1.2 空气与水是重要的物质

3—4 年级：④说明空气有质量并占有一定空间，空气会充满各处。

【教学目标】

科学观念：学生通过探究活动，知道一定量的空气具有一定的质量，且质量的多少可以用常用的物体来衡量。

科学思维：（1）形成将一份较大物体转化为几份较小物体进行称量的转化思维。（2）在小组合作中制订探究计划、整理实验数据，理清探究思路。

探究实践：（1）通过小组合作，用生活中不同物体衡量空气的质量。（2）选用合适的仪器称量空气质量，并使用恰当的方式进行记录。（3）运用转化思维，解决"100筒空气的重量是多少"这个相对复杂的问题。

态度责任：（1）发展学生主动探究的兴趣和愿望。（2）体会认真观察、细心操作的重要性。

【教学重难点】

重点：用不同"标准物"衡量20筒空气的质量。

难点：用不同的标准物衡量100筒空气的质量，形成转化思维；感知相同质量的物体其大小（体积）有不同，甚至有的差别很大。

【教学准备】

分组实验器材：天平秤1台、小皮球1个、打气筒1个、绿豆约100克、玩具弹珠（10颗左右）、牙签（10根左右）、大头针（10颗左右）、小胶圈（10圈左右）、电子秤1把（精确度0.01克）、实验记录单1张。

【教学思路】

师生交流，规范行为→创设情境，聚焦问题→小组探究，探寻方案→示范称重，掌握方法→小组探究，合作称重→整理数据，直观感知→精准称量，数据说话→比较大小，感知密度→共同作业，深化理解。

【教学流程】

一、聚焦问题

（一）谈话铺垫

1. 互动交流，（课件出示有关教师的一些信息）你知道关于老师的哪些信息？（引导学生细心观察后交流）大家愿意带着这份细心帮老师做一件小事吗？（每人准确数出10颗绿豆并放回，做到无洒落。）

2. 谈话：欢迎学生带着这份认真与细心的品质进入今天的科学乐园。争当科学小博士，赢取"科学小博士奖章"。

［设计意图］本环节一是通过交流拉近师生距离，引起学生的观察注意，让学生乐于参与学习；二是通过"数绿豆"调动学生学习主动性和培养学生细心做事的品质，为学生在后面的称重环节中乐于操作、细心做事做铺垫；三是在课初激发兴趣、调动主动性、善于观察、细心做事、树立自信。

（二）情境聚焦

1. 猜谜语：老师今天带来了一个谜语，请学生打一件身边无时不在的物质。谜面是：看不见来摸不着，越往高处越稀少；动物植物都需要，万物生

存离不了。（谜底：空气）

2. 情境聚焦：几个小朋友在户外玩看见一袋空气在空中飘，其中一个小朋友问道："伙伴们，这袋空气有质量吗？我们有办法把它的质量称出来吗？"这一问呀，把所有的小朋友都难住了。你们愿意想办法帮小朋友们称出"一袋空气的质量是多少"吗？（贴出一袋空气图，板书课题。）

[设计意图]"兴趣是最好的老师。"本环节的猜谜语活动，一是符合低段儿童的认知特点和兴趣爱好，二是联系生活创设空中飘来一袋空气的情境，在无声中吸引学生注意力，引导学生在不知不觉中将注意力转移到学习课题，引发学生深入探究的兴趣。

二、探索活动

（一）制订计划

教师：今天老师把这一袋空气带到了现场，口袋里装了100筒空气，同学们打算用什么方法称出这一袋（100筒）空气的质量？请以小组为单位讨论。

（预设：第×组，100筒空气可分为5个20筒，我们可以先称出20筒空气的质量，然后用20筒空气的质量乘以5，就得到100筒空气的质量。）

[设计意图]教师要善于打开学生思维的闸门和点燃学生智慧的火花。由于本课中的一袋空气（100筒）又大又轻，不便于直接称重。通过学生在小组合作中自主研讨和大胆设想，引导他们逐步打开思维的闸门，逐步探寻出可以将一袋空气（100筒）分为5个20筒，然后先称出20筒空气的质量，再乘以5就得到了100筒（一袋）空气质量的方法，较好地引导学生应用转化思维解决问题。

（二）搜集证据

1. 称出20筒空气质量

（1）教师演示，学生观察，学会用绿豆称20筒空气质量。

（2）抽学生交流方法后，学生小组合作称重。

（3）教师巡视，先得出实验数据的小组将空气质量及时填入黑板上的班级记录表。

（4）分析小组数据，感知空气很轻。

[设计意图]科学课堂教学的重要特点之一是要将学生的感性认识（或猜想）通过实践检验，逐步上升为理性认识。在上节课学生已知一个小皮球约

能装 20 筒空气的基础上，学生明白可以将一袋（100 筒）空气分为 5 个 20 筒，首先要解决的问题是称出 20 筒的质量。只有先解决这个问题，才能解决一袋空气有多重的问题。为此，组织学生通过自主称重，亲自感知了 20 筒空气的重量，为一袋空气的质量是多少提供了第一手数据。

2. 换物衡量 20 筒空气的质量

提问：如何用生活中更多的小物体来衡量 20 筒空气的质量？

（1）讨论称法：各小组已经用绿豆称出了 20 筒空气的质量，那么怎样用更多小物体数量来衡量 20 筒空气的质量呢？（预设：分别"称"出与 20 筒空气相同质量的物体，所称出物体的质量都是 20 筒空气的质量。）

（2）教师演示称法和统一计数方法。

（3）学生以小组为单位轮流称重，及时将数据填在小组记录表和班级记录表中。

（4）计数方法：假如第 10 颗绿豆没达到本小组称出的空气质量，但再加 1 颗又超过了 20 筒质量，最后这 1 颗就不算入，就计 10 颗。

（5）组内轮流称重，教师巡视指导。

（6）全班交流本小组的实验数据和发现。

[设计意图] 联系生活实际，采用学生熟悉的绿豆、牙签、小胶圈、弹珠、大头针这 5 种物体分别称出 20 筒空气质量，旨在让学生通过用不同的物体重复称重，加深学生对 20 筒空气质量很轻的认识。同时，5 个 20 刚好为 100，利于培养学生"等量代换"的科学思维，引导学生在"做中学"。

三、研讨交流

（一）搜集和处理信息

1. 衡量 100 筒空气的质量

教师：我们用生活中的 5 种小物品分别衡量了 20 筒空气的质量，现在你能得出一袋（100 筒）空气的质量了吗？

学生：根据本小组用 5 种小物体称得的 20 筒空气的质量数据，算出本小组一袋（100 筒）空气的质量分别相当于多少小物体的数量，及时完成班级实验记录表。

2. 分析数据：汇总各组的称重数据我们发现，一袋（100 筒）空气的质量分别相当于×颗绿豆的质量、×颗弹珠的质量、×根牙签的质量、×颗大头针的质量、×根小胶圈的质量。

[设计意图] 通过分析称重数据，得出 20 筒空气分别相当于 × 颗绿豆的质量、×颗弹珠的质量、×根牙签的质量、×颗大头针的质量、×根小胶圈的质量。从而引导学生认识到这 5 种物体的质量之和刚好就是一袋（100 筒）空气的质量，水到渠成地促进了学生的理解。本环节以称重活动为载体，既培养了学生的分析与归纳思维，又引导学生学会了细心操作和小组合作。

（二）表达交流

1. 用电子秤称

教师：随着科学技术的发展，科学家们已研制出了许多可以用来称出很轻物体的精密仪器。为了能更加准确地称出空气的质量，老师今天为各小组准备了一件神奇宝贝（一把电子秤），它的精确度可达 0.01 克，能比较准确地称出 20 筒或 100 筒空气的质量。请同学们称出分别代表 5 个 20 筒空气的 5 种小物体的质量和（100 筒空气）。

学生：小组称重（师巡视）。

2. 分析称重结果：从刚才的称重活动中，我们得知一袋（100 筒）空气的重量，大约在×克—×克之间，看来一袋空气确实很轻。

[设计意图] 用生活中的小物体分别称 20 筒空气的质量，以及用 5 种物体质量和衡量 100 筒空气的质量，都是在引导学生通过自主探究和小组合作，感知 20 筒空气和 100 筒（一袋）空气的质量，但这一袋空气具体有多重，学生尚不明白。本环节用高精电子秤，就是为了让学生在感性认识的基础上进一步用"准确"数字量化一袋空气的质量，让学生真正认识到空气的质量很轻，给学生视觉、思维强烈的冲击，充分体现了引导学生自主探究的理念。

四、拓展延伸

1. 感知大小

教师：通过探究得出一袋空气的质量后，我们离科学小博士还有一步之遥，请同学们看一看本组称出的与一袋（100 筒）空气相同质量的物体，再看看老师手中的这一袋空气，你有什么发现？（预设：这一袋空气比我们刚才称出的 5 种物体加在一起的体积大得多；相同质量的物体大小可能不同，甚至有的相差很大。）

2. 分享收获

师生交流称重过程，分享收获与成功，评选出本节课的"科学小博士"。

[设计意图] 学生在实验探究、数据统计和用电子秤称重中，认识到一袋空气的质量很轻后，本环节进一步引导学生将一袋空气的大小与其质量相当的 5 种小物体的体积作比较，学生很快地直观认识到"质量相同的物体，其体积不同，有的甚至相差很大"，为今后密度的学习打下了良好铺垫。最后，引导学生在回顾收获中理清思路、掌握新知、强化转化思维，学生进一步感受到了科学探究的乐趣。

五、思维导图

一袋空气的质量是多少

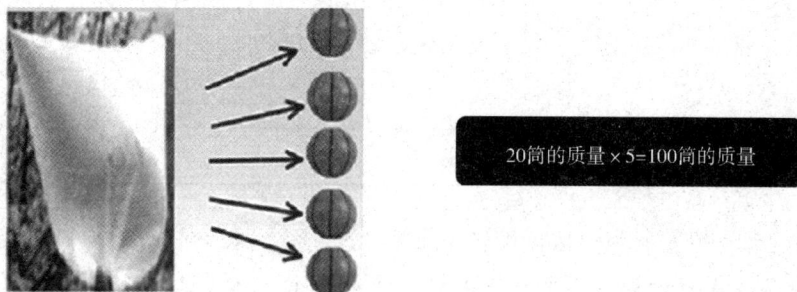

20筒的质量×5=100筒的质量

[设计意图] 由于一袋空气（100 筒）又大又轻，不便于直接称重，需要通过转化，将一袋空气（100 筒）分为 5 个 20 筒，先称出 20 筒空气的质量，再乘以 5 得到 100 筒（一袋）空气的质量，但单凭说教很难让三年级的学生理解具体做法和建立空间思维。于是，采用"一袋空气"和"5 个小皮球"直观贴图的方式转化学生思维，学生一下就明白了做法和理清了思路，产生动手的欲望，在化抽象为直观中较好地培养了学生的转化思维，提升了学生解决问题的动力。

六、作业设计

1. 填空

（1）假如 20 筒空气是 1 克，那么 100 筒空气是_____克。

（2）一袋空气与它相同质量的物体相比，体积_____（选填：更大、更小）。

（3）在口袋里吹入空气后要立即把口扎紧，这因为空气易_____。

2. 判断（对的打"√"，错的打"×"）

（1）像石块、木块等看得见摸得着的固体有一定的质量，但空气看不见也摸不着，所以空气没有质量。（   ）

（2）将相同质量的水、石头、空气比较，空气的体积很大。（   ）

（3）向一个口袋里打足空气后称它的重量，然后打开口袋再称重量，结果变轻了，这个实验说明不了什么问题。（   ）

3. 填表（在表中相应位置打"√"）

表 5－16

	形状		占据空间		体积		流动性		质量	
	固定	不固定	能	不能	易压缩	不易压缩	能	不能	较重	很轻
铁块										
水										
空气										

[设计意图] 教师如何把握好作业的"度"是"双减"政策下小学科学教师需要重点关注的课题。本作业重视在质和量上下功夫，旨在引导学生通过对比回顾新知、强化理解、学以致用。如，"填空题"和"判断题"就是紧紧围绕空气有质量、质量轻、体积大进行强化巩固；"填表题"是将气态的空气与固态的铁和液态的水作对比。本作业设计将本单元知识融为一体，综合强化了学生对空气无固定形状、要占据空间、体积大、质量轻、易流动等特点的认识。

【案例评析】

《一袋空气的质量是多少》是三年级上册第二单元第 5 课的内容，是在第 4 课《空气有质量吗》的基础上，通过称"一袋空气的质量是多少"这一实践活动，进一步引导学生探究空气的质量。

一、深入分析，明晰思路

对于三年级的学生来说，"一袋空气的质量是多少"是一个看似简单其实比较复杂的问题。因为在解决这个问题的过程中，涉及到思维的转化。为突破难点，本课采取的教学思路为：先联系学生已知的一个小皮球大约能容纳 20 筒空气这一已有经验，引导学生将 100 筒空气转化为 5 个 20 筒；再引导学生用身边的 5 种不同小物体分别衡量 20 筒空气的质量；然后将"称"出的 5 种小物体倒在一起，用高精度电子秤称重，让学生明白 5 个 20 筒空气的质量和，就是一袋（100 筒）空气的质量，较好地引导学生明白一袋（100 筒）空气的质量是多少的同时，感知到了一袋（100 筒）空气的质量与生活中的哪些物体的质量相当；最后，让学生将 5 种小物体的体积和与一袋空气的体积大小作比较，进一步认识到空气除了质量轻，体积还比同质量的物体大得多，让三年级学生初步感知物体的密度有不同，为以后学习密度概念作铺垫。

二、优化方案，重视探究

本课教学设计中，先后进行了三种方案尝试。第一，采用纯自制"杠杆天平"开展探究。由于自制的"杠杆天平"灵敏性较差，不能随细小物体数量的增加做出灵敏偏转，误差太大，无法完成 20 筒空气质量的称重。第二，采用电子秤称。让学生用高精度电子秤先称出皮球中 20 筒空气质量的准确数，再让学生称出与 20 筒空气等质量的绿豆、弹珠、牙签、大头针、小胶圈等物体，然后算出与 100 筒空气的质量相当的小物体数量，并作出衡量。用这种方法称出空气的质量比较容易，得出的数据比较准确，但由于让学生一开始便知道了 20 筒空气的准确质量，让后面用物体来衡量空气的质量显得只是为称而称，缺乏探究味，学生也没有了探究的兴趣。第三，用托盘天平与电子秤组合称。具体操作为：学生先用 1 个空皮球和绿豆将托盘天平调平；然后在小皮球中打入 20 筒空气，让学生分别用绿豆、弹珠、牙签、大头针、小胶圈这 5 种物品依次衡量出 20 筒空气的质量；再引导学生通过 100 里面有 5 个 20 的思维转化，自主推算出 100 筒空气的质量分别相当于多少颗绿豆、弹珠、牙签、大头针、小胶圈的数量；最后再将 5 种物品倒在一起，用高精度电子秤称出 5 种小物品的质量，从而得知 1 袋空气（5 个 20 筒）的质量。第三种方法因学生怀揣着迫切想知道 20 筒空气和 100 筒空气究竟有多重的欲望，始终在主动合作中参与探究的全过程，真实感受到了一袋空气（100 筒）的质量。

三、注重证据，自主理解

三年级学生对周围世界有着强烈的好奇心和探究欲望，他们乐于动手操作，这一时期是培养他们科学兴趣、体验科学过程、发展科学精神的重要阶段。教学中，教师要用心呵护儿童与生俱来的好奇心、求知欲，多让学生亲自动手实践。本课教学，教师引导学生全程参与称 5 种物体（代表 5 个 20 筒空气）的动手实践活动，以贴近生活的方式帮助学生完成数量关系的转换。学生通过探究获取证据，直观地认识了一袋（100 筒）空气的质量，以及与它同质量物体间的体积差异，用行动践行了"小学科学课程是以培养科学素养为宗旨的启蒙课程。"

四、问题与研讨

教无定法，更无完美。本课教学尚有诸多不足，如：各教学环节间的过渡设计不够巧妙，教学媒体展示不够及时……在后续教学中将进一步改进，促进自身成长。

（叙永县向林镇中心小学校　张洪彪）

【专家点评】

科学思维是探究的本质，也是科学学习的核心。本案例在整个探究实践过程中，特别注重学生科学思维的发展。教师先引导学生理解一定量的空气具有一定质量，构建"质量的多少可以用身边常见的小物体来衡量"的思维。在此基础上，及时引导学生发散思维、突破定式，创新地尝试用绿豆、塑料弹珠、牙签、大头针、小胶圈等 5 种小物体分别衡量 20 筒空气的质量，再用转化思维引导学生得知一袋（100 筒）空气的质量。同时引导学生直观感知和认识到"质量相同的物体，其体积不同，有的甚至相差很大"，为今后密度的学习做好铺垫。本案例通过学生的亲身探究实践，培养了学生"等量代换"的科学思维以及数学思维，具有很强的推广价值。

课例 18 主题：在合作中建构科学思维

《影子的秘密》课例与评析

【教学背景】

本课是三年级下册"太阳、地球和月球"单元的第 3 课。通过前一节课制作简易日晷的探究活动，学生已经知道了阳光下的物体会产生影子，同时也初步认识了影子在一天中的变化规律，但学生还没有系统认识影子形成和变化的条件。为了引导学生系统地理解影子形成的条件和影子变化的秘密，主要通过四个部分来展开对影子的探究与学习：探索影子产生的条件、探究影子的变化、总结分析影子变化的原因、影子的应用。教学中，引导学生通过观看阳光下的影子图片，聚焦"影子有什么变化""影子的变化是怎么产生的"等问题；重视学生在经历实验探究活动过程中自主发现、自主总结，从而认识光源、遮挡物和屏是影子产生的必要条件，并归纳影响影子变化的因素。通过总结与归纳，引导学生理解影子产生的秘密，认识自然界中影子的变化与太阳位置变化的密切关系。通过观云感受大自然中蕴含的科学原理，结合电影、皮影戏、无影灯、影子舞影子应用实例，拓宽学生视野和培养学生应用意识。

【适用年级】

新教科版小学科学三年级下册

【核心概念】

3. 物质的运动与相互作用

【学习内容与要求】

3.3 声音与光的传播

3—4 年级：⑪描述光被阻挡时形成阻挡物影子的现象。

【教学目标】

科学观念：（1）知道行进中的光被阻挡时，就形成了阻挡物的阴影。描述光源、遮挡物和屏是影子产生的条件。（2）理解光源和遮挡物的变化会导致影子长短、大小和方向的变化。

科学思维：（1）通过实验开展分析影子产生、影子变化等问题。（2）通过观察、实验、分析、研讨等方式理清影响物体影子变化的原因。

探究实践：（1）在老师的指导下，通过现象与具体事物的观察、比较提出可探究的科学问题。（2）能运用感官恰当地描述事物特征，并运用比较、分析等方法得出结论。

态度责任：（1）在好奇心的驱动下，乐于动手操作，知道科学学科的学习与实践要实事求是。（2）愿意分享自己的想法，乐于倾听他人观点。

【教学重难点】

重点：认识影子形成和变化的条件。

难点：理解影子产生的三个条件和影响影子变化的因素。

【教学准备】

教师准备：多媒体课件、手电筒、小木块、大的白纸 1 张（张贴于黑板上演示用）。

学生准备：手电筒、小木块、白纸、实验记录单等（每组 1 套）。

【教学思路】

情景创设，聚焦问题→小组研讨，寻找要素→分组探究，思维整理→研讨总结，发现特征→拓展延伸，实际应用→练习整理，培养兴趣

【教学流程】

一、聚焦问题

（一）情境交流，唤醒旧知

1. 教师引导：上节课我们观察了阳光下的影子，今天老师给大家带来了在操场拍下的学生的照片，我们来看一看他的影子发生了什么变化？（出示三张同一地点早、中、晚影子方向、长短不同的照片）

2. 学生观察后交流。

（二）观察感知，导入课题

教师：同一物体一天中的影子在发生变化，那么影子的变化是怎样产生的呢？今天我们就一起来研究影子的秘密。（板书：影子的秘密）

［设计意图］用同班同学一天中不同时段的影子照片引导学生观察和交流，利于营造宽松愉悦的学习氛围，引发学生探究兴趣。通过回忆日常生活中观察到的影子变化，唤起学生前概念，引导学生对"影子的变化是怎样产生的"这一问题展开思考。

二、探索活动

（一）产生影子

1. 观察，交流影子产生条件。

教师：阳光下产生影子需要达到什么条件？（结合阳光下的影子照片，引导学生思考）

学生：结合观察进行交流。（预设：阳光、人、大地）

2. 引导模拟实验。

教师：如果我们想把阳光下的影子搬到教室里，你打算如何做？

学生：说一说产生影子的方法并演示。

教师：今天给每个小组都准备了实验材料（展示材料：手电筒、小木块、

纸），你能用它们产生影子吗？这些材料分别模拟了什么？这些材料在影子产生中起了什么作用？

学生：小组讨论、交流实验计划和实验发现。（预设：手电筒模拟的是太阳，发出光；小木块模拟人，挡住光；白纸模拟的是大地，接收影子。）

3. 探讨光源、遮挡物、屏三者位置关系。

教师：小朋友们真会开动脑筋，用手中的实验器材得到了不同的影子。那么，有了光源、遮挡物、屏就一定能产生影子吗？三者位置是怎样的？可以调换吗？

学生：全班交流个人猜想。

教师：要知道我们的猜想是否正确，怎么办？

学生：像科学家一样用实验进行验证。

教师："温馨提示"实验过程中不要把手电筒对准眼睛，实验完毕请关闭手电筒。

学生：全班交流实验发现。

（1）抽生上台展示，能（不能）形成影子的光源、遮挡物、屏三者位置关系情况。

（2）学生总结产生影子时，光源、遮挡物、屏三者位置关系。

4. 小结：影子的产生条件。

教师：影子是怎么产生的呢？现在你能完整地说一说吗？

学生：（预设）光源发出光，光照射到屏上，遮挡物挡住了一部分的光，这时光照不到的地方是暗的，就形成了影子。

［设计意图］本环节重点是引导学生在动手实践中探索影子产生的条件。教学中，将现实生活中影子产生要素（太阳、人、大地），转化为用手电筒、小木块、白纸开展模拟实验，以将生活中的感性认知引向教室内的理性探究。通过探究引导学生认识到光源、遮挡物、屏是形成影子的必要条件，并理清产生影子时光源、遮挡物、屏三者的位置关系。通过学生的自主探究，较好地培养了学生科学思维的严密性与完整性。

（二）让影子发生变化

1. 回顾日晷的影子变化规律。

教师：上节课我们制作日晷发现影子会变化，影子是怎么变化的呢？

学生：（预设）上午影子比较长，然后慢慢变短，过了中午后影子又慢慢变长。影子的方向变化会像时钟一样转动。

2. 引导设计实验。

教师：我们能不能利用身边的这些材料（手电筒、小木块、白纸），让小木块的影子发生变化呢？你能想到哪些改变小木块影子的方法？

学生：小组讨论与思考。

教师：你们小组准备怎样让小木块的影子发生变化？

学生：引导学生分享小组想到的方法。

教师：想一想，还有没有别的方法呢？

学生：进一步全班交流。

3. 开展小组实验。

教师：课件出示"温馨提示"。[将白纸放在桌子上，小组合作，在5分钟之内尽量寻找多种方式改变小木块的影子，每改变一次用画图的方式画下影子；如果两种方法产生的影子变化微小，就视为一种方法；时间到了把材料马上整理好并且坐端正；有不同发现，请在组内用"我得到了（　　）不同的影子，我是通过（　　）来得到的"作交流。]

学生：小组合作寻找改变影子的方法，并完成记录。

4. 交流汇报

教师：影子的什么发生了变化？你是怎么改变影子的？

学生：根据记录单开展全班交流。（注意倾听他人发言，如有不同意见可以补充。）

交流句式：我得到了（　　）不同的影子，我是通过（　　）来得到的。

5. 教师总结：当我们改变光源的照射角度时，影子的长短和方向会发生变化。当我们改变遮挡物被照射面的形状时，影子的形状会发生变化。当改变光源与遮挡物之间的距离，会得到大小不同的影子。

[设计意图] 本环节采用开放式影子实验，引导学生在小组合作中自主开展"让影子发生变化"的方法探讨，自主对不同方向、长短、形状、大小的影子的产生原因展开分析，目的在于引导学生通过"现象—方法—分析—总结"发现规律，学会观察与分析，提高学生科学思维能力。

三、研讨交流

1. 研讨影子产生的原因

教师：通过本节课的学习，你知道影子是怎样产生的吗？

学生：学生简单描述。（预设：光照射到屏上，遮挡物挡住了一部分的光，这时光照不到的地方就是暗的，就形成了影子。）

2. 研讨影子产生的变化

教师：影子可以产生哪些变化呢？

学生：影子的大小、方向、长短和形状都可以发生变化。

3. 研讨太阳一天的位置变化，位置变化如何影响影子变化

教师：太阳一天的位置变化怎样的？太阳的位置变化是如何影响影子的变化？

学生：（预设）影子方向与太阳方向相反，太阳位置高时影子短，太阳位置低时影子长……

［设计意图］本环节是对于探究环节的总结，旨在通过研讨活动，回答课前提出的问题，归纳和总结影子产生的条件、影子变化的原因、太阳位置与影子的变化规律等，进一步培养学生的抽象与概括能力。

4. 手影游戏

（1）回忆归纳

教师：刚才影子的变化实验中，影子的什么会发生变化？是什么导致的呢？

学生：影子的方向、长短、形状、大小等会发生变化，原因是……

（2）玩手影游戏

教师：我们已经了解了影子的秘密，下面我们就用影子的这些秘密一起来玩一玩手影游戏。（教师提示手影游戏规则：在两分钟时间里，小组合作利用教室里的地面、桌子或者墙壁等作为屏创造手影。改变手影大小、改变手影形状、改变手影的方向……在做手影游戏时要保持安静，比一比哪个小组做出的手影变化最多。时间到了马上坐回位置。）

（3）学生创作手影，全班展示。

［设计意图］本环节是对探究结果的总结与应用。主要采用游戏的方式，引导学生在小组内设计不同的影子，对已掌握的关于影子的大小、方向、长短和形状变化等方面知识进行综合应用，提升学生对新知的理解与应用能力。

四、拓展应用

过渡语：我们发现了影子的秘密，其实影子在我们生活中应用很多。

1. 生活中的影子（出示阳光下云朵的动图）

教师：你能找到图上的影子三要素吗？

学生：光源—太阳光、遮挡物—云朵、屏—大地。

教师：在生活中我们仰望天空，天空中会有各种各样的云朵，它们是天然的遮挡物，当阳光洒下的时候，会在天然的接收屏（大地）上形成影子。例如阴天，其实我们就都生活在云的影子里。

2. 影子的应用

（1）电影、皮影戏

教师：人们用影子的原理发明了电影，艺术家用影子的原理发明了皮影戏。

学生：欣赏相应照片。

（2）无影灯

教师：为了克服影子给我们带来的不便，科学家用影子的原理发明了医生手术室的无影灯，让医生们在手术时不再受影子遮挡视线的困扰。

学生：欣赏相应照片。

3. 应用影子的艺术创作《影子舞》。

教师：影子除了以上应用，艺术家还应用影子进行美的创作。

学生：欣赏视频《影子舞》。

［设计意图］本环节是关于影子的拓展与应用。通过阳光下的云朵引导学生寻找生活中的影子产生三要素，了解利用影子在生活中的应用案例：电影、皮影戏、影子舞、无影灯等，引导学生认识到科学技术对于人类生活方式和生产方式的影响。

五、思维整理

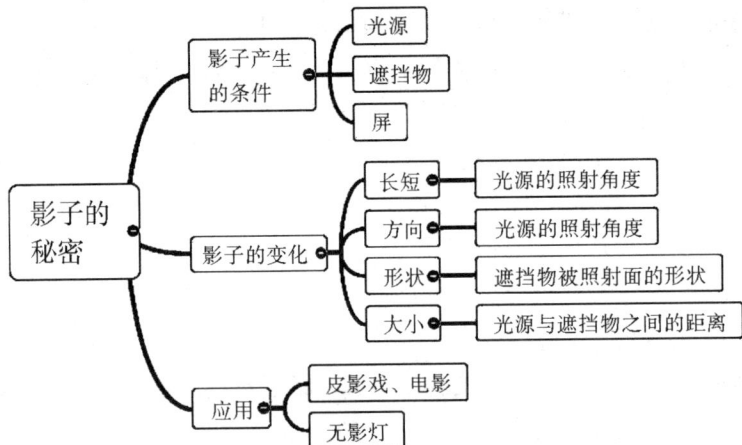

[设计意图] 本思维导图主要呈现本节课的三个重点内容：影子的产生条件、影子变化的秘密、影子的应用。在梳理知识要点的同时，动态呈现学生学习过程和思维整理过程。

六、作业设计

1. 填空

影子产生的条件（   ）、（   ）、（   ）。

2. 连线

光源与遮挡物之间的距离   影子的长短、方向

光源的照射角度   影子的形状

遮挡物被照射面的形状   影子的大小

3. 如下图，改变被照射物体的远近，影子（   ）会发生变化。

A. 大小   B. 形状   C. 方向

4. 如下图，改变木块的摆放方向，影子（   ）会发生变化。

A. 大小   B. 形状   C. 方向

5. 上午 7 时到中午 12 时，学校旗杆影子的变化是（　　　）

A. 变短　　　　　　B. 变长　　　　　　C. 一样长

[设计意图]通过多种形式的作业，可了解学生对于知识的掌握情况和学生对于知识的迁移应用能力；引导学生能够利用所学科学知识分析常见的特征与结构，培养学生初步的分析能力与主动应用知识的能力。

【案例评析】

本案例遵循小学生认知发展规律，积极营造适合学生科学学习的民主氛围，以探究活动为抓手，尊重科学事实，促进学生思维的发展。

一、紧跟课标理念，落实能力目标

在《影子的秘密》教学中，主要围绕课程标准对科学思维能力目标要求：学生能够在教师的指导下观察并描述具体事物的构成要素分析与表述，通过口述、画图等方式描述事物的外部特征；能利用材料和工具通过口述、绘画、画图等方式表达自己的想法等思维方法设计。本课例学生围绕影子的秘密展开探索，主要通过开展小组自主研讨，让学生通过小组合作画出不同的影子，再在不同影子当中进行提炼归纳，围绕"我得到了（　　　）不同的影子，我是（　　　）得到的"开展研讨、思考、交流和总结出规律。其中，思维性语句很好地引导学生发现影子的不同之处，进而思考造成这些不同的原因。在整个探究过程中，尊重学生从形象思维到抽象思维过渡的规律，以探究活动为抓手强化科学思维能力培养。

二、探究与发现，寻找事物规律

以"影子有什么变化""影子的变化是怎么产生的"两个问题作为整节课的研讨主线。尊重学生在科学学习活动中的主动性，自主发现问题。在聚焦环节中主要围绕熟悉的校园情境——阳光下的影子展开。主要设计了以下探究环节：一是探索影子产生的三要素。具体的操作是学生由课外见到的阳光下的影子迁移到教室内。围绕"我们如何产生影子"由具体到抽象，形成光源、遮挡物、屏三要素的概念，再探讨三者位置关系。二是围绕阳光下的影子变化而展开。教材当中为我们提供"改变光源的照射角度""改变遮挡物被照射面的形状"两个示例。针对三年级学生特点，本课例中并没有采用教材中的示例，而是充分尊重学生的主观能动性，不限制学生的思维，学生进行自主设计改变影子的方法。遵循"现象—方法—分析—总结"四个环节。

通过小组探索绘制出的大小不同、方向不同、形状不同的众多影子中，开展研讨分析，对不同影子进行抽象概括、思考。充分调动学生的思维，发现得到不同影子的原因。在整个探究活动过程当中，本着以学生为主，促进学生思维发展为目标。

三、结合教学内容，完成练习作业

在本课的教学环节设计当中，除了注重学生探究实践活动的引导，科学思维能力的培养，在落实科学知识方面主要针对本课知识要点设计了这样一些作业，让学生在小组合作中对新知进行巩固和应用。一是围绕影子产生三要素的探索，设计了填空题：影子产生的条件。二是设计了关于影子变化这一知识点的连线题目和选择题。三是设计了图形题，根据观察图像理解影子的变化，以及影子变化规律等。四是设计了实际应用题，发展学生应用知识能力。同时也积极利用希沃白板开展游戏性活动作业练习，提高学生在课堂上的参与积极性。利用希沃授课助手对相应题目进行展示呈现，提高作业讲评的效率。通过多种形式的作业，巩固知识的同时也有助于学生运用科学知识解释自然想象，解决简单实际问题能力的培养。

四、问题与研讨

围绕小学生科学思维能力的提升，在思维品质和思维方法上如何开展积极有效的科学教学一直是我们小学科学课教师所要面临的问题。在本科教学当中，始终坚持尊重学生的认知规律，体现在教师的指导下进行思维能力培养。

（泸县玄滩镇玄滩中心小学校　刘清容）

【专家点评】

本课是基于学生原有认知活动开展，紧紧围绕学生感兴趣的"影子的秘密"探索进行设计。探究环节中打破教材中对于影子特征的设计思路，设计遵循自主探究原则，让学生通过小组合作自主画出不同的影子。接着对各个小组得到的影子"有哪些不同"进行分析。再围绕"这些不同的影子你是怎么得到的"对不同影子的产生进行思考。通过全班讨论与交流提炼归纳探索影子的秘密，形成对影子本质特征的认识。整个探究环节设计注重学生思维的引导和思维的建构，本节课很好地体现了学生科学认识与科学思维的建构。

课例 19 主题：利用模型培养科学思维

《我们是怎样听到声音的》课例与评析

【教学背景】

声音是以波的形式在空气中转播的，遇到物质就会引起物质的振动。当声音传递到我们耳朵中的鼓膜时也能引起鼓膜产生振动。鼓膜很薄而且有弹性，即使很轻微的声音都可以让它产生振动。

本课要求用很薄的气球皮包住一个塑料杯口制作成一个鼓膜模型。通过观察气球皮的振动，来研究鼓膜的作用，了解人耳是如何工作的。通过阅读教材补充资料，引导学生结合观察结果进行深入思考，从而强化他们对听力和人耳作用的认识。

教学包括三个部分：一是聚焦。通过"耳朵是怎样使我们听到声音的"这一问题的思考与交流，从而了解学生已有认知。二是探索活动。学生通过观察耳结构图认识耳朵的构成，并推测耳朵各部分在帮助我们听到声音的过程中起到的作用。学生使用"纸喇叭"听音来研究耳郭的作用；制作鼓膜模型，观察并记录鼓膜在远近、强弱不同声音作用下的振动状态。三是研讨活动。学生进一步理解耳的结构和功能，对耳郭和鼓膜的作用能结合实验说出自己的理解。通过观察听诊器，了解其工作原理。

通过前面三课的学习，学生已经了解到声音是由物体振动而产生的，并以声波的形式进行传播。本课主要研究耳是怎样使我们听到声音的。

学生对于耳的认识大多只关注到它的外部形态特征，以及它是人体重要的听觉器官。对于耳是由哪些部分组成的，各部分都有什么功能，耳朵是怎样帮助我们听到声音的，很多学生都不了解。

资源利用：

利用耳结构图、耳朵模型认识耳朵结构。

耳郭模拟装置：用废旧的一次性纸杯制作"纸喇叭"模拟"耳郭"。

鼓膜模拟装置：翻盖式调料杯杯口绷上保鲜膜模拟鼓膜，"鼓膜"上放少量的泡沫粒，便于观察"鼓膜"振动。

利用希沃媒体技术辅助教学。

听障手语交流，感受无声世界信息传递。

【核心概念】

跨学科概念：结构与功能

3. 物质的运动与相互作用

【学习内容与要求】

3.3　声音与光的传播

3—4 年级：①举例说明声音因物体的振动而产生。②举例说明声音在不同物质中可以向各个方向传播。

【适用年级】

新教科版小学科学四年级上册

【教学目标】

科学观念：（1）认识鼓膜很薄而且有弹性，即使很轻微的声音都可以让它产生振动。（2）解释人耳中的鼓膜能感应声波并振动，进而传递到内耳，引起听觉。

科学思维：能根据模型与耳结构的相似点分析实验现象，推测耳郭和鼓膜的作用，具有初步的模型理解能力和推理论证能力。

探究实践：（1）运用模型进行探究，了解耳郭和鼓膜的作用。（2）在探究的过程中培养分析问题和解决问题的能力。（3）能初步利用简单的表格来记录和整理实验结果。

态度责任：（1）养成细心观察、留心周围事物的良好学习习惯。（2）了解科学与人类的身体健康密切相关，增强爱耳意识。

【教学重难点】

重点：通过观察自制鼓膜在远近不同、强弱不同声音作用下的振动状态，解释人耳鼓膜的功能。

难点：解释耳的各部分结构及其功能。

【教学思路】

师生交流，课前准备→听音体验，聚焦问题→观察模型，认识人耳→模拟耳郭，推测功能→模拟鼓膜，观察振动→观看视频，解释问题→拓展延伸，激发爱耳

【教学准备】

教师准备：多媒体课件，"耳的结构"挂图和 1.5 倍的耳结构模型，鼓膜模拟装置、音叉、橡胶锤、少量的泡沫粒。

小组准备："耳的结构"挂图和 1 倍的耳结构模型，鼓膜模拟装置、音叉、橡胶锤、少量的泡沫粒、记录表。

【教学流程】

预备活动：

1. 与学生手语交流：孩子们，欢迎来到科学乐园！

2. 询问：你接受到老师传递给你的信息了吗？（学生茫然）

3. 与学生语音交流：孩子们，欢迎来到科学乐园！

4. 追问：你们是用什么接收到老师传递给你们的信息的？（耳朵）

[设计意图]真实体验听障学生的无声交流，体会我们用耳朵能接收声音信息的便捷，为后面教学研究耳朵结构及功能和意识到听力的重要性做好准备。

一、聚焦问题

1. （播放音乐）引导：你们听到了什么？声音有什么变化？

2. 聚焦问题：你们知道耳朵是怎样帮助我们听到声音的呢？

3. 板书课题：我们是怎样听到声音的

[设计意图]利用"听音体验"活动初步感知声音的大小、强弱变化，聚焦到本课的探究问题"耳朵是怎样使我们听到声音的"。引导学生结合前面所学知识进行交流，知道声波也能通过空气传播到耳中，为后面研究耳朵的结构功能做铺垫。

二、探索活动

（一）活动一：观察耳朵的结构图

[材料准备："耳的结构"挂图和模型，其中两个小组提供耳的结构不完整的模型]

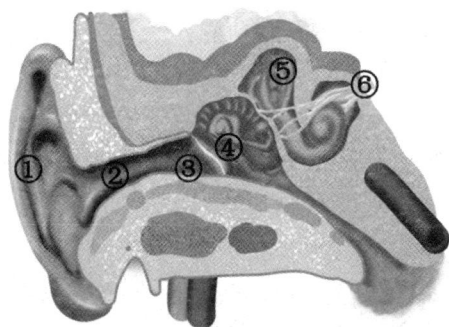

图 5-15　耳朵结构图

1. 出示导学提示，明确活动要求

(1) 观察耳朵结构图，在模型上找出耳朵的各组成部分。

(2) 说一说耳朵各部分有什么作用？

2. 小组活动：观察耳朵结构，预测耳朵各组成部分的作用。

3. 师生互动：考考你，完整的耳朵结构包括哪些部分？它们有什么作用？

（出示希沃蒙层处理后的耳结构模型，随机抽测各小组学习情况）

4. 找一找：你们小组研究的"耳朵"是完整的吗？

特别关注耳结构模型不完整的两个小组的汇报，识别残缺的部分，找出隐藏的结构部件，组装出一只完整的耳朵。

5. 小结：耳朵的这些结构都有各自的功能，缺一不可。它们是我们能听到声音的关键所在。

（板书：耳朵、外耳、中耳、内耳、耳郭、外耳道、鼓膜、听小骨、听觉神经）

[设计意图] 借助结构图学生能很快认识人耳各部分名称。在耳结构模型上能找出各组成部分，那便是在学生脑中真正建立起了"耳"的结构认知。设置了"考考你"与"识别残缺的耳朵"2个测评任务，检查学生自学情况，建立起完整的耳结构概念，为后面渗透爱耳教育做好铺垫。再结合耳结构模型，大胆猜测耳朵各部分在听音过程中起到的作用，激发学生继续探究耳结构功能的欲望。

（二）活动二：感受耳郭的作用

[材料准备：纸喇叭]

1. 出示主题图，指导实验。

(1) 不能用真实的耳郭研究，那么用什么模拟耳郭？

(2) 二人小组怎么分工？（一人听声音，一人制造声音）

(3) 怎么听声音？（分别用纸喇叭和拿掉纸喇叭听一听声音）

(4) 怎样制造微弱的声音？（在贴近纸喇叭口处摩擦手指制造微弱的声音）

2. 小组探究：用纸喇叭研究耳郭的作用。

3. 汇报交流：用纸喇叭听到的声音（   ），拿掉纸喇叭听到的声音（   ）。由此，说明了耳郭（   ）。

（板书：收集声音）

[设计意图]通过观察实验图启发学生可以通过制作耳郭模型"纸喇叭"来研究耳郭的作用。学生在交流中明确小组分工，并总结实验方法。提供汇报交流的语言表达模板，在模型与实物之间搭建思维桥梁，引导学生描述并分析现象，能结合纸喇叭听音感受推测耳郭具有收集声音的作用。此种推理方法的运用为后面认识鼓膜的振动提供了科学的论证方法。

（三）活动三：观察比较鼓膜的振动

[材料准备：鼓膜模拟装置、音叉、橡胶锤、少量的泡沫粒、记录表等]

1. 播放视频，认识真正的鼓膜薄而有弹性。

2. 小组根据实验记录单讨论实验方案。

3. 交流实验方案。

（1）认识鼓膜模型：用什么材料模拟鼓膜？说明理由。

（2）微视频指导：用什么制造声音？怎样制造强弱不同以及远近不同的声音？

（3）指导观察：实验中我们重点观察什么？借助什么材料观察鼓膜的振动？

（4）指导记录：用哪些科学词汇或符号记录鼓膜的振动状态？

（5）分析实验现象。

【学生实验设计方案】

表 5-17　　　　"观察比较鼓膜的振动"实验方案

我们的猜测	当声音（　　　　）时，鼓膜振动（　　　　）。			
实验材料	鼓膜实验装置、音叉、橡胶锤、泡沫粒			
实验步骤				
物体发出声音	声音距离"鼓膜"远近不变		声音的强弱不变	
	声音较强时	声音较弱时	声音较远时	声音较近时
"鼓膜"的振动变化				
我们的发现	声音传递推到鼓膜，鼓膜会产生（　　　）。声音较（　　　）时，鼓膜振动（　　）；声音较（　　）时，鼓膜振动（　　　）			

240

4. 小组探究活动：

（1）检查实验装置。

泡沫粒

保鲜膜

图 5—16　鼓膜振动实验

（2）音叉到"鼓膜"的距离不变，用不同的力制造强、弱不同的声音，借助泡沫粒观察"鼓膜"振动变化。

（3）在距离"鼓膜"远近不同的地方用同样的力度敲击音叉，借助泡沫粒观察"鼓膜"振动变化。

（4）认真填写实验记录单，分析实验现象。

5. 小组展示汇报。

6. 小结：鼓膜很薄而有弹性，接收到声波能产生振动。我们耳中的鼓膜结构与保鲜膜相似，当外界远近不同、强弱不同的声音到达鼓膜，鼓膜的振动强度和振动幅度也会发生变化。

（板书：产生振动）

［设计意图］鼓膜探究活动是通过模型对科学问题进行解释的典型范例。首先播放视频认识鼓膜特点，知道可以利用保鲜膜、气球皮等模拟鼓膜。然后引导学生认识改进后的鼓膜模拟实验装置，明确可以借助泡沫粒来观察鼓膜振动的强弱及幅度等变化。通过试验方案的讨论和实验操作示范讲解，指导学生学会制造强弱不同以及远近不同的声音，再结合鼓膜振动现象指导及时记录观察结果，为后面讨论鼓膜的作用提供有力的证据。

三、研讨交流

1. 研讨：结合前面的实验现象，说一说你们对人耳的结构和功能又形成了哪些新的认识？

2. 观看人耳听音视频，解释科学问题：我们是怎样听到声音的？

声波→（　　　）→（　　　）→（　　　）→（　　　）→（　　　）→（　　　）

→（　　　）

板书：

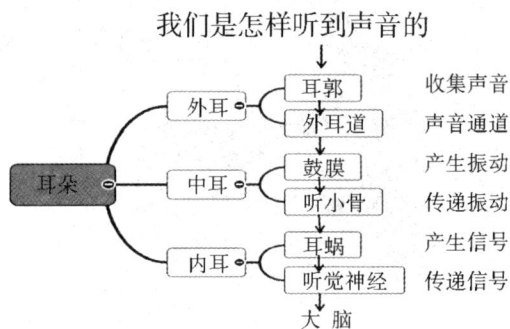

我们是怎样听到声音的

[设计意图] 结合前面观察到的实验现象交流，对人耳结构及功能形成新的认识。对于耳蜗、听觉神经等的作用，直接播放人耳听音视频，完整地呈现声波路径。学生再结合视频和思维导图总结声音在耳朵中的传播过程，能借助模型对"我们是怎样听到声音的"作出科学的解释。视听感知与口头表达有机结合，促进学生对耳朵的结构及功能有更清晰、全面的认识。

四、拓展延伸

1. 出示图片，阅读小资料：兔子的耳朵为什么那么长？猫与狗的耳朵有什么特点？

2. 认识听诊器：听诊器是怎样工作的？

（1）观察听诊器的构成，说一说听诊器收集声音的过程。

（2）引导小结：听诊器头的薄膜能够帮助收集声音，胶管和听筒具有更好的传播声音的功能。

3. 观察图片，全班交流。

（1）引导交流：老人为什么把手拢在耳郭后面？听力受损会怎样？

（2）介绍特殊学校听障学生的交流，结合课前的无声交流体验说说自己的感受。

（3）讨论：怎样保护我们的耳朵？结合实例说明，注意科学用耳，远离噪音。

[设计意图] 学生借助阅读图片资料由人耳关注动物耳朵的研究，认识耳朵收集信息的重要作用。通过听诊器、助听器的探究，了解耳朵听音工作原

理的应用。结合听力受损的实例融入健康教育，感知听力的重要性并强化学生的爱耳意识，同时激发学生关爱老人，关爱听障儿童。

五、思维整理

我们是怎样听到声音的

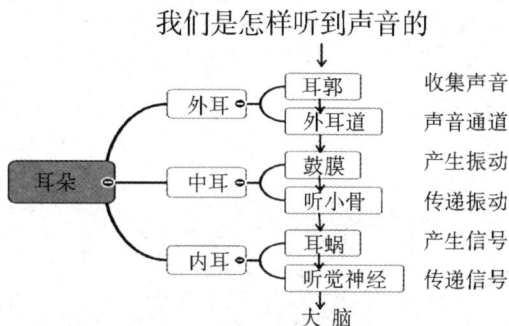

[设计意图] 根据探究过程，板书设计包括三个部分：耳结构名称、耳结构功能和声波路径。整个板书不仅动态地呈现了学生的探究成果，还帮助他们建立起完整的知识框架，对耳的结构及功能形成清晰、全面的认识。

六、作业设计

1. 找一找，认一认

观察耳朵结构图，在模型上找出耳朵的各组成部分。说一说耳朵各部分有什么作用？

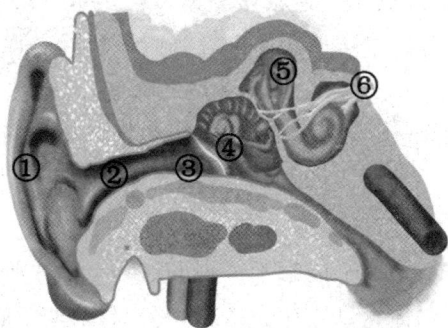

图 5-17　耳朵结构图

2. 听一听，说一说

用纸喇叭听到的声音（　　　），拿掉纸喇叭听到的声音（　　　）。由此，说明了耳郭（　　　　　）。

3. 议一议，记一记

表5—18　　　　　　　**"观察比较鼓膜的振动"实验方案**

我们的猜测	当声音（　　　　）时，鼓膜振动（　　　　　）			
实验材料	鼓膜实验装置、音叉、橡胶锤、泡沫粒			
实验步骤				
物体发出声音	声音距离"鼓膜"远近不变		声音的强弱不变	
	声音较强时	声音较弱时	声音较远时	声音较近时
"鼓膜"的振动变化				
我们的发现	声音传递推到鼓膜，鼓膜会产生（　　）。声音较（　　）时，鼓膜振动（　　）；声音较（　　）时，鼓膜振动（　　）			

4. 我能解释：我们是怎样听到声音的?

声波→（　　　）→（　　　）→（　　　）→（　　　）→（　　　）→（　　　　）
→（　　　）

[设计意图]本课作业设计包括四个内容：认识耳结构；探究耳郭作用；鼓膜振动实验方案设计、实验现象记录与分析；解释科学问题"我们是怎样听到声音的"。将四个作业分解细化到相应的探究活动中，既引导学生完成探究任务，也及时检测学生学习效果，帮助他们逐步形成对耳朵结构功能的完整认识。

【案例评析】

声波在耳中的传播是一个肉眼不可视的过程。学生通过前面几课的学习已经具有一定认知：物体振动产生声音；声音可以通过气体、固体、液体传播；振动可以在物体之间传递。本节课主要研究耳朵构造及耳是怎样使我们听到声音的。

一、以"学生需求"为教学设计理念

科学课程标准指出：小学生对周围世界具有强烈的好奇心和求知欲，这种好奇心和求知欲是推动学生学习的内在动力，对其终身发展具有重要影响。

《我们是怎样听到声音的》与学生的身体健康密切相关，如何从学生需求出发设计教学？根据本课教材特点、学情状况、目标内容，教师充分考虑了知识、社会、儿童三者的需要，将科学知识、科学方法、科学思想等学习内容镶嵌于学生既熟悉又陌生的"耳朵听音"这一科学探究主题活动中。

一是课前与学生手语交流和语音交流，初步体会我们用耳朵接收声音信息的便捷，为后面研究耳朵结构及功能做好心理准备。二是导入环节设计"听音体验"活动，初步感知耳朵能接收大小、强弱不同的声音，激发探究兴趣。三是探索活动，通过耳结构模型研究帮助学生揭秘人耳构成。用纸喇叭和保鲜膜制作模型放大实验效果，有效完成耳郭收集声音和鼓膜振动的研究。四是研讨活动，观看形象生动的人耳听音视频，结合思维导图解释科学问题"我们是怎样听到声音的"。五是拓展活动，由人耳延伸到对其他动物耳朵的研究，对耳结构功能形成更完整的认识；关注身边老人及听障儿童的生活，增强爱耳意识，激发对听障者的同情心。

二、以"模型研究"为主要探究方式

探究式学习是科学学科的主要学习方式，能激发儿童对科学的学习兴趣，促进学生对科学概念的理解，更是培养小学生科学探究能力、思维能力、科学精神的有效学习方式。声音在耳朵里的传递是一个肉眼不可视的过程，对学生来说是比较抽象的。因此，借助模型研究便成为本课中主要的学习方法，课前要为学生提供数量足够、质量足够、种类足够的研究模型。

本节课主要包括以下探究活动：（1）观察耳朵结构，需要提供清晰的耳朵结构图，有条件的可以提供耳的结构模型，可拆装的模型更好，学生借助模型对耳的结构有更形象的认识。（2）感受耳郭的作用，提供奶茶杯改制的纸喇叭，结实不容易变形，易于操作。（3）观察并比较鼓膜的振动，提供用保鲜膜制作的鼓膜模型，用泡沫粒辅助观察，振动效果更明显，帮助学生有效地收集证据。（4）研讨活动为学生提供人耳听音视频，完整地呈现声波在耳中的传播路径，引导学生能对"我们是怎样听到声音的"这一问题作出科学解释。

三、以"多元作业"为学习测评任务

怎样检测学生是否达成学习目标？需要我们通过多种方式收集关于学生学习的证据。科学作业设计就是教师收集学生学习证据的有效方式。学习目标的达成以课堂探究活动为依托，所以作业设计要自然地分解细化并嵌入各个探究活动中。

本课教学中将作业设计融入以下探究活动：一是认识耳的结构，观察挂图认识结构名称，在模型上指认各组成部分。二是探究耳郭的作用，设计活动记录帮助学生分析实验现象。三是探究鼓膜的作用，设计实验方案、活动记录、现象分析，促进了探究活动的有效开展。四是研讨活动，结合视频设计了相应的声音传播路径图，帮助学生解释科学问题。当课堂教学活动任务被转化为评价任务之后，就能起到及时评估、反馈、指导的作用，促进教学活动持续有效地开展。

四、问题与研讨

本节课从学生需求出发进行课堂教学设计，引导学生开展了耳结构功能探究活动。从课堂教学实践来看，还存在以下问题：一是还需强化思维模板的运用，提高学生的分析能力；二是拓展活动内容还需更丰富，进一步强化爱耳意识；三是还需强化学生过程性评价在探究任务中的助推作用。

（泸州市大北街小学校　杨怀学）

【专家点评】

这是一个充分利用模型对科学问题进行解释的典型案例。特别是教师利用自制教具"鼓膜模型"辅助教学，有效地提高了教与学的效率，用轻薄有弹性的保鲜膜模拟鼓膜，用轻而小的泡沫小颗粒让声音的振动可视化，用厨房常用的调味瓶有效地固定好"鼓膜"，还可以防止小泡沫粒四处滚落，优化探究器材和方法后，让学生在探究活动中清晰、直观地观察到鼓膜的作用。同时，教师给学生传递一种从身边合理选取、组装实验材料来探究我们想了解的科学问题的思维，极大地提高了学生探究科学知识的兴趣，促进了学生的科学思维发展。

课例 20 主题：用多媒体提升探究实效

《导体和绝缘体》课例与评析

【教学背景】

电路中，导体和绝缘体都是重要的组成部分，学生在日常生活中接触过各种各样的家用电器，多数学生知道这些电器的哪些地方是可以触碰的，哪些地方是不允许去触碰的。通过本单元前几课的学习，学生已经对电路有了一定的认识，并且掌握了电路检测器的使用方法，为学生在本课中正确使用电路检测器来进行科学、规范地检测导体和绝缘体提供了一定保障。

本课是小学科学四年级下册"电路"单元第 6 课内容，将引导学生用"电路检测器"检测身边的物体是否容易让电流通过，也就是检测物体的导电性。学生通过实验发现不同物体的导电情况不一样：有些物体容易使电流通过，具有导电性，这样的物体叫作导体；有些物体不容易使电流通过，不具有导电性，这样的物体叫作绝缘体。本课学习是在帮助学生提高对身边材料性质的认识，加深对电路概念的理解，进一步提高学生运用科学规范的方法解决问题的能力，为下节课学习"电路中的开关"做准备。

【适用年级】

新教科版小学科学四年级下册

【核心概念】

1. 物质的结构与性质

【学习内容与要求】

1.1 物质具有一定的特性与功能

3—4 年级：③描述某些材料的透光性、导电性，说出它们的主要用途。

【教学目标】

科学观念：（1）知道有的物体容易导电，这样的物体叫作导体；有的物体不容易导电，这样的物体叫作绝缘体。（2）认识导电性是材料的基本属性之一。

科学思维：（1）能够制订出检测导体和绝缘体的研究计划，并按照计划进行检验。（2）根据实验记录，归纳、概括出导体和绝缘体的特性，合理分类。

探究实践：（1）借助电路检测器检验身边常见物体的导电性，进行合理分类。（2）通过客观、细致地观察和对比分析，了解导体和绝缘体的不同应用。

态度责任：（1）形成井然有序的实验操作习惯，提高安全用电意识。（2）形成积极的探究兴趣和尊重事实的实证精神。

【教学重难点】

重点：（1）知道有的物体易导电，这样的物体叫作导体；有的物体不易导电,这样的物体叫作绝缘体。(2)能做到客观、细致地观察和对比分析,培养学生积极的探究兴趣和尊重事实的实证精神。

难点:能够制订出检测导体和绝缘的研究计划,按照计划进行检测;能够根据实验记录,归纳、概括出导体和绝缘体的特性,做到客观、细致地观察和对比分析。

【教学准备】

教师准备:课件、20种左右不同导体材料和绝缘体材料板贴图、自制创新实验器材、自制电路检测器使用方法教学微视频。

学生准备:(分组实验)铅笔、长尾夹、铁钉、钥匙、橡皮筋、铁勺、导线、铁丝等20种左右被检测物体,1个电路检测器,1份科学监测记录表。

【教学思路】

魔术激趣,引发思考→制订计划,学会检测→分组探究,收集数据→对比分析,得出结论→分享交流,内化新知→拓展延伸,学会应用

【教学流程】

一、情境聚焦

1. 教师:这一节课,老师将和学生一起开展一场"小小科学家选拔赛"。比赛规则是:全班学生分8个小组,以小组为单位争夺"智慧星"。根据"智慧星"的多少,课末评选出"小小科学家",并颁发奖章。

2. 教师:变"魔术"。教师用两个不同的线圈制造神奇,学生判断是否能点亮"智慧灯",教师演示后让学生操作,以此制造神奇,导入新课。(备注:教师在课前制作教具时,做到第一个线圈表层胶皮保持完好,不能点亮"智慧灯",第二个线圈去掉表层胶皮,能点亮"智慧灯"。)

[设计意图]创设情境是为了调动学生积极性和主动性,让学生带着争当"小小科学家"的目标,主动投入学习。在点亮"智慧灯"活动中,教师第一次故意用表层胶皮完好的线圈,不能点亮灯泡,借机调动学生激情,第二次用去掉表层胶皮的线圈点亮小灯泡,是为了制造神奇。活动中的两次不亮、两次亮,一是让学生知道检测两次结论更可靠作下铺垫,同时便于在对比两截导线的不同中引发学生深入思考,调动学生激情,引入新课。

二、探索活动

(一)作出假设

1. 引导学生对比用于点亮"智慧灯"的两枚"戒指"(即两截导线),让

生发现两截导线的不同。

2. 验证观点：分别用导线的金属头和塑料皮作为接触点连接电路，观察"智慧灯"的亮、灭情况。

3. 教师再次对比点亮"智慧灯"的过程，让学生认识到在连接电路时，把导线两端塑料包剥开是为了能导电。

4. 大胆猜想：生活中哪些物体容易让电流通过，哪些不容易让电流通过？（学生自由猜想）

[设计意图] 通过展示两枚"戒指"让学生对比，并用希沃5的"蒙层"功能展开导线图片，在圈画中让学生直观对比，引导学生认识到两截导线能或不能点亮小灯泡关键在于胶皮剥与没剥，从而认识导线内部的铜丝容易导电，导线表层的胶皮不容易导电。通过验证灯泡亮、灭和猜想生活中常见的多种物体是否容易让电流通过的活动，引导学生初步感知导体和绝缘体。

（二）制订计划

1. 预测生活中常见物体的导电性

（1）课件出示"物体导电性检测记录表"，同时向学生展示备检物体。

（2）以小组为单位，将预测结果记录在"物体导电性检测记录表"中。

（3）小组代表交流小组的预测结果。

2. 明确检测方法

（1）观看"电路检测器"使用视频，弄清用电路检测器检测物体导电性的方法。

（2）抽学生交流观看视频收获，在交流方法中进一步强化检测要求。

3. 开展检测活动

（1）分小组开展检测活动。（出示温馨提示：用电路检测器检测每个物体的导电性时，每一种物体至少要检测两遍，将检测结果记录在同一个记录单的相应表格中，并与预测进行对比。）

（2）将容易导电的物体和不容易导电的物体分类摆放，组内观察和比较异同，交流发现。

[设计意图] 在学生观察、预测常见物体的导电性后，及时播放视频引导学生弄清电路检测器的使用方法，开展小组合作检测，在"做"中培养学生科学、严谨的工作态度。在媒体展示和动手实验相结合中，引导学生有计划

地在自主探究中比较容易导电物体和不容易导电物体的异同，强化导体和绝缘体的直观认识。

（三）搜集证据

1. 全班交流检测结果和分类情况。各小组注意对比本小组的检测结果与其他小组检测结果的异同。

2. 预测和实际检测结果有不一致的吗？（生交流）

［设计意图］借助媒体和实验，引导学生通过对比分析、归纳比较，在交流容易导电物体和不容易导电物体的异同过程中，理解导体和绝缘体的意义。培养学生对周边物体的导电性产生浓厚的探究兴趣，提高学生动手操作能力和分析与归纳思维能力。

三、研讨交流

（一）处理信息得出结论

汇报检测结果，理解导体和绝缘体的概念：

1. 师生互动，建立导体和绝缘体概念：有的物体容易导电，我们把它们叫作导体；有的物体不容易导电，我们把它们叫作绝缘体。（板书：导体和绝缘体）

2. 引导学生根据是否导电将给出的学具（物体）再次分类观察，在比较中强化学生对导体和绝缘体特点的认识。

3. 检测铅笔各部位是导体还是绝缘体。（学生：检测铅笔各部位并作出相应部分是导体还是绝缘体的判断。）

4. 你了解自己的身体吗？我们的身体是导体还是绝缘体？（学生：小组手牵手点亮人体导电球，引导学生认识到自己的身体也是导体。）

5. 水是导体还绝缘体？（学生：动手验证，认识到水是导体。）

［设计意图］引导学生通过自主分析与交流分享，加深学生对导体和绝缘体的理解。通过开展铅笔、人体、水是否导电的检测活动，丰富学生对导体和绝缘体的认识；知道导体和绝缘体不是绝对的，在不同的环境下导体和绝缘体可能相互转化，强化用电安全意识。

（二）表达交流

1. 活动一：把导体和绝缘体送回家。

2. 活动二：出示自制《导体和绝缘体》创新教具，学生动手开展"春风爽""飞雪舞""球悬浮"系列闯关活动，引导学生在见证"奇迹"中认识更多导体和绝缘体。

3. 活动三：借助希沃白板软件中"趣味分类"和"超级分类"功能，让学生在 PK 活动中进一步辨别导体。

[设计意图]借助希沃白板 5 的"趣味分类"课堂练习，巩固导体和绝缘体的认知；通过展示"超级分类"课堂检测，让学生在有趣的 PK 中应用新知；通过全班直播自制学具"春风爽""飞雪舞""球悬浮"3 个趣味闯关活动，以"奇迹"刺激学生迸发激情，进一步巩固和应用新知。

四、拓展延伸

1. 交流：通过本课学习同学们知道了哪些关于电的知识？解决了哪些我们以前不知道的问题？你还想研究什么新问题？（生全班交流）

2. 比较各小组"智慧星"数量，评比出"小小科学家"。

[设计意图]通过课末汇报交流，引导学生理清学习思路和方法，进一步巩固和加深对导体和绝缘体的理解。在引导学生拓展思路中实现知识迁移，增强应用意识，激发学生热爱科学的热情和加倍努力学好科学的信心。

五、思维导图

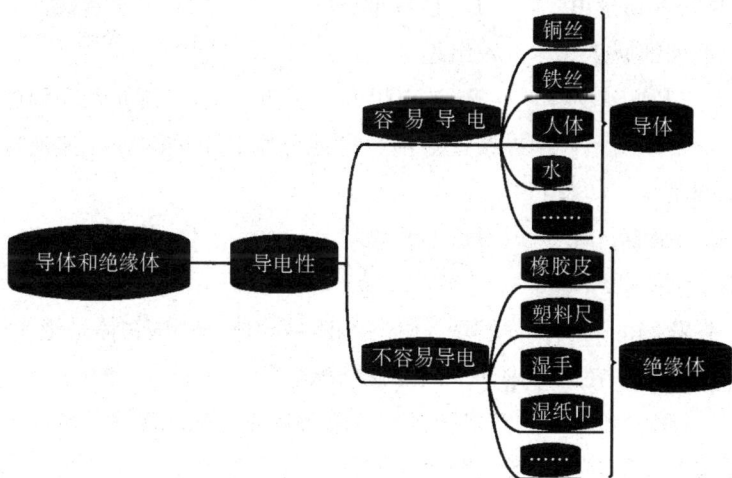

[设计意图]本图是教学思路的再现，是本课知识学习和思维进阶的结合体，体现知识学习、思维训练与教学进程的同步。随着教学活动的深入，学生对本课知识点逐步理解，思维逐渐清晰，让教学层层深入得以推进。

六、作业设计

1.连线题。实验中，我们发现了许多导体和绝缘体，请连一连。

回形针

塑料尺   导 体

铜丝

吸管

铁钉   绝缘体

插板盖

2.判断题。对的打"√"，错的打"×"。

(1) 生活中，导体比绝缘体更重要。(   )

(2) 使用电路检测器检测物体的导电性时，检测一次就行了。(   )

(3) 达到一定的条件时，绝缘体也可能成为导体。(   )

(4) 电线外面包着橡胶主要是为了防止电线生锈。(   )

3.选择题。

(1) 区别导体和绝缘体的主要标准是（   ）

A. 是否容易导电   B. 是不是金属   C. 能否传热

(2) 下列都属于导体的一组是（   ）

A. 橡皮和铁丝   B. 塑料尺和干木棒   C. 湿布和铜钥匙

(3) 如下图所示，用导线把灯泡、电池分别和下列 3 种物体连接，灯泡不会发光的是（   ）。

A. 塑料吸管   B. 小铁块   C. 钢钥匙

4.讨论题。

(1) 在我们的周围，你发现了哪些物体是导体？哪些物体是绝缘体？

(2) 说一说，在生活中如何做到安全用电？

[设计意图] 通过学习和实验探究，学生对导体和绝缘体的特征、特性的理解和掌握程度如何，是否能够灵活应用，得通过检测才能解决和判断。其中，"连线题"旨在了解学生是否能正确分清身边常见的物体是导体还是绝缘体；"判断题"和"选择题"旨在考查学生辨别导体和绝缘体的基本方法和理解程度；"讨论题"旨在联系生活培养学生对导体和绝缘体相关知识的应用意识、应用能力和强化学生的用电安全行为。

【案例评析】

本课教学在认真研读 2022 版新课程标准和教材内容的基础上，对教学内容进行了适度整合，对实验器材进行了有效改进，借助信息化媒体和自制实践器材，实现了在放大实验现象的同时增强了学习趣味性，提高了学生学习主动性和参与度，让学生在做中学、玩中练，较好地实现了知识学习、思维训练、能力培养的有机统一。

一、大胆设计，体验乐趣

本着"做一个对课程有想法的老师，关注学生科学素养的提高"这一基本理念，在学生认识了"简单电路"的基础上，引导学生将各种物体放到电路中去检验其导电性。教学中，注重引导学生在媒体辅助、实验操作、自主探究、对比分析、互动交流中，完善对导体和绝缘体的认知，体验学习科学的乐趣。

二、凸显媒体，提升实效

为提高教学实效，应用"希沃白板软件"的批注、放大镜、蒙层、拖动克隆、板中板、趣味分类、超级分类等功能。同时应用了"希沃助手"的手机相片上传、手机实时直播等功能，开展交互性学习与小组评比和评价，让课堂教学实时互动起来，激发和调动学生的注意力和学习激情。

三、巧妙引导，清晰思维

结合媒体展示，应用有的放矢地根据知识和学生特点，灵活调整课程容量，实现师生共融。主要体现在：一是以旧引新，层层深入理清思路。从学生熟悉物体的导电性入手，逐步拓展到液体和人体的导电性，体现从简单到复杂，从熟悉到陌生的过程，引导学生在已有知识的基础上逐步认识新事物，有助于学生科学研究方法的建立。二是因材施教，针对性地实施有效探究。为引导学生带着兴趣亲历"导体"和"绝缘体"的探究过程，教学中，创设争当"小小科学家"的情境主线，引导在学生分组竞争中充分动手探究。三是规范演示，培养和提高学生科学素养。结合视频和演示操作，让学生学会用电路检测器检测物品导电性，引导学生了解、学会和养成良好的实验操作习惯。四是以人为本，在实验中发挥学生主体作用。实验前让学生参与制订实验计划，实验中教师充分尊重学生意愿，调动学生学习探究的积极性。五是立足教材，让科学和生活密切相连。在探究物品的选材上挖掘了笔芯、纸片、铜丝、玻璃、陶瓷、橡皮、铁丝、塑料等多种实验材料，较好地拓展学生认知空间。特别是将铅笔这个导体和绝缘体的综合体带入课堂让学生对铅笔的不同部位开展检测，在延伸教材的同时增强了学生的综合应用能力。

四、理解新知，巧作铺垫

通过媒体辅助，引导学生用电路检测器检测身边的物体是否容易让电流通过，引导学生发现不同物体的导电程度不一样，从而引导学生理解有些物体容易让电流通过，具有导电性，这样的物体叫作导体；有些物体不容易使电流通过，不具有导电性，这样的物体叫作绝缘体，帮助学生提高对身边材料性质的认识，加深学生对电路概念的理解，进一步提高学生运用科学规范的方法解决问题的能力，为下一课学习"电路中的开关"作铺垫。

五、问题与思考

本节课对实验材料的选用、实验操作的组织、证据的收集、信息的处理均有待在后续教学中进一步强化。同时，在教学中应进一步落实教学语言的精练，提高教学机智。

（叙永县向林镇中心小学校　张洪彪）

【专家点评】

本案例最大的优点是站在儿童的立场选择多种媒体技术支持探究活动。在预测环节妙用蒙层功能展开导线图片，以魔术的神秘激发学生的探究欲望。在制定实验方案中借助微视频指导电路检测器的正确使用，培养学生科学、严谨的工作态度。在3个闯关活动中利用希沃助手的"直播"功能优化学习方式，进一步丰富学生对导体和绝缘体的认识，把课堂教学推向高潮。通过"趣味分类"和"超级分类"功能，让学生在PK活动中进一步辨别导体。在各探究环节又以希沃白板5的"板中板"为评价工具，强化学生"创优争先"意识，推动探究活动有效开展。

课例 21 主题：搭建自主探究的"脚手架"

《水的蒸发和凝结》课例与评析

【教学背景】

本课是教科版五年级下册"热"单元的第 2 课。在上一节课中，学生知道了水在标准大气压下受热达到 100℃时沸腾，形态转变为水蒸气。可在生活中，温度并没有达到 100℃，水也能转变为水蒸气，常常能看到水蒸气也会凝结成水。本节课进一步引导学生思考：水的物态变化跟什么有关？

本课由四部分组成：第一部分——聚焦。开门见山提出问题"水变成水蒸气与什么因素有关"。第二部分——探索。首先让学生回忆生活中水蒸发和水蒸气凝结的现象，并交流这两种现象与什么有关；其次是探究水蒸发快慢与温度高低的关系，学生需要设计实验，通过实验证明温度高低对水蒸发速度的影响；然后进行"在玻璃杯中加入冰块，将玻璃杯外壁擦干，静置一会儿，玻璃杯外壁又会出现水珠""用食盐降低玻璃杯里冰块的温度，玻璃杯外壁的水珠是否更多"等实验，发现水蒸发到空气中，空气中的水蒸气遇冷会凝结；当温度变化时，我们可以观察到水的蒸发和水蒸气的凝结现象。第三部分——研讨。在经历观察与探究活动的基础上，让学生充分研讨问题："当温度变化时，可以观察到哪些水的蒸发和凝结现象？""生活中还有哪些水的蒸发和凝结现象？"第四部分——拓展。学生进行了水的沸腾、水的蒸发、水蒸气凝结等探究活动，可以继续联想水还有哪些物态变化，自然界的云、雾、霜、雪等是怎样形成的？许多物质在循环、再利用、再循环的过程中，其形态也发生了改变。

水是学生比较感兴趣的物质，大部分五年级的学生都知道水会蒸发，水蒸气会凝结。学生在三年级的学习中也已经观察了水变成水蒸气的过程，但是学生并不理解水的蒸发和水蒸气凝结成水过程中的热量变化。在本节课的学习中，学生将开展水的蒸发和水蒸气凝结的探究活动，理解水的蒸发和水蒸气凝结成水过程中的吸热与放热现象，并进一步发现日常生活中水的蒸发和水蒸气凝结成水的实例。

【适用年级】

新教科版小学科学五年级下册

【核心概念】

2. 物质的变化与化学反应

【学习内容与要求】

2.1 物质的三态变化

3—4 年级：②描述加热或冷却时常见物质发生的状态变化，如水结冰、冰融化、水蒸发和水蒸气凝结。

7—9 年级：①理解物质的三态及其变化特点，并能用图像描述这些特点，如水的沸腾、晶体的熔化和凝固；知道物态变化伴随着吸热和放热，并能将其应用于理解生活中常见的现象。

【教学目标】

科学观念：（1）知道水在吸收（放出）一定热量后，发生形态变化。（2）理解水的蒸发和水蒸气凝结成水过程中的吸热与放热现象。（3）发现日常生活中水的蒸发和水蒸气凝结成水的实例。

科学思维：（1）运用以往的经验，对新的问题提出假设。（2）通过观察、实验、查阅资料等方式获取事物的信息，分析雾、雨、雪、露、霜、雹等天气现象形成的原因。

探究实践：（1）制订比较完整的实验计划，开展水蒸发快慢与温度高低关系的探究活动。（2）乐于发现新的问题，呈现出对物态变化的探究兴趣。

态度责任：（1）尊重探究的证据，养成在探究中、数据中、实践中找到支撑观点的证据。（2）讨论气温变化影响了人类、动植物的生活和生存。关注人类一些行为会使地球变暖，从而影响自然环境的变化。

【教学重难点】

重点：设计实验，开展水蒸发和水蒸气凝结的探究活动。

难点：理解水蒸发和水蒸气凝结过程中的吸热与放热现象。

【教学准备】

教师准备：两个铁勺、清水、滴管、烧杯，关于自然界的云、雾、霜、雪等课件资料。

为学生准备：烧杯、酒精灯、火柴、铁架台、石棉网、电子温度计、清水、滴管、电子秤、湿布、干布、冰块、食盐、记录单。

【教学思路】

场景呈现→引出思考→大胆猜测→制订方案→自主探究→记录数据→分

析处理→概括总结→交流研讨→拓展延伸→课内巩固→课外实践

【教学过程】

（课前）教师用湿纸巾在黑色板上写一个"水"字。

一、聚焦问题

1. 教师：老师在黑板上写了个字，怎么不见了！这是什么现象呢？（水的蒸发现象）

2. 出示生活中的水蒸发现象的图片。

教师提问：生活中这现象都与什么有关？（水的蒸发现象）

水的蒸发是从什么形态的水变成了什么？（液态水变成了水蒸气）（板书：水→水蒸气）

[设计意图]用图片或视频呈现一些生活场景，让学生回忆水蒸发和水蒸气凝结的现象，说一说水的蒸发和水蒸气凝结是怎么回事，进一步唤起学生前概念，引导学生思考水蒸发、水蒸气凝结的原因是什么。

二、探索活动

（一）活动一：探究水蒸发快慢与温度高低的关系

1. 提出问题：水的蒸发与什么有关？

学生提出：水的蒸发与温度有关。

2. 全班交流：推测水蒸发快慢与水温高低有怎样的关系？

学生猜测：温度越高水蒸发得越快。

3. 教师追问学生思考：如何设计实验证明水蒸发得快慢与温度高低的关系？

4. 小组讨论：设计实验方案，制订实验计划，实验步骤，注意事项。

5. 学生汇报实验计划，教师点评。

6. 学生观看微课视频，明确实验操作方法：

（1）称量两杯质量相同、温度不同的水，放置在两台相同的电子秤上；

（2）同时放置3分钟，观察3分钟内两杯水的质量变化情况；

（3）记录3分钟后两杯水的质量，比较实验结果，归纳总结。

7. 演示实验：在铁勺中滴上相同滴数的水珠，一个加热，一个不加热，观察铁勺中水珠减少的情况。

8. 全班研讨：通过刚才的实验说明了水蒸发得快慢与温度有怎样的关系？

9. 师生交流并小结：水蒸发得快慢与温度有关系。温度越高，水蒸发得越快；温度越低，水蒸发得越慢。由此，我们也可以推断水在蒸发的过程中会吸收热量。

（二）活动二：观察水蒸气的凝结现象

1. 提出问题：既然水能蒸发变成水蒸气，水蒸气还能变成水吗？

2. 出示生活中水蒸气凝结成水的现象的图片。问：你见到过这些现象吗？它们是怎样形成的？（空气中的水蒸气遇冷凝结成的小水珠）

追问：水蒸气的凝结与什么有关呢？

学生猜想：水蒸气的凝结与温度有关，温度越低，水蒸气凝结得越快。

3. 提问：怎样设计实验验证水蒸气的凝结与温度有关呢？

4. 小组讨论：设计实验方案，制订实验步骤。

5. 学生观看微课视频，明确实验操作：

（1）在两个烧杯中加入等量冰块，其中一个烧杯中放入盐制造更低的温度，用干布擦净玻璃杯外壁，分别放在两张纸巾上。

（2）将烧杯静置，记录烧杯内外温度计的读数，观察烧杯外壁现象。

6. 学生分组实验，教师巡回指导学生操作。

7. 全班研讨：

（1）通过比较烧杯内外温度计的读数，你发现了什么？

（2）你认为水蒸气凝结成水需要怎样的条件？

（3）加食盐的烧杯内外温度和没加食盐的烧杯内外温度有什么变化？

（4）加食盐的烧杯外壁和没加食盐的烧杯外壁上的凝结现象是怎样的？这说明了什么？

8. 师生小结：水蒸气遇冷，凝结成水。温度越低，凝结速度越快。由此可以说明水蒸气凝结成水的过程中会释放热量。

（三）小结

今天我们探究了水的蒸发和凝结现象（板书课题），我们发现：①水（液态）蒸发过程中在吸收热量，变成水蒸气（气态）。②水蒸气（气态）遇冷，释放热量，凝结成水（液态）。

［设计意图］本课有两个主要的探究活动，这两个活动都要求学生进行细致观察和精确测量，进行定量分析，用充足的证据来论证自己的观点。同时探究水蒸发快慢与温度高低的关系时，还要求学生要从实验器材、实验步骤

和实验方法等几个方面阐述，培养学生的实验设计能力。

三、研讨交流

1. 交流研讨：当温度变化时，我们观察到了哪些水的蒸发和凝结现象？

2. 举例：我们还能举出生活中哪些水的蒸发和凝结现象？

［设计意图］本环节不仅希望学生能根据实验探究结果来说明自己的观点，还希望他们能进行充分论证，用明显的数据对比和严密的逻辑推理来进行研讨交流，并进一步发现日常生活中水的蒸发和水蒸气凝结成水的实例。

四、拓展延伸

1. 课件出示图片：自然界中水的形态多种多样，常见的有云、雾、雨、露、霜、雪等，说说它们是怎样形成的呢？与水蒸气的凝结有关吗？

2. 师生交流，播放视频。

3. 播放视频：温度变化对自然环境的影响。说一说观察视频后的感受。

［设计意图］在三年级学习水的三态变化时，学生已经对常见的云、雾、雨、露、霜、雪产生了强烈的好奇心。在经过本单元一、二课的学习后，引导学生进行拓展交流，希望学生对自然界中水具有多种多样的形态，云、雾、雨、露、霜、雪的形成原因能有更进一步的理解。通过视频了解气温变化影响了人类、动植物的生活和生存，地球变暖会影响自然环境的变化，增强学生爱护环境的意识。

五、思维整理

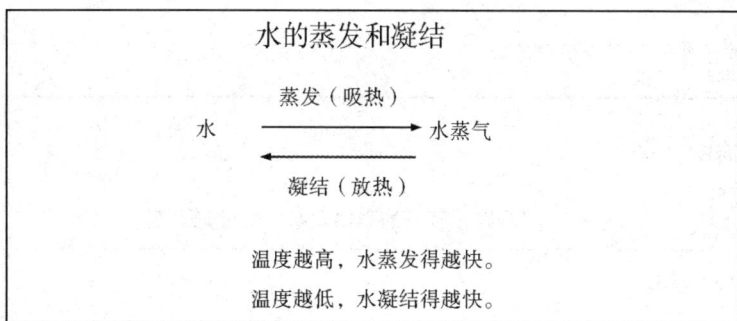

水的蒸发和凝结

蒸发（吸热）

水 ──────→ 水蒸气
  ←──────
凝结（放热）

温度越高，水蒸发得越快。
温度越低，水凝结得越快。

［设计意图］动态展示了学生的探究过程：知道水在吸收（放出）一定热量后，发生形态变化，温度会影响水形态变化的速度。

六、作业设计

（一）前测作业

水变成水蒸气从（　　　）态变成（　　　）态。

（二）过程性作业

1. 活动记录 1

表 5-19　　　　　　"水蒸发快慢与温度高低的关系"实验方案

我们的猜想：水的蒸发与温度_____关。温度越高蒸发越_____，温度越低蒸发越_____。
相同条件：水的质量、观察时间等
不同条件：
实验步骤：1. 　　　　　　　　2. 　　　　　　　　……

2. 活动记录 2

表 5-20　　　　　　"水蒸发快慢与温度高低的关系"实验记录表

	初始质量	最终质量	减少的水量
热水			
温水			
我的发现：			

3. 活动记录 3

表 5-21　　　　　　"观察水蒸气的凝结现象"实验记录表

室内空气温度						
烧杯内温度计示数	①号烧杯（加冰）			②号烧杯（加冰加盐）		
	1分钟	2分钟	3分钟	1分钟	2分钟	3分钟

室内空气温度		
烧杯外壁现象 （可画可写）		
我的发现：		

（三）反馈性作业

1. 下列不属于水的蒸发现象的是（　　）

A. 湿衣服晾干　　B. 眼镜起"雾"了　　C. 坑里的水变干了　　D. 手上的水烘干了

2. 做菜时，我们发现锅盖内壁会不断出现水珠。这个现象我们称为（　　）

A. 凝结　　　　　　B. 蒸发

C. 融化　　　　　　D. 结冰

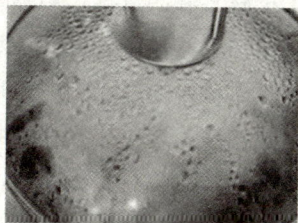

3. 用四个相同的烧杯装取相等的水量，置于下列环境中，水蒸发最快的是（　　）

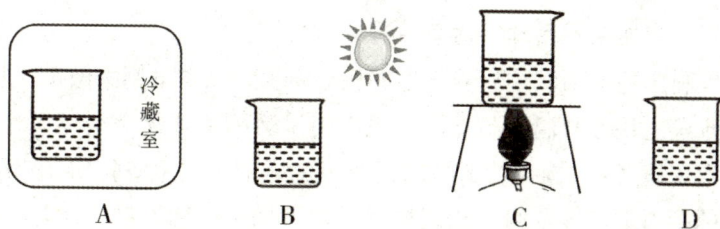

A　　　　　　B　　　　　　C　　　　　　D

（四）延伸性作业

夏天开着空调的汽车和寒冷冬天的汽车车窗上都会出现水珠，两者的水珠是在车窗的（　　）

A. 夏天在内表面，冬天在外表面

B. 夏天在外表面，冬天在内表面

C. 都在内表面

D. 都在外表面

［设计意图］通过多元化的作业，教师可以了解学生在本节课中的学习情况。同时，让学生巩固本节课探究内容，课后像科学家一样继续探究。培养学生综合运用所学的知识与技能解释水蒸发和凝结现象的能力和习惯。

【案例评析】

五年级的学生在实验过程中，应具有自主制订较完整的探究计划和设计控制变量的实验方案能力，初步具有改进实验的能力和制作简单装置的能力。因此，在本节课中教师采取"引、帮、扶、放"的方式，引导学生自主设计并改进实验，以此促进学生核心素养的发展。

一、以"发展核心素养"为教学设计理念

在本课的实验探究过程中，学生经历自主设计实验、自主尝试实验、自主更新实验的过程，培养学生把复杂的实验活动简单化、方便化、高效化的科学思维。学生刚开始设计的实验器材多、步骤多、耗时多。针对问题学生大胆思考，通过小组讨论后大胆设计和尝试，结合身边事物寻求解决问题的有效方法。在更换实验器材和改进实验方法后，实验简单易操作，数据变化动态呈现，省时高效。从某种意义上讲，学生解决问题的思维方法也会迁移到生活的各个方面，也是学生创新思维的体现，从而提升了学生各项综合能力和核心素养。

二、以"自主实践活动"为有效探究方式

如何在科学探究活动中培养学生的核心素养，在本案例中做了一些探索。在探究"水蒸发快慢与温度高低的关系"时，教师引导每个小组设计实验方案，学生自主思考："选择什么样的器材，怎样来做这个实验？"最开始学生会在教材的指引下，准备两杯相同质量常温下的水，用酒精灯加热，用温度计测量，分别加热至 40℃ 和 80℃。两杯水加热到相应温度后静置三分钟，再测量两杯水的质量，计算出两杯水减少的质量。学生对数据进行分析处理，归纳总结出水蒸发的快慢与温度高低的关系。然而，在这个实验中称量、加热、等待的过程费时太多，学生还得用温度计测量温度、用秒表计时，整个实验显得繁杂。这样操作的实验效率不高，不利于课堂实验活动的开展。在教师的帮助下，学生针对所遇到的问题展开讨论，出谋划策。学生根据生活材料对器材作了调整，把装水的烧杯更换为一次性塑料碗，碗要选择较平坦的，装上两碗质量相同、温度不同的水（热水和温水），放在两台精确度为0.01g的电子秤上，动态观察每碗水的减少过程。经过改进后的操作提高了实验效率，给学生留出更多的时间和空间观察科学现象，思考科学问题，提升探究兴趣，减轻学习压力。

三、以"多元化的作业"为启智增慧载体

依据作业的不同功能和不同维度，根据不同教学内容和学生的年级特点，科学设计多元化的作业，实现作业的育人功能，充分发挥作业启智增慧的载体作用。学生的旧知是学生掌握新科学概念不可缺少的部分。本节课设置了前测作业，了解学生在三年级时对水蒸发现象的掌握情况，既是对已学知识的了解，也是一种复习。过程性作业，旨在培养学生的观察能力、分析能力、实践能力、总结归纳能力。学生通过完成"水蒸发快慢与温度高低的关系"实验方案，亲历实验后记录数据，进行整理分析，发现温度越高水蒸发得越快，温度越低水蒸发得越慢。过程性作业是学生整个探究活动的大纲，有效指导学生开展探究实践活动。联系生活的反馈性作业，可以检查学生对"水蒸发快慢主要受温度影响"这一科学概念的掌握情况，还能对生活中水和蒸发现象进行本质性的解释。具有开放性和实践性的延伸性作业，可以激发学生善于思考生活中的水的蒸发和凝结现象，增强学生将所学的科学知识回归到生活的意识。

四、问题与研讨

通过学生自主参与探究、获取新知的过程，有效提升了学生的科学素养。但也存在着一些值得探讨的问题：

1. 自主过程中，如何让每一位学生的科学素养都得到提升？

2. 如何引导学生把创新思维迁移到生活中，学会创造性地解决生活中的问题，尽可能地把创新思维物化。

（纳溪中学附属河东小学　刘晓春）

【专家点评】

如何培养学生自主设计较完整的探究计划，设计控制变量的实验方案呢？本课例以"发展核心素养"为教学设计理念，多方位地为学生搭建了自主探究的脚手架。精心设计探究活动，科学选用实验器材，大胆改进实验方法，

引导学生自主设计并改进实验。根据教学内容和学生的年级特点，巧妙地设置了前测性作业、过程性作业和反馈性作业，通过"引、帮、扶、放"的方式，推进学生自主探究活动有效开展，促进了学生核心素养的发展。

课例 22 主题：生活化资源的开发利用

《光的反射现象》课例与评析

【教学背景】

本课是五年级上册第一单元"光"的第 6 课，主题是研究光的传播特点。本节课是继探究光的折射现象之后，继续探究光在传播过程中碰到障碍物会有怎样的变化，以及这样的变化有什么规律。本课的教学思路是通过光的镜面反射，让学生对光的反射有初步了解；通过反射实验让学生分析总结出光的反射有什么规律，知道入射光线和反射光线的关系，建立入射角与反射角的关系。拓展环节重在帮助学生建立理论与实践、课内与课外、自然规律与生活的联系，让学生意识到科学无处不在。教材重视引导学生自己动手进行光的反射实验，观察发现光的反射规律，并进行归纳概括。通过反复实验，让学生对光的反射现象产生兴趣。

学生对于光的反射概念不一定理解，但是对于光的反射现象是熟悉的，具有一定的学习基础。所以，在引入光的反射概念时难度并不大，对学生已有的知识进行凝练，可以促进学生的知识体系更加完善。教学中有难度的环节是学生自己动手发现光的反射规律。

【适用年级】

新教科版小学科学五年级上册

【核心概念】

3. 物质的运动与相互作用

【学习内容与要求】

3.3 声音与光的传播

5—6 年级：④知道来自光源的光或来自物体的反射光进入眼睛，能使人们看到光源或该物体。⑥知道光遇到物体会发生反射现象，光的传播方向会发生改变。

【教学目标】

1. 科学观念：（1）知道光碰到镜面会改变传播方向，形成反射现象。（2）知道反射光也是沿直线传播的。（3）知道我们之所以能看到物体，是因为物体上有光反射到眼睛里。

2. 科学思维：能根据生活情境发现光的反射现象，并提出探究问题及假设。

3. 探究实践：能通过实验发现光的反射规律。

4. 态度责任：（1）善于观察生活中光的反射现象，并产生探究的欲望。（2）科学严谨地对待实验，从实验现象中得出光的反射规律。（3）人们利用光反射原理发明了很多有用的器具，为人们的生活带来便利。（4）认识到自然事物的变化是有规律的。

【教学重难点】

重点：理解光的反射现象及其规律。

难点：分析实验结果得出光的反射规律。

【教学准备】

教师准备：教学课件、激光笔、玻璃水槽。

学生准备：手电筒、记号笔、白纸板、平面镜、实验记录单等。

【教学思路】

情境设置，聚焦问题→合理思考，大胆质疑→设计方案，男士创新→主动分享，集中修正→搜集证据，整理分析→归纳总结，形成观点→联系生活，表达交流→学以致用，拓展延伸

【教学过程】

一、聚焦问题

1. 教师通过镜子把光反射到天花板上。提问：咦！为什么向下照射的光跑到天花板上了？

2. 师生交流

（1）这种现象是怎样形成的？

（2）你能利用平面镜把射向左边的光照射到右边的玩具上吗？

3. 在活动中你有什么发现？

［设计意图］用平面镜把光反射到天花板上，创设学生比较常见又感兴趣的情景。在前概念的基础上有效地调动了学生探究光的反射现象的兴趣，也

引导学生直观地感受到光的反射现象，为引入光的反射概念做好铺垫。在导入的基础上，引导学生用平面镜照亮玩具，对于这种熟悉的活动，学生既乐于动手又信心满满。

二、探索活动

（一）作出假设

1. 光的反射现象会和光的折射现象一样有规律吗？

2. 分组讨论：你打算如何探究？

[设计意图] 通过对光的反射现象的观察，在上一节课"光的折射规律"的基础上，引导学生对光的反射规律提出推测。学生作出假设的过程，也是挖掘学生前概念的一个过程，可以充分地为后面如何开展教学活动提供依据。在讨论探究方法时，能充分发挥学生的思维能力和团队力量，对切实可行的探究方法可以进行合理评价。

（二）制订计划

1. 学生分组讨论实验方案，汇报总结。

2. 学生观看微课视频并分组实验，探索光的反射规律。

3. 学生观看微课视频，选择两个不同的角度照射平面镜，画出光的传播路径，帮助学生进一步探索光的反射规律。

[设计意图] 五年级的学生有一定设计实验的能力，在这一环节充分引导学生在组内讨论完成实验方案的设计，然后全班交流。学生提出的方案多数是便于观察却不太方便记录的方案，教师通过微课视频指导如何科学规范地进行实验。学生在经历头脑风暴后动手实验，培养学生用实验检验推测、寻找真理的意识。

（三）搜集证据

1. 根据入射光和反射光在白纸上画出光的线路图并画出法线，找到入射角和反射角。

2. 完成探索的小组在组内交流实验发现，然后在组内形成自己的观点。

[设计意图] 通过画光路图的方法，帮助学生发现并总结光的反射规律。培养学生的动手能力、搜集证据的能力。讨论环节，后进生先发表观点，中等生补充，优生总结发言，实现每位学生都尽量得到展示，探究能力得到最大发展。

（四）处理信息

1. 小组汇报实验中的发现，教师在白板上展示学生的记录单。

2. 对存在争议和不同的观点，教师引导学生重新实验，形成正确的认识。

[设计意图]汇报环节中特别注重对有不同观点学生的引导。如果有学生汇报的观点与期望得到的观点或与实际情况不符合，一定要关注学生汇报的理由，千万不能随意评价学生是对还是错。可以引导学生重复操作实验，找到正确的观点，引导学生深刻地认识到实验是检验真理的唯一标准。

（五）得出结论

1. 引导学生总结：反射光和入射光都沿直线传播，反射角和入射角相等。

2. 教师演示，进一步引导学生感受光的反射规律。

[设计意图]帮助学生通过自主实验、分析交流后，找到了光的反射规律：反射光沿直线传播，反射角等于入射角，进一步提升学生分析问题和总结归纳的能力。

三、表达交流

1. 说一说：生活中还在哪里见到过光的反射现象？

2. 能说出医生的额镜、司机的后视镜是如何反射光的吗？画出线路图。

[设计意图]学生从大脑里搜索生活中的光的反射现象，把课堂知识与课外事例结合起来，知道我们生活中处处皆科学，养成留心观察周围事物及自然现象的良好习惯。

四、拓展延伸

1. 观看视频，思考科学家们是如何利用光的反射原理测量地月之间的距离的？

2. 讨论：如何利用一面或两面镜子照亮书背后阴影里的玩具？

3. 说一说：这节课自己的收获："我知道了……我学会……我还发现了……"

4. 找一找：还有哪些地方利用光的反射原理便利人们的生活？

[设计意图]学生通过了解光的反射原理在生活中的运用，增强学生利用科学知识服务于生活、服务于人类的意识。同时，向学生介绍我国的激光测距技术，增强学生的民族自豪感。引导学生像科学家一样，利用光的反射原理照亮书背后阴影里的玩具。通过学以致用，增强学生应用知识的能力。最

后进行回顾，是对本节课知识的梳理，也是老师对学生掌握情况的了解。教师除了关注学生对知识点是否掌握、能力是否提升，还应该关注学生是否学会学习、道德素养是否提升。

五、思维整理

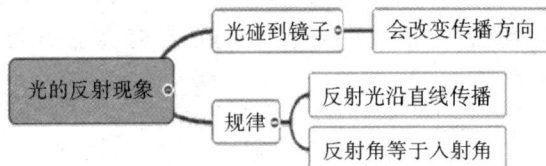

[设计意图] 板书力求简洁，突出重点。动态展示学生的认知过程：认识光的反射现象，探究光的反射规律，形成正确的科学观念。在思维整理中能有效地帮助学生构建科学概念，形成正确的科学思维。

六、作业设计

1. 玩镜子：你能想办法利用平面镜把射向左边的光照射到右边的玩具吗？说一说你有什么发现？

光碰到镜子后会_____。

2. 小组合作探究：想办法画出光遇到平面镜时的传播路径。

平面镜

我的发现：

3. 拓展运用

（1）画出医生额镜、司机后视镜上光的传播路径。

（2）试一试：利用一面或两面镜子照亮书背后阴影里的玩具。

利用光的反射原理，用一面或两面镜子把书背后的物体照亮，画出光路图。

（3）找一找：生活中还有哪些地方利用光的反射原理便利人们的生活？

例：潜望镜利用光的反射原理在海里观察海面上周围的情况。

　　利用光的反射原理。

　　……

［设计意图］整个作业设计以学生为主，引导学生亲历巩固探究活动的整个过程。帮助学生通过："感受光的反射现象→探索光的反射规律→了解光的反射原理的运用→应用光的反射原理完成项目任务→回归生活"的一个学习过程，有效促进教学目标的达成，帮助学生掌握光的反射概念和反射规律。

【案例评析】

"光的反射现象"是光学部分的重点内容之一，也是继探究光的折射现象之后的又一探究光学规律的重要实践活动，光的反射在日常生活中也有广泛的应用。因此，上好这节课对学生认识光的反射特点、了解光的反射原理及光的反射在生活中的运用起到至关重要的作用。

一、以"合理选择探究器材"作为设计理念

小学科学教育界的"泰斗"——章鼎儿老师曾说过："有教科书没有科学

探究活动材料是无法上科学的；有探究活动材料没有教科书不仅能上科学课，还能上出好课。"这充分说明有结构的实验器材才能使科学课堂的探索活动有效进行。本节课的教学重点是理解光的反射现象及其规律，教学难点是分析实验结果得出光的反射规律。要想突出重点突破难点，就必须为学生提供结构合理、方便操作、现象明显的实验器材，以实验器材为资源和载体，帮助学生从中感受科学知识、体验自然现象。

（一）合理选择或改进实验器材，让实验效果直观明显

实验器材是让学生获得科学现象、总结科学规律的载体，我们选择的器材实验效果必须是明显的、直观的与探究内容相符合的。探索光的反射现象实验中，选择什么样的光作为光源时进行了一定的思考。可以选择红外线激光笔的光作为光源，红外线在有烟雾的玻璃箱中或在有少量牛奶

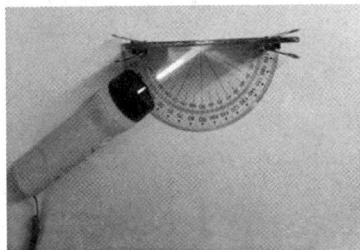

图 5—18

的玻璃水箱中，光的路径非常明显，便于学生观察现象。如果要在平面的物体上看到光的路径，很不好选择光的照射方向，角度不好就看不到光在白纸上的路径。学生操作有一定的难度，很难发现反射角和入射角相等，同时小学生使用红外线有一定的安全隐患，教师可选择红外线激光笔做演示实验。还可以选择普通的手电筒，但手电筒发射的光比较散，不方便学生观看光的传播路径。在本课教学中选择结合教材的方法进行一定的改进，用黑胶布遮住手电筒的部分光，留出一道细小的缝隙，这样的光源学生操作起来既方便又安全，实验现象明显，促进学生的科学探究活动高效进行。

（二）实验器材可操作性强，培养学生动手动脑能力

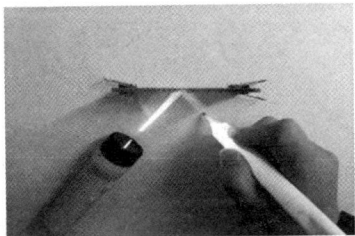

图 5—19

实验器材要在保证实验效果明显的基础上尽量降低操作难度，方便学生操作。学生才能够在动手的过程中充分进行思维碰撞和理性思考。如果教师准备的实验器材操作难度大，那么实验效果肯定是不明显的，实验效率也是不高的。本课引导学生在白纸上竖直放好一面平面镜，让手电筒贴近白纸照向平面镜，入射光和反射光在白纸上呈现出明显的路径，学生可以沿着光的路径画出光的线路图，进一步帮助学生发现反射角等于入射角，

为学生发现光的反射规律搭好脚手架。

（三）实验器材生活化，激发探究科学的兴趣

科学实验器材源于生活、贴近生活、回归生活也是新教材的特点之一。在本课中选择的实验器材是生活中最常见的平面镜和手电筒，学生体会到我们学习的科学知识就来源于生活，便会不自觉地在前概念的基础上投入探究活动中。这些器材除了在课堂上可以进行探究，还可以引导学生在课后进行实践，有条件的学生甚至可以建立家庭实验室。引导学生爱上探究、爱上科学，从生活出发培养学生利用科学知识造福人类的意识。

二、以"思政教育融入课堂"体现立德树人

教育的根本任务是立德树人。小学生的可塑性、模仿性比较强，这时期的思政教育对学生有举足轻重的作用。因此，在科学课堂中，科学教师要有意识地挖掘教材内容，有目的地进行课程设置，提升小学生在科学课堂中的思政素养。在《光的反射现象》这一课中，让学生通过观察白纸上光的传播路径，学生看到什么样就画成什么样。如果有学生画出与实际不符的线路，教师就提醒学生再次进行实验，形成正确的认识。引导学生知道科学规律是可以反复验证的，从而养成尊重事实的科学习惯。在小组探究活动中，画光路图的环节需要学生合作完成，每位学生都经历动手动脑的过程，有效增强了学生团队合作的意识。课堂上通过对各小组进行动态的评价，进一步增强学生的集体荣誉感。在拓展环节，用视频帮助学生了解科学家是如何测量地球和月亮之间的距离时，向学生介绍 2018年我国云南天文台多次探测到说背

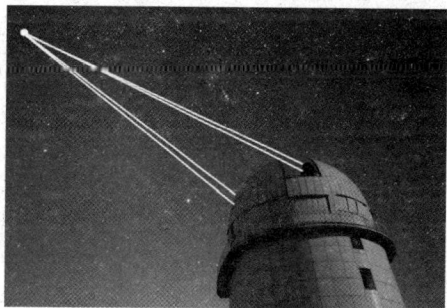

图 5-20

面反射器的脉冲信号，我国成为少数成功激光测距的国家之一，并且测距偏差在 1 米以内。学生观看视频后，自豪感油然而生，从小就在心里埋下为国争光的种子。

三、以"深入落实'双减'政策"实现提质增效

2021 年从中央层面要求落实"双减"政策，作为小学一线教师应首当其冲地让"双减"政策真正落地，尽量用最少的时间、最少的投入取得尽可能

多的教学效果。

（一）研读教参教材，优化课堂设计

新教材内容编排特点是以大概念为统领，围绕大概念以阶梯式一步一步呈现。科学教师要以课程标准为准绳，认真研读好教参，把握好教学目标，对教材进行合理的处理。在教学《光的反射现象》这一课中，学生的前概念里对光的反射现象有一定的了解和认识，学生对光的反射概念的理解比较容易，但对光的反射规律还没有形成一定的理性思维。因此，教学设计上重点突出对光的反射规律的探究，才能有效地完成教学目标。

（二）做好预备实验，提升实验效果

预备实验可以为正式实验摸索出最佳的实验方案，可以检验原实验设计的合理性、可行性，避免因实验设计不合理而盲目开展而影响实验效果。在探究光的反射规律实验过程中，提前做了多次实验，最开始在装有水（水中有少量的牛奶）的玻璃箱底部放一面镜子，用激光笔射向镜子，可以明显看到光的传播路径，但不方便记录现象，更不方便学生对实验数据进行分析。之后把实验方法进行了调整，在白纸上放上平面镜，用只有一道狭窄光束的手电筒照射平面镜。学生可以在白纸上清晰地看到光的传播路径，甚至可以沿着光的路径画出光路图，有效地帮助学生找到光的反射规律。

（三）利用信息手段，丰富教学资源

充分利用信息化手段辅助教学，为学生提供更为丰富的教学资源，化静为动，化难为易，声像结合、图文并茂地进行形象直观的教学活动。在指导学生探究光的反射规律时，教师录制了微课，让学生有步骤、有方法、高效率地完成了实验探究活动。展示环节，教师充分利用希沃授课助手，成功地分享每一组的探究发现，还可以通过直播把演示实验投屏到白板上，尽量调动每一位学生都投入到学习活动中。拓展环节，通过视频让学生清晰、直观地了解到科学家们是如何测量地月之间的距离。科学课融入了信息化手段后，课堂更高效。

（四）优化作业设计，促进高效探究

小学科学作业设计与实施是小学科学探究活动的必备环节，是达成科学教学目标，帮助学生构建科学概念，形成科学探究技能，积累科学探究经验，内化小学科学思想，培养科学素养的关键环节。在本课教学中，整个作业设计以学生为主，帮助学生亲历探究的整个过程。学生通过："感受光的反射现象→探索光的反射规律→了解光的反射原理的运用→应用光的反射原理完成项目任务→回归生活"的一个学习过程，是目标有效达成的主要作业活动，依托作业帮助学生掌握了光的反射概念和反射规律。

四、问题与研讨

本节课以"合理选择探究器材"为教学设计理念，从学生的生活环境出发，学生能在生活中合理选择一些易取的器材进行科学探究，但也存在着一些值得探讨的问题：一是如何培养当学生遇到自己想探究的科学问题时自主选取器材进行研究的习惯？二是学生在生活中进行科学探究时，社会和家庭是否会支持、配合、参与？三是如何优化课外拓展作业的设计，以发展学生解决生活中实际问题的能力。

（纳溪中学附属河东小学　刘晓春）

【专家点评】

本案例最大的优点是选择了与学生生活紧密联系的材料作为科学探究活动的有效资源，教师引导学生依托身边的材料逐步展开对"光的反射"规律的探究活动，有效地帮助学生发现"光的传播"规律。教师把直观的科学现象作为科学探究中实验材料改进的出发点和落脚点，实现了对实验材料的实践创新，具有很强的可操作性。这种来源于生活的实验材料符合学生认知规律，在科学探究中促进了学生探究能力和实践精神的发展。本节课在材料上开发与实践方法为一线教师深入解读教材、开发资源提供了很好的范本。

课例 23 主题：多元作业提升科学素养

《温度与水的变化》课例与评析

【教学背景】

本课是五年级下册"热"单元的第 1 课。热的物体温度高，冷的物体温度低，要分析和解决日常生活中的各种热学问题，就要从物体的温度变化和测量开始。如果要定量地描述温度，就必须有一套方法，这套方法就是温标。确定一个温标，首先要选择一种测温工具。国际标准规定：一个标准大气压下冰水混合物的温度为 $0℃$，水沸腾时的温度为 $100℃$。温度变化会造成水的

273

第五章　科学课例研究实例 ◆

三态变化，是什么导致了水的温度变化呢？我们持续给水加热，温度上升，直到沸腾，停止加热，水不再沸腾，温度下降。通过引导学生探究温度的变化和水的形态变化，学生了解到温度变化表示了热量在传递，完善"热量变化导致了物体温度变化"这一科学概念，并感受到科学探究的乐趣。

本课教材由四部分组成：第一部分——聚焦问题，开门见山，提出问题："我们已经观察过水的沸腾和凝固成冰的现象，水的这些变化与什么有关"？第二部分——探索活动，首先让学生回忆并整理水形态的变化与温度的关系；其次是学生设计和进行"在加热、持续加热和停止加热情况下，观察和记录水的温度变化和形态变化"的实验。第三部分——研讨活动，让学生在经历探究与观察活动的基础上，充分发表关于"水在被持续加热过程中，水的状态和温度发生了怎样的变化""停止加热后，水的状态和温度发生了怎样的变化"以及"水的沸腾过程跟什么有关"等问题的看法，希望学生发现水的温度、形态变化跟热量有关。第四部分——拓展活动，引导学生继续探索水从常温持续下降到0℃以下，以及从0℃上升到常温后，水会发生什么变化。作为热单元的起始课，本课以学生的前概念为起点，通过探究温度的变化和水的形态变化，了解到温度变化表示热量在传递，完善"热量变化导致了物体温度变化"这一科学概念，并感受到科学探究的乐趣。

作为教师，要更多认识和关注学生学习中的各种想法，找出学生持有的错误解读，组织主题明确、结构严谨、体验深刻的探究活动，帮助学生进行有意义的学习和探究活动。

学生常常感受着各种冷热变化的天气现象，而且在生活中接触到了很多热现象，但是通过探究获得的理性认识很少，对温度变化等热学基本概念的关注也相对较少。物体冷热的程度可以用温度表示，热可以造成物体形态的变化，热可以从温度高的物体传向温度低的物体等。学生对"温度""热量""内能"这三个重要科学概念容易混淆，概念的建构和概念之间的关系是模糊或错误的。

水是学生比较感兴趣的物体，许多学生都观察过水加热的过程。他们知道温度慢慢变高时，水会逐渐变热、沸腾。学生在三年级的学习中已经知道了水结冰时的温度和水沸腾时的温度，但是较难理解"水的温度、形态变化跟热量有关"。在本节课的学习中，学生将通过探究温度的变化和水的形态变化，了解到温度变化表示了热量在传递。

【适用年级】

新教科版小学科学五年级下册

【核心概念】

4. 能的转化与能量守恒

【学习内容与要求】

4.1 能的形式、转移和转化

5—6年级：③举例说出生活中常见的热传递现象，知道热从温度高的物体传向温度低的物体，从物体温度高的部分转向温度低的部分。

【教学目标】

科学观念：初步了解热是能量的一种表现形式，热量变化导致了物体温度变化。

科学思维：具有基于所学的知识，对研究问题作出假设，说明假设的依据。能在探究计划的引领下持续加热和停止加热，记录水沸腾后的温度变化和形态变化，用证据来检验自己的假设，发现水的温度、形态变化跟热量有关。

科学实践：能利用数据分析热量与水的温度变化、形态变化的关系，树立用证据说话的意识，主动研讨与交流，形成集体的观点。

态度责任：在好奇心的驱使下，表现出对现象发生原因的因果兴趣，养成认真仔细的实验态度。

【教学重难点】

重点：观察给水持续加热、停止加热和继续加热过程中，水的温度和形态发生的变化。

难点：根据实验现象，分析水的温度、形态变化与热量的关系。

【教学准备】

教师准备：教学课件、演示实验装置、作业记录单。

学生准备：烧杯、酒精灯、火柴、铁架台、石棉网、温度计、大小铁圈各1个、热水、湿布、记录单等。

【教学思路】

单元导读，引出思考→猜测活动，引出问题→梳理旧知，厘清关系→探索活动，观察实验→处理数据，制作图表→分析数据，推理论证→联系生活，深化认识→思维整理，引导应用

【教学过程】

一、聚焦问题

（一）单元导读

1. 引导：将手放到火焰附近时，我们会感觉到温暖，这是为什么呢？

（预设：原来手接收了火焰散发的热量）

2. 预测：如果将温度计放到火焰附近，温度计的视数会怎么样？

（预设：温度计的视数会升高）

3. 揭示单元内容：大家思考过这是怎么回事吗？让我们带着这些问题进入本单元"热"的学习。

［设计意图］结合学生的生活经验，用学生熟知的靠近火焰会感觉到温暖；温度计靠近温度高的物体，温度会上升等现象，激发学生对热现象的关注。单元导读将生活经验结合，紧扣了单元教学内容，也与本节课的学习内容紧密联系，从生活实例中激发学生的学习动力。

（二）课堂导入

1. 引导：老师这有两个塑料袋，请学生来摸一摸，猜一猜里面是什么东西？

2. 摸一摸：抽2—3个学生来摸一摸袋子里面的东西，描述摸到的东西的特点。第一个学生摸冰；第二个学生摸温水；第三个学生两样一起摸。

3. 猜一猜：两个袋子里面是同一种物质。说一说，里面是什么东西？

4. 教师揭示袋子里面的物体。（一袋是冰，一袋是温水）

5. 揭示课题：水有几种形态？同样是水，水是怎样变成冰的？是怎样达到沸腾变成（水蒸气）的呢？（板书课题：温度与水的变化）

［设计意图］用两袋不同温度、不同形态的水让学生感受，为活动一的知识梳理做了很好的铺垫。引导学生思考水的形态变化，回顾三年级学习的"水沸腾后变成水蒸气，水凝固后变成冰"等实验。通过学生思考"水的这些变化跟什么有关"，引导学生提出"给水加热""让水变冷"等想法，充分挖掘学生关于热学的前概念。

二、探索活动

（一）活动一：梳理水形态的变化与温度的关系

1. 聚焦问题：水形态的变化与什么因素有关？

2. 学生整理：水加热后，温度会（　　），达到（　　）℃时水沸腾，同时产生大量的（　　）；水散热后温度会（　　），降至（　　）℃时，水凝固变成（　　）。

预设：水加热后，温度会（上升），达到（100）℃时水沸腾，同时产生大量的（水蒸气）；水散热后温度会（下降），降至（0）℃时，水凝固变成（冰）。

板书：

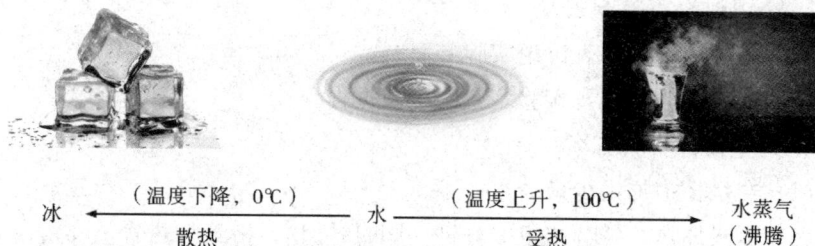

冰　◄────（温度下降，0℃）────　水　────（温度上升，100℃）────►　水蒸气
　　　　　　　散热　　　　　　　　　　　　　　　受热　　　　　　　（沸腾）

3. 验证：给水加热时水温和形态会发生变化。

［设计意图］探索活动一是学生梳理已经学习的水的形态变化与温度之间的关系。这部分知识在三年级上册已有了解，主要引导学生从水的形态变化与温度的关系方面去整理知识，思考在温度的变化过程中，水的形态也会发生变化，为后续探究活动打下基础。

（二）活动二：观察水加热时的变化现象

1. 提出问题

（1）教师引导：给水加热时，水的温度和形态会发生变化，怎样来证实我们的假设呢？

（2）学生交流实验的方法。（预设：加热、持续加热等）

［设计意图］直接指向本节课的探究活动，引发学生对加热、持续加热、停止加热时水的形态变化的思考和猜测。在猜测过程中，引导学生用实验的方式开展研究。

2. 教师出示实验材料（教材实验装置和改进实验装置进行对比）

教师引导：教材上使用三脚架作为实验装置，今天我们的实验装置改用铁架台，便于观察、记录。

（1）三脚架改为铁架台，方便挂温度计，将学生的双手解放出来；

（2）将温度计挂在铁架台上，温度计不会碰到烧杯底和烧杯壁。温度计是玻璃制品，远离加热物体，确保安全；

（3）酒精灯可以随时移出或者继续加热，方便移动，不影响铁架台上的其他实验材料和物品。

[设计意图]教师通过引导学生观看教材中的实验装置，然后观察教师提供改进后的实验装置，寻找实验装置改进后的优势，并对实验装置进行详细了解，为后续开展实验设计和实验的开展做好准备。

3. 小组讨论实验方案

（1）结合实验记录表讨论实验方案；

（2）播放视频，观看实验装置的组装过程。

4. 师生修订实验方案

（1）在烧杯中加入少量清水；

（2）给水加热，持续测量3分钟（同时计时），持续加热直至沸腾；

（3）沸腾后继续加热，持续测量水温3分钟；

（4）停止加热，持续测量水温3分钟；

（5）观察、记录水的温度和形态变化；

（6）整理记录表和统计图。

学生实验设计方案：

表 5-22   **"观察水加热时的变化现象"实验方案**

我们的猜测	加热过程中，水的温度会（　　），说明水（　　）热量；沸腾后继续加热，水的温度会（　　），说明水在持续地（　　）热量；停止加热后水的温度会（　　），说明水（　　）热量
实验材料	铁架台、酒精灯、温度计、石棉网、100mL 烧杯、500mL 烧杯、湿抹布、火柴
实验步骤	第一步：
	第二步：
	第三步：
	第四步：
	第五步：
分段	

时间	1分钟	2分钟	3分钟	4分钟	5分钟	6分钟	7分钟	8分钟	9分钟	10分钟
温度变化（℃）										
水的变化										
我们的发现	加热过程中，水的温度会（　　），说明水（　　）热量；沸腾后继续加热，水的温度会（　　），说明水在持续地（　　）热量；停止加热后水的温度会（　　），说明水（　　）热量									

［设计意图］学生在对实验方案的制定、交流中，厘清了该实验活动的步骤、需要注意的问题。引导学生在观看实验装置视频的活动中，进一步明白该实验的关注点和注意点，突出实验活动中学生应该完成的任务。

5. 强调酒精灯的使用

（1）杯内加水少于二分之一，以免水在沸腾的时候飞溅出来。

（2）撤走和移入酒精灯时注意安全。

（3）规范操作，以防烫伤。

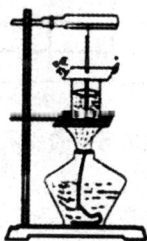

图 5—21　酒精灯实验图

6. 小组合作开展探究

（1）调整实验装置；

（2）同时开始探究活动，每1分钟做一次记录；

（3）同时记录10分钟的实验记录；

（4）完成一份折线统计图，分析数据。

7. 教师巡视指导，并提示先完成实验的小组可以把自己的想法记录下来，一会儿与其他学生交流。

［设计意图］给水加热、沸腾后持续加热、停止加热，观察加热后水的温

度和形态变化，对于五年级的学生来说是容易完成的。教师对教材中的实验进行了改进，即给水加热的过程、水沸腾后持续加热的过程、停止加热的过程三个阶段。这样设计既节约了时间，又完整地呈现了整个水加热的变化过程。教师通过安排一个学生统一计时的方式开展全班活动，也是对实验活动的一个统一、大胆的尝试。

三、研讨交流

1. 水在被持续加热过程中，温度发生了什么变化？停止加热后，温度发生了怎样的变化？水又发生了什么变化？

（1）指导学生对实验现象和实验结果进行分析和交流。

（2）学生根据实验现象和探究记录研讨温度变化的情况。

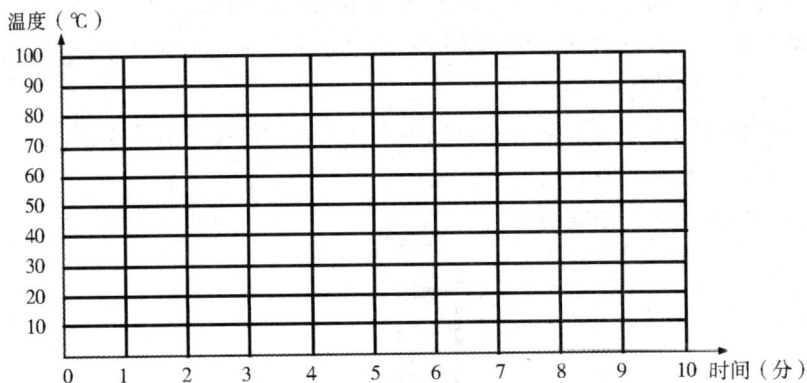

图 5-22　温度与水的变化折线统计图

（3）师生小结：热是能量的一种表现形式，热量变化导致了温度变化。水在被持续加热过程中，水的温度逐渐上升，在 100℃ 左右沸腾，剧烈地冒气泡，水量减少。水沸腾变成水蒸气。停止加热后，水的温度开始还保持在 100℃，之后水温慢慢降低。

（板书：水　温度下降　释放热量；水　温度上升　吸收热量）

［设计意图］研讨活动中，教师将科学数据与数学学科的折线统计图有机结合。学生在对实验数据的整理中，能很快发现水在加热、持续加热、停止加热的温度变化规律，从而更好地分析出温度变化是由于热量变化，反过来热量变化引起了温度的变化，更好地理解热也是一种能量。

2. 水的沸腾过程跟什么有关？

（1）提问：刚撤掉酒精灯时，水的温度还在 100℃，却不再沸腾了；再

280

次加热，水又沸腾了，说明水沸腾的现象跟什么有关？

（2）师生小结：只有提供热量，水才会沸腾。

（3）提问：当我们给水持续加热，100℃后水沸腾了，水的形态开始发生变化，这又是为什么？

（4）师生小结：水在吸收热量后，温度上升，形态发生变化。

（板书：热量——形态发生变化）

[设计意图]本环节主要是希望学生先通过分析实验现象和实验数据，得出"热量变化导致了物体温度变化"的结论。通过充分地交流研讨，引导学生发现水的温度、形态变化跟热量有关，得出"水在吸收热量后，温度上升，水在释放热量后，温度下降，这一过程中水的形态发生变化"的结论。

四、拓展延伸

1. 提问：水从常温持续下降到 0℃以下，以及从 0℃上升到常温后，水会发生什么变化？

2. 学生提出假设后，小组讨论实验方法。

[设计意图]课后拓展环节，目的是通过引导学生观察水的液态和固态之间的相互变化，帮助学生进一步理解"水的温度、形态变化跟热量有关"的概念。同时引导学生在课后继续关注或亲自实验中去进一步理解"热"这种能量形式。

3. 解读插图

（1）水以不同的形态存在于我们的大自然，请你找一找。

（2）是谁改变了大自然中水的形态？目前全球气候变暖，两极冰川融化，关于水资源，我们要保护好环境。

[设计意图]课堂最后出示教材中的插图，引领学生进入深度研究，发现大自然的水在不停地进行着三态变化，而这一切现象都是水在不停地吸热和放热，即热量是一种能量形式。在寻找大自然中水的三态变化过程中，教师要关注天上的云不是水蒸气，而是水蒸气凝结的小水珠或小冰晶。在课的最后，教师结合本节内容对学生进行思政教育。

五、思维整理

温度与水的变化

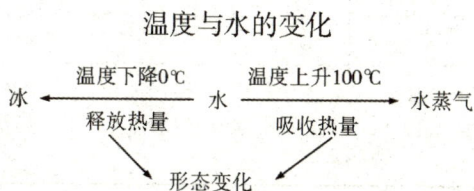

[设计意图] 板书设计将温度变化、形态变化和热量的关系结合起来,引导学生分析三者之间的关系,帮助学生更好地构建科学概念,促进学生对热能的理解。

六、作业设计

(一)梳理性作业设计

温度与水的变化

时间:_____   小组:_____

1. 活动记录1

水加热后,温度会( ),达到( )℃时水沸腾,同时产生大量的( );水散热后温度会( ),降至( )℃时,水凝固变成( )。

(二)过程性作业设计

2. 活动记录2

表5-23   **"观察水加热时的变化现象"实验方案**

我们的猜测	加热过程中,水的温度会( ),说明水( )热量;沸腾后继续加热,水的温度会( ),说明水在持续地( )热量;停止加热后水的温度会( ),说明水( )热量									
实验材料	铁架台、酒精灯、温度计、石棉网、100mL 烧杯、500mL 烧杯湿抹布、火柴									
实验步骤	第一步:									
	第二步:									
	第三步:									
	第四步:									
	第五步:									
分段时间	1分钟	2分钟	3分钟	4分钟	5分钟	6分钟	7分钟	8分钟	9分钟	10分钟
温度变化(℃)										
水的变化										
我们的发现	加热过程中,水的温度会( ),说明水( )热量;沸腾后继续加热,水的温度会( ),说明水在持续地( )热量;停止加热后水的温度会( ),说明水( )热量									

（三）融合性作业设计

温度（℃）

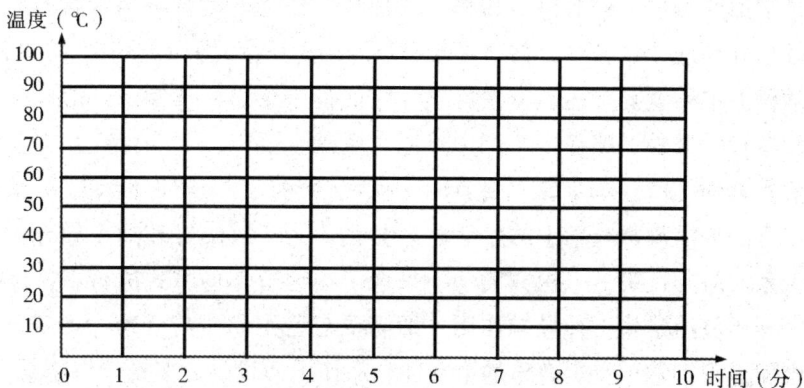

图 5-23　温度与水的变化折线统计图

［设计意图］本节课的作业设计包括了三个内容：一是梳理知识，二是探究活动方案、数据、结论的分析，三是对数据的融合性处理。三个作业层层递进，将三个作业设计处理在课堂探究活动中，对学生掌握本节课的科学概念有很好的帮助。

【案例评析】

《温度与水的变化》是小学科学新教材五年级下册四单元"热"的起始课。在本课教学中，教师站在儿童立场设计教学，以儿童的眼光开展课堂组织活动，激发儿童全程参与学习活动，促进课堂提质增效。

一、"儿童立场"是设计的基本理念

小学科学课程标准指出：小学科学教育要以儿童为中心，在科学探究活动中充分发挥儿童的主观能动性，促进儿童科学素养的逐步提升。《温度与水的变化》与学生的生活息息相关，如何站在儿童的立场设计教学？这是教师在研读教材中关注的焦点。结合本节课的教材特点、具体学情、目标内容，教师对以下方面进行了创新，着重落实"儿童立场"理念。一是教师紧密结合单元导读内容，设计与生活联系紧密的实例作为单元导读，实现与本节相关内容的一致性；二是对探究活动一进行了大胆设计，放手让学生在小组内完成知识梳理；三是对探究活动二的整个活动进行了创新，从方案设计到实验活动、数据处理都由学生合作完成；四是研讨活动中，主要采用学生交流分享的方式进一步梳理探究活动；五是拓展延伸部分紧密结合学生的生活实际，由学生自主分析、自主交流、提供认识。

二、"主动探究"是探究的主要方式

科学探究是学生获取科学知识，增强科学技能，提升科学素养的重要活动。教师处理好"教教材"与"用教材教"的关系，是落实学生主体的关键。科学学科的本质就是要让学生在科学探究活动中获得科学知识，形成探究技能，发展科学素养。那在本节课中，探究活动主要以"主动探究"为主要方式来落实教学工作。本节课主要有两个探究活动：一个研讨活动、一个拓展活动，这四个活动都与学生的生活联系紧密。为了解决好教师主导与学生主体的关系，教师在第一个探究活动中采取了小组合作的方式进行，这样的设计从一开始就给学生一种导向作用，即需要自己主动参与活动。第二个探索活动全面呈现了学生小组合作的重要性，从作出假设、方案设计、注意事项、开展实验、记录数据、整理数据、得出结论等环节中，每个环节都是学生自主与合作完成。研讨活动中，学生的自主交流与小组交流得到充分体现。拓展部分将学生在本节课中的科学理解推向更高层次。总体来看，学生的科学主体意识得到加强，主动探究意识得到夯实。

三、"多元作业"是推进探究的载体

科学课程的学科特点告诉科学教师们不可能用更多的时间来让学生完成科学作业，科学作业的设计需要教师从多角度、多层面去思考和设计。为了实现科学作业的检测功能，结合本节教学内容和学生的认知特点，将科学作业与探究活动紧密结合，促进科学探究活动的有效推进。一是将探究活动一作为梳理性作业，通过学生的合作交流完成，促进学生对知识的回顾，为后续学习做好充分的知识储备；二是过程性作业设计，为本节课的重点探究活动画上一个完美的句号，从探究活动开始到得出科学结论，学生都全程参与探究活动并完成探究作业，促进了探究活动的有效开展；三是融合性作业的加入，突出了本节课的教学与其他学科的有机融合，拓展了学生的视野，加深了学生对科学概念的理解，从本题目中寻找到科学数据的规律，发现能量的变化规律。

四、问题与研讨

本节课虽然站在学生的立场开展课堂教学设计、组织课堂教学、引导学生开展科学探究活动，但是也存在着以下值得研讨的问题：一是教师引导学生开展探究活动的深度上还有待进一步加强，比如数据的规律分析；二是教师在放手让学生开展自主、合作探究的过程中，放的程度还不够，比如学生全过程参与活动的广度上有待提高；三是学生自评与互评上需要进一步落实，因为评价是促进课堂深化的重要杠杆。

（泸县兆雅镇杨九学校　熊小平）

【专家点评】

本案例最大的优点是以设计"多元化"的作业为载体来推进水的"热量、温度、形态"三者之间关系的科学探究活动，有效地帮助学生理解"热量变化导致物体温度变化，物体形态变化又取决于温度变化等"。在过程性作业设计中，把探究性作业与实践性作业相结合，充分体现科学学科作业的自主性、开放性、实践性，让学生养成自主探究的学习习惯，培养了学生的观察能力、分析能力和实践能力。该作业的设计直接指向学生科学学科核心素养的发展。

第三节　地球与宇宙科学实例

新教科版小学科学教材中，关于"地球与宇宙"领域的教学内容，主要包括"我们的地球家园""天气""太阳、地球和月亮""岩石与土壤""地球表面的变化""环境与我们""地球的运动""宇宙"这 8 个单元，共 59 个课题。对于小学生而言，本部分教学内容比较抽象和深奥，教学时可结合班级学情，按照"学课标—析教材—找材料—选方法—频模拟—勤思考—广交流"的教学思路，设计和实施教学，引导学生在学习、探究、实践、思考中认识宇宙，了解地球家园。为更好地帮助广大一线科学教师开展"地球与宇宙"领域的课例研究，本小节以新教科版小学科学教材四年级下册"岩石与土壤"单元中的《认识几种常见的岩石》和《岩石的组成》两课为例，提供课例研究范本。

课例 24 主题：多种方法培养观察能力

《认识几种常见的岩石》课例与评析

【教学背景】

《认识几种常见的岩石》是新教科版小学科学教材四年级下册"岩石与土

壤"单元的第 2 课。在上节课中，学生学会了初步观察和描述岩石，理解了研究岩石和土壤的意义，并对研究岩石和土壤产生了一些兴趣，掌握了一些观察物体的方法，为本课观察岩石打下了基础。通过本课的学习，学生将更仔细、更科学地观察和研究岩石。本课教学，重点引导学生用多种科学方法观察和描述几种常见岩石——花岗岩、砂岩和大理石的特征。不仅要观察和描述岩石的颜色、形状等外部特征，还要像科学家那样用多种观察方法，从多方面详细观察岩石，从而更全面地了解岩石的特征。通过本课的学习，学生不仅可以了解几种常见岩石的特征，进一步提高他们的科学探究能力，而且还可以像科学家一样，从多角度和用多种方法观察和认识岩石，为以后观察矿物和制作岩石、矿物标本打下基础。

【适用年级】

新教科版小学科学四年级下册

【核心概念】

10. 地球系统

【学习内容与要求】

10.3　岩石和土壤

3—4 年级：③学会通过观察和使用工具，比较同岩石的颜色、坚硬程度、颗粒粗细等特征。

【教学目标】

科学观念：通过观察比较，了解花岗岩、砂岩、大理石的特征。

科学思维：认真观察花岗岩、砂岩、大理石，通过交流、比较、分析，概括出花岗岩、砂岩、大理石的特征和观察岩石的方法。

探究实践：会借助参照物，采用比较花岗岩、砂岩、大理石的特征进行观察；会使用简单工具对花岗岩、砂岩、大理石的特征进行更细致的观察；会用科学词汇描述、记录岩石特征。

态度责任：积极参加观察岩石特征的探究活动，保持对岩石的研究兴趣，认识到认真、细致地观察、比较、描述和记录是十分重要的，在活动中愿意与学生合作观察，互相交流。

【教学重难点】

重点：会使用感官和简单工具对花岗岩、砂岩、大理石的特征进行观察，并用科学词汇描述、记录岩石的特征。

难点：学习并初步掌握观察岩石的科学方法。

【教学准备】

教师准备：花岗岩、砂岩、大理石标本、教学课件。

学生准备：花岗岩、砂岩、大理石标本、放大镜、手电筒、小刀、铜钥匙、记录单。

【教学思路】

观看视频→引出问题→拟订计划→初步观察→深入观察→交流认识→布置拓展

【教学流程】

一、聚焦问题

1. 出示一个大岩石的图片。谈话：岩石随处可见，如果看到这样一个大岩石，你有什么想法吗？（学生交流）

2. 学生看视频《李四光与大石头的故事》。

3. 教师：岩石的种类繁多，它们的性质也多种多样。让我们了解一下几种常见的岩石有什么特征。可以从哪些方面观察岩石？怎么观察？

4. 引出课题：认识几种常见的岩石。

［设计意图］俄国教育家乌申斯基说："注意正是那一扇外部世界进入到人的心灵之中的东西所要通过的大门。"小学生对科学家的故事很感兴趣，《李四光与大石头的故事》与教学内容有关，激发学生学习的兴趣。

二、探索活动

（一）拟定观察计划

出示 3 种岩石图片。

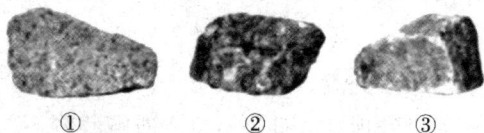

①　　　　　　②　　　　　　③

教师：你想从哪些方面观察这 3 种岩石呢？你观察的工具是哪些呢？

学生：思考并回答。

教师：根据学生的意见，我们准备从以下几方面观察（见表 5-24）：

表 5-24　　　　　　　　　　花岗岩、砂岩、大理石的特征

岩石	颜色	有无层理、气孔斑点、条纹	光滑	组成岩石颗粒是什么样子的			光泽	软硬
				大小	颜色	结构		
①								
②								
③								

观察的工具有：

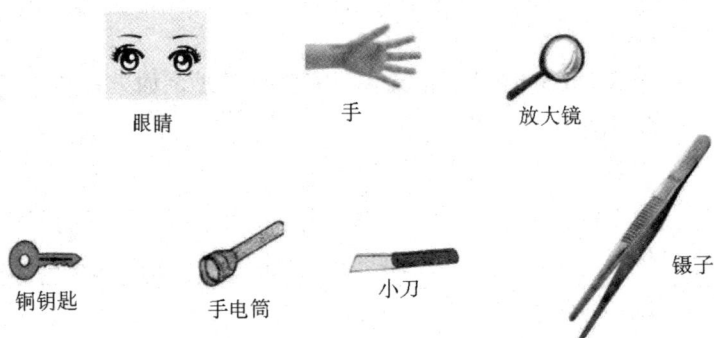

眼睛　　　　　　　　手　　　　　　　放大镜

铜钥匙　　　　　　手电筒　　　　　小刀　　　　　　镊子

学生：检查观察工具是否都准备好了。

［设计意图］观察岩石之前引导学生先拟定观察计划，准备好观察工具，这主要引导学生认识到不要盲目做事，要养成有计划、有目的地做事的品质，为观察岩石做准备。

（二）探索活动一：初步观察 3 种岩石标本

教师：请学生先用肉眼观察，再用手观察，并在小组内讨论这 3 种岩石分别有哪些特征。

学生：分组观察，汇报交流。

教师：通过观察，你发现这 3 种岩石分别有哪些特征？

预设：

学生 1：我观察到①号岩石有很多种颜色，②号岩石是灰白色的，③号岩石是黑色的，而且有点反光……

学生 2：我观察到③号岩石摸起来滑滑的，②号岩石摸起来比较粗糙……

小结：可以通过肉眼观察到岩石表面的颜色以及是否反光，能用手摸出岩石是否光滑。

［设计意图］引导学生用肉眼和手观察3种岩石，引导学生对几种岩石的外部特征形成初步认知，为后面更细致地观察这3种岩石标本做准备。

（三）探索活动二：更细致地观察这3种岩石标本

1. 观察岩石的颗粒大小和组成物质

教师：用放大镜观察三种岩石标本，它们是由颗粒组成的吗？颗粒大小是否一样？可以看出是由一种物质还是多种物质组成的吗？

出示颗粒细密、颗粒粗疏、颗粒粗大的不同岩石图片，请学生对这3种岩石颗粒的大小、结合紧密程度进行描述。教师及时纠正学生描述中的不恰当说法，确定描述颗粒大小及结合紧密程度的词语。

学生：分组观察，汇报交流。

小结：①号岩石的特征是颗粒粗大，有3种颗粒，颜色有浅肉红色、灰色和白色；②号岩石的特征是颗粒细密，只有1种颗粒，颜色是灰白色；③号岩石的特征是颗粒细密，有2种颗粒，颜色是深灰色和浅灰色（根据观察的岩石不同可能会有区别）。我们发现是这些颗粒组成了岩石。

2. 观察岩石光泽程度

教师：我们之所以能够看到物体，是因为物体能够反光，但不同物体反光的能力是不同的。

学生：在教师指导下用手电筒照射每一块岩石，比较它们的光泽程度并进行排序。

教师：引导学生用"耀眼""很亮""暗淡""不够亮"等词汇进行描述，并将结果记录在表格中。

学生：汇报观察结果。

小结：①号岩石是不够亮的；②号岩石是暗淡的；③号岩石是很亮的。

3. 观察岩石的硬度

教师：我们通常都用"坚硬"一词来形容岩石，所以硬度也是岩石的重要特征之一，关于岩石的硬度，你知道哪些知识呢？

预设：金刚石是世界上最硬的岩石……

教师：这三种岩石哪个较硬，哪个较软呢？

谈话：地质工作者在野外鉴别矿物硬度时常用的方法是用指甲、铜钥匙、小钢刀作为测试工具展开观察，请你阅读资料，说一说如何用这些工具测试岩石的硬度。

学生：阅读资料并相互纠正完善测试方法。

教师：确保学生真正明白了测试方法后，分组对岩石进行测试，将结果记录在表格中，并提醒学生一定要注意安全。汇报观察结果。

小结：根据我们的测试，这三种岩石的硬度为：①号岩石硬；②号岩石较硬；③号岩石较软。

[设计意图] 学生在活动一中已经观察到一些岩石的特征，例如光滑程度、颗粒大小等，在活动二中将它们联系起来，使学习更具连贯性。但是因为细致观察岩石的方法较多、步骤较多、操作较复杂，学生的基础又比较薄弱，所以教师应加强指导，以降低学生的学习难度。

三、研讨交流

1. 问题1：交流观察结果，花岗岩、砂岩、大理岩各有哪些特征？

学生：小组内交流。

教师：根据探究，3种岩石分别是什么？

学生：（预设）3种岩石分别是：①号岩石是花岗岩；②号岩石是砂岩；③号岩石是大理石。

教师：指导学生进行观察成果汇报，小组间评价交流。引导学生用科学的词语有条理地描述岩石的特征，归纳分析班级内各组观察记录表，比较不同岩石的不同之处。

学生：观看介绍3种岩石的视频。

小结：岩石是很复杂的，科学家在研究岩石的时候，只研究一块岩石是不严谨的，要通过大量的研究才能确定一种岩石的特征是怎样的。

[设计意图] 借助问题1的讨论，让学生初步掌握我们该如何描述岩石的特征，发现同一种岩石的特征不一定是完全相同的，但它们一定有很多相同之处。这个问题的讨论也在为问题2打下基础。

2. 问题2：我们如何去观察、描述一种未知的岩石呢？

教师：指导学生根据本节课中用到的观察、描述岩石的方法，说一说我们如何去观察、描述一种未知的岩石。

学生：交流。（交流中，教师尽量引导学生把观察内容、方法和描述方法说详一些。）

[设计意图] 问题 2 是对前面学习内容的应用，旨在检验学生是否掌握了观察、描述岩石的方法，能否用学过的方法解决新问题，将应用与研讨相融合。

四、拓展延伸

教师：拿出一块花岗岩，放在实物投影下。这是一块花岗岩，刚才我们已经观察了它表面的样子，它的内部又是什么样的？借助小钢锉，我们可以怎样进行研究呢？

学生：（预设）我们可以用小钢锉锉岩石，观察粉末……

教师：如何用小钢锉锉花岗岩，观察粉末特征。（教师演示锉花岗岩）

学生：小组内合作观察花岗岩的粉末。

教师：同学们发现了花岗岩的粉末有什么特点？

学生：（预设）观察到花岗岩的粉末有不同的颜色，说明花岗岩内部也是由不同的物质组成。

小结：我们锉下花岗岩的粉末就是为了进一步认识岩石的组成物质，下节课我们继续研究岩石的组成。

[设计意图] 学生在用眼看、用手摸、用光照等方法对岩石进行观察后，对岩石的外部特征有了较全面的认识。本环节是引导学生进一步认识岩石是由颗粒组成的，是引导学生在小组合作中锉下花岗岩的内部颗粒单独观察，在让学生深入探究岩石的同时，也为下一课观察花岗岩的组成奠定基础。

五、思维整理

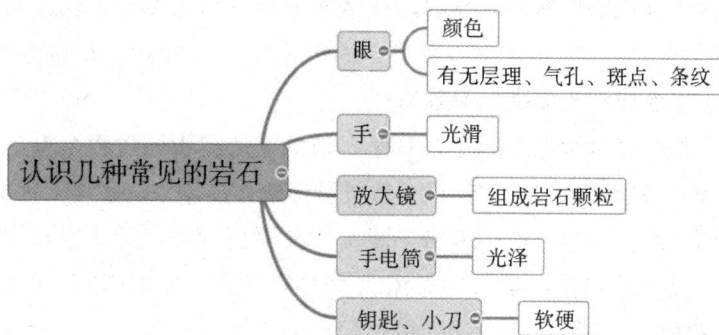

[设计意图] 科学思维培养是科学课程核心素养的重要组成部分，是小学

科学课堂的重要组成部分。教师在教学活动中可利用符号、绘图或列表，揭示学习材料之间的关系，对突破教学重难点方面起着至关重要的作用。本图就是在学生对岩石应用多种感觉进行观察，对岩石的特征有了较全面的认识后，帮助学生理清本课观察方法和岩石特征。

六、作业设计

表5—25　　　　　　　花岗岩、砂岩、大理石特征记录表

岩石	颜色	有无层理、气孔、斑点、条纹	光滑	组成岩石颗粒是什么样子的			光泽	软硬
				大小	颜色	结构		
①								
②								
③								

[设计意图] 新课程改革纲要将合作精神与能力发展作为学生成长的重要培养目标。课堂教学中的生成性、建构性也要求学生必须加强合作，学会合作。因此，本作业在设计时，注重学生在小组内或多人合作中共同完成，在巩固新知的同时，进一步强化岩石的观察方法，掌握岩石的特征。

【案例评析】

《认识几种常见的岩石》是新教科版小学科学教材四年级下册"岩石与土壤"单元的第2课。四年级学生已经掌握了一些观察物体的方法，这些方法可以作为本课岩石观测的基础。同时，观察岩石有其独特的观测方法，这些方法对学生来说是陌生的，但它们是在课程中学习和获得知识以及发展能力所必需的。

一、小组合作利于提高学习效率

小组合作学习是学生之间互帮互学、彼此交流知识的过程，也是互爱互助、相互沟通感情的过程，它使每一位成员都融入集体中，增强了集体意识。本课例采用小组合作学习，小组每个成员积极参与到学习活动中，并且每个成员都带有极大的热情，学习任务由大家共同分担、集思广益、各抒己见，人人都尽其所能。这样，问题就变得比较容易解决了。合作学习为每位学生参与学习提供良好的氛围，为发展学生的合作品质、提高学生的综合素质以及终身学习的能力打下坚实的基础。

二、教师引导利于掌握观察方法

本课教学中，一些学生不熟悉独特的岩石观测方法。针对岩石观测步骤多、学生基础相对薄弱的问题，教师应加强辅导，减少学生学习困难。在这项课例上，教师对观察岩石有一些指导，从什么方面观察，用什么工具观察，怎么使用工具，以及用什么语言来描述观察到的现象都有了指导。在教师的指导下，学生进行了观察活动，学会了观察岩石的方法。在小组合作学习中观察岩石，并以小组的表现作为评价标准，共同完成学习活动。学生在小组中一起观察岩石，讨论用什么词来描述观察到的岩石特征，从而加强学生之间的情感交流，改善人际关系，帮助学生发挥最高水平。

三、恰当作业推动学习成效评价

《义务教育科学课程标准》（2022年版）强调作业具有重要的评价功能。本课例教师设计了观察岩石的一个小组活动记录表。该表是引导学生从多角度去观察岩石。学生通过小组合作完成记录表的观察过程，就是学生科学观念形成的过程，学生能够在活动中体会到成就感。当完成一项观察内容时，成就感能推动其主动进入下一个学习活动。

四、问题与研讨

该课例教师引导学生观察了几种常见的岩石。由于观察的方法和内容很多，还有如下问题值得研讨：一是如何更好地控制课堂上每个环节的教学时间，二是如何更好地指导学生进行科学观察活动，三是怎样检测学生已经掌握了相应观察方法。

（泸州市龙马潭区永寿学校　周玉林）

【专家点评】

本课在教学设计上力求以学生为主，提升学生科学核心素养。教师根据学生已有的知识经验和生活经验，为学生准备了各种不同的岩石，在认识岩石的过程中，重在指导学生掌握正确的研究方法，让学生有目的、有方法地观察岩石，对观察到的信息进行综合处理、分析，像科学家一样经历一个科学的观察过程。学生在掌握观察方法和技能的同时，构建起"不同种类的岩石在结构和构造上有不同特征"的科学概念。

课例 25 主题：在探究中掌握观察方法

《岩石的组成》课例与评析

【教学背景】

本课是新教科版四年级下册"岩石与土壤"单元的第 3 课。通过前面一课的研究，学生已经初步认识了岩石和土壤的不同，并能用放大镜、手电筒、小刀等观察几种常见的岩石，对岩石的特点有初步的感知。本课则是在认识了岩石的基础上认识矿物，知道岩石都是由矿物组成的，在学生心中构建起岩石与矿物既有区别又有联系的科学观念。

本课由四部分组成：第一部分——聚焦。直击问题，指出岩石都是由矿物组成的，今天我们来认识和研究矿物。文本中这个问题出示得很直接，但在教学中我们却要适当引导，才能让学生更好地掌握它们之间的区别和联系。第二部分——探索。通过观察花岗岩，发现花岗岩由多种颗粒组成，这些颗粒就是矿物，从而引导学生运用感官和工具，从颜色与条痕、透明度与光泽、硬度与形状等方面研究三种矿物。这部分是本课的重点和难点，怎样让学生有效地观察研究需要教师仔细思考。第三部分——研讨。在观察研究了矿物的基础上，让学生思考岩石与矿物的区别和联系。通过交流讨论、思维碰撞构建起有关岩石与矿物的科学观念。第四部分——拓展。今天观察研究的只是三种矿物，而自然界中的矿物却是多种多样。为了给学生建立矿物多样化的观念，让学生认识其他几种常见矿物是很有必要的。

经过前面的学习，学生已初步掌握了观察及描述岩石的颜色、软硬、光泽等特点的技能，为本节课如何观察矿物打下了一定的操作基础。矿物对于学生而言是比较陌生的，学生在日常生活中较少接触到"矿物"这一概念，但在实际生活中，我们离不开各种矿物，也经常在生活中听说过一些常见矿物的名字。但是如何观察矿物，矿物与岩石又有什么区别？矿物的鉴别方式与鉴别岩石又有什么不同？本课教学将在学生掌握鉴别岩石的方法基础上，补充学习矿物的鉴别方法，并重点对组成花岗岩的三种矿物进行探究。引导学生运用已学到的鉴别技能对陌生的矿物进行鉴别，一是考验学生对鉴别矿物技能的掌握程度，二是引导学生进一步地体验地质工作者的日常工作。

【适用年级】

新教科版小学科学四年级下册

【核心概念】

10. 地球系统

【学习内容与要求】

10.3 岩石与土壤

3—6年级：③知道地球表面覆盖着岩石，岩石是由矿物组成的。

【教学目标】

1. 科学观念：（1）岩石都是由一种或几种矿物组成的，花岗岩就是由石英、长石和云母3种矿物组成的。（2）不同的矿物具有不同的形态特征，颜色、条痕、透明度和光泽是识别矿物的重要依据；知道矿物条痕的颜色比外表的颜色更可靠。

2. 科学思维：（1）认识到矿物和岩石是组成地壳的重要物质，与人类关系密切。（2）认识到矿产资料是大自然留给我们人类的宝贵资源。

3. 探究实践：（1）会用感官和工具观察花岗岩的组成。（2）能够用科学方法观察矿物的颜色和条痕、透明度和光泽、硬度和形状等特征。

4. 态度责任：（1）培养学生对矿物观察研究的兴趣。（2）认识到认真、细致地观察、比较、记录、描述是十分重要的。

【教学重难点】

重点：掌握观察研究矿物的一些基本方法，并用科学的语言描述矿物的特征。

难点：能用科学的方法观察矿物的条痕、透明度和光泽等特征。

【教学准备】

教师准备：多媒体课件（含介绍岩石和矿物的图片、视频）。

学生准备：花岗岩、石英、长石、云母标本，矿物标本盒、白色无釉瓷板、手电筒、金属、玻璃、丝绸和泥土。

【教学思路】

找出错误，引出矿物→观察岩石，找出矿物→运用工具，观察矿物→研究比较，岩石矿物→拓展认识，其他矿物→思维整理，形成观念→精简作业，巩固提升

【教学流程】

一、聚焦问题

火眼金睛：找出书写错误的岩石或矿物名称。

教师：我们来看一组岩石和矿物的名称，大家用自己的火眼金睛找一下哪个打错了。

花岗岩　石英　长石　云母　大理石　石盐　石碙

预设：大多学生可能会认为"石盐"错了，因为我们生活中吃的是"食盐"。其实这里错的不是"石盐"，而是"石碙"，正确写法是"石膏"。

［设计意图］学生在生活和学习中认识到"食盐"是一种常见的调味品，但今天我们认识的却是"石盐"，是不是写错了呢？教师告诉学生这并没有写错，那它是什么呢？联系里面有个"石"字，学生可能想到这是一种岩石。教师再告诉他们，这不是岩石，而是组成岩石的矿物，从而引导学生明白我们今天要研究的是像"石盐"这样的矿物。

二、探索活动

（一）活动一：观察岩石，找出矿物

教师：石盐是一种矿物，那矿物与上节课我们认识的岩石有什么关系呢？我们来看看这几幅图片，大家知道这是什么吗？

预设：有学生可能会说这些是花岗岩，有学生可能会说这些是大理岩。教师引导学生仔细观察，会发现这些岩石上都有很多斑点，我们叫它花斑。有花斑的岩石，你觉得应该是花岗岩还是大理岩呢？学生很容易就想到叫花岗岩应该更恰当。

教师：是的，这些都是花岗岩。请同学们马上拿出 1 号小袋里的花岗岩标本，仔细观察，看看它有几种颗粒？这些颗粒分别有什么特点？它们都是什么呢？大家猜一猜。

预设：可能有学生只找到黑与白 2 种颗粒，要引导他们仔细找出第三种；可能有学生会找到 3 种以上，引导学生仔细观察会发现其实有些颜色不太一样但是相近，它们可能是同一种。

教师：你们找到的是哪几种颜色的颗粒？你觉得这些颗粒是什么呢？

预设：这应该就是我们前边所说的矿物吧？

教师：同学们真聪明。今天，就让我们一起来研究岩石中的这些矿物"颗粒"吧！翻到科学书第 47 页，把第一句话读一读："所有的岩石都是由矿物组成的，有些岩石由多种矿物组成，有些仅由一种矿物组成。"

[设计意图] 教材上的聚集只有一句话，如果直接就让学生勾画出这一句话，没有任何的引导，学生可能会记住，但却没有思考和理解的过程。学生通过观察花岗岩发现花岗岩都是由多种颗粒组成的，而这些颗粒基本上都是红色、黑色、白色，具有相似性，从而引出本节课所要研究的对象——矿物。这样既与上节课的知识相衔接，又引导得很自然，把矿物和岩石的关系在一开始就进行了渗透，后面的研讨环节学生很容易就知道岩石与矿物的关系了。

（二）活动二：运用工具，观察矿物

1. 进一步观察花岗岩

教师：所有的岩石都是由矿物组成的，有的矿物由一种矿物组成，例如石英岩、大理岩；有的由多种矿物组成，例如花岗岩，它由 3 种矿物组成，分别是石英、长石、云母。（通过课件视频展示花岗岩的形成和作用，再用图片展示三种矿物在花岗岩上的分布。）

2. 初步认识石英、长石、云母

课件上用图片展示石英、长石、云母的图片，让学生初步认识这 3 种矿物。我们上节课学习了如何观察岩石，而矿物的观察方法和岩石的相似，矿物的观察主要从颜色、条痕、软硬、透明度、光泽等方面进行。

[设计意图] 让学生明确岩石是由矿物组成的，花岗岩就是由石英、长石和云母 3 种矿物组成。引导学生明白观察矿物的方法与观察岩石差不多，为接下来从多个方向观察打下基础。

3. 观察矿物的颜色和条痕

教师：首先我们来观察矿物的颜色和条痕。你知道什么是条痕吗？外表的颜色与条痕颜色完全一样吗？哪一种颜色更可靠呢？（播放视频）

[设计意图] 引导学生在书上找到答案，矿物条痕就是在白色无釉瓷板上摩擦后留下的颜色，强调条痕是一种颜色。教师再抛出一个问题："外表颜色与条痕颜色完全一样吗？"通过视频播放让学生认识到外表颜色与条痕颜色不一样。黄铁矿、黄铜矿、黄金矿外表都是黄色，但在白色无釉瓷板上摩擦后留下的条痕，只有黄金矿的颜色是金黄色，黄铜矿和黄铁矿的条痕都是绿黑色。接着让学生再思考，为什么外表的颜色与条痕的颜色不一样呢？学生可能会想到外表受了环境的影响，所以与条痕颜色不一

样。既然外表受了影响，那条痕颜色才是更可靠的，使学生能更深刻地认识到矿物条痕是矿物鉴别过程中的重要依据，比光看矿物外表颜色更为可靠。

4. 观察矿物的透明度和光泽

怎样观察矿物的透明度和光泽呢？我们先观看微课视频，再看老师演示。

［设计意图］四年级的学生对于实验探究有浓厚的兴趣，对一些概念却不是很清楚，有些概念只有老师直接告诉他们。比如透明度和光泽，通过微课视频，既能学习到什么是透明度和光泽，也知道怎样观察透明度和光泽，还知道有哪些类别。再通过老师亲手演示，让学生更好地掌握怎样观察透明度和光泽。光泽其实是一种参照，通过让学生观察金属的反光和玻璃的反光，再让学生将几种矿物的反光与金属的反光、玻璃的反光作对比，看与哪一种反光更像更接近。如果与金属反光更接近我们就叫它金属光泽，如果与玻璃反光更接近我们就叫它玻璃光泽。

5. 观察矿物的软硬

上节课我们学习过用工具来观察岩石的软硬，你还记得吗？

［设计意图］通过回忆上节课的知识运动到本节课，既节省了时间，又巩固了知识。

6. 分组活动

各组按刚才老师的方法和视频中的操作，分别对2、3、4号小袋中的3种矿物进行观察，分别从颜色和条痕、透明度和光泽、软硬等方面进行观察，观察时可借助白色无釉瓷板、手电筒、玻璃等工具，边观察边记录边思考这是什么矿物？提示学生实验时注意安全，尤其是小刀的使用。

［设计意图］四年级的学生对于实验探究有浓厚的兴趣，如果一直由教师进行讲解或演示，则可能会使学生产生疲惫，所以在教师演示了操作方法后，让学生根据要求分组进行探究，有利于他们认识矿物的特点。教材上也有关于石英、长石、云母3种矿物的描述和图片，让他们边观察边对比边猜测矿物的名称，有利于他们进一步认识矿物的特点。对于一些实验和判断的细节要进行强调，同时提醒学生注意实验安全，尤其是用小刀刻画时要注意安全，不要弄伤自己。

三、研讨交流

1. 学生说说2、3、4号小袋里装的分别是什么矿物？它们都有什么特点？展示记录单，汇报观察发现，学生及教师注意描述的准确程度，全班相互交流。

2. 教师与学生一同整理归纳总结石英、长石、云母 3 种矿物各自的特征。

3. 岩石和矿物有什么区别和联系？

［设计意图］通过让学生分享自己的记录，对 3 种矿物的特点进行描述与总结；通过让学生回顾对矿物的观察过程，使学生对矿物的观察、判断会有更深刻的理解和更好的掌握。同时认识到岩石是由矿物组成，但与矿物又不一样，岩石一般是固体的，而矿物却有液体和气体，如石油和天然气。

四、拓展延伸

教师：当我们碰见一块矿物却不认识的时候，我们怎么观察、描述和判断它呢？矿物标本能为我们提供帮助，请大家拿出矿物标本盒观察，说说你的发现和思考。

教师：今天我们认识了一些岩石和矿物，课后学生可以在野外安全的地方寻找你喜欢的岩石和矿物，自己先观察研究一下，我们下节课做岩石和矿物标本。

［设计意图］自然界中的矿物多种多样，我们不可能观察和研究完。但我们可以利用矿物标本盒认识一些常见的矿物。引导学生思考：遇到不知名的矿物可以先用一定的方法观察它的特征，再与矿物标本上的图片和描述进行比对，从而初步判断它是什么矿物。如果还判断不出，可以请教老师或其他专业人士。让学生课后收集岩石和矿物，既是为下节课做准备，也激发他们继续研究的兴趣。

五、思维整理

$$花岗岩 \begin{cases} 石英 \\ 长石 \\ 云母 \end{cases}$$

［设计意图］此板书非常简洁，不到 10 个字展示了花岗岩由哪三种矿物组成，也说明了岩石是由矿物组成这一科学概念，突出了本课最关键的科学知识。

六、作业设计

1. 花岗岩由哪些矿物组成（　　）

　　A. 石英、石盐和长石

　　B. 石英、长石和云母

　　C. 云母、石墨和长石

2. 矿物的外表颜色和条痕颜色哪种更可靠（　　）

　　A. 外表颜色可靠　　　B. 条痕颜色更可靠　　　C. 一样可靠

[设计意图]"双减"政策形势下，作业要求精简。针对本课知识，我只设计了两个简单的选择题，针对的都是本课最为核心的科学知识，只要学生在课堂上认真听课，认真参与了探究活动就一定能完成，既巩固了知识，又没加重学生负担。

【案例评析】

《岩石的组成》所研究的岩石和矿物是非常贴近生活的自然事物。虽然这些东西在身边常见，但却很少有孩子主动去研究它们，如何激发他们研究的兴趣，需要我们认真思考。

一、保护和激发兴趣是本课主要的教学理念

《义务教育科学课程标准》（2022年版）指出"激发学习动机，加强探究实践"是科学教学的基本理念。通过创设愉快的教学氛围，保护学生的好奇心，激发学生学习科学的内在动机。本课研究的岩石和矿物，很多孩子会将在课前或课后搜集的各种奇奇怪怪的石头带到学校或课堂拿给老师帮忙鉴别。如果老师不加以有效引导和妥善处理，很可能会扼杀孩子们的好奇心，从而降低他们学习科学的兴趣。

二、借助恰当的工具是实施有效探究的前提

本课用学生身边常见且典型的花岗岩作为观察研究对象，再引出组成花岗岩的几种常见矿物——石英、长石和云母，探究流程清晰。但观察矿物只用肉眼可不行，得借助无釉瓷板、手电筒、小刀等工具，还运用琉璃的反光进行对比，能有效地观察到矿物的颜色、条痕、透明度、光泽度和软硬等特点。

三、精心设计恰当的作业是"双减"最新要求

针对本课最关键的两点知识——花岗岩的组成和条痕颜色更可靠，教师就设计了两个针对性的选择题。只要学生在课堂上认真听课，就算没有参与探究活动也一定能完成，既巩固了知识，又没加重学生负担。但如果是探究活动，培养的是学生的科学思维、科学态度和动手能力，则不能通过简单的选择题考查学生。

四、问题与研讨

本课教学很好地达成了教学目标，但还存在以下问题：一是教学中要用到小刀等工具，小刀是一种比较危险的物品，虽然上课时做了安全教育和提示，但不能保证孩子们在探究时不出意外。用什么更安全的工具来代替小刀刻画，能更安全地研究矿物的软硬，值得大家共同思考；二是生活中的矿物多种多样，就是同一种矿物也有多种形态。本课重点研究的石英、长石和云母也只是它们中的一种。可能今天的矿物标本给了学生以定式，生活中再看到其他样子的石英、长石和云母，他们却不认识。为此，在实验器材的准备上可以更充分，便于进一步丰富学生认识。

（泸县百和镇土主学校　易首都）

【专家点评】

作为科学老师应该站在学生的角度，设身处地思考怎样设计适宜的探究活动，引导学生轻松、愉悦地获取科学知识，提升能力。该课例执教者在揭示课题时故布谜团，大大激发了学生的探究热情；在探究环节，精心设计层层深入的探究活动，引导学生认识石英、长石、云母这三种矿物的基本特征，逐步归纳出矿物的颜色、条痕、软硬、透明度及光泽等方面的不同属性。真正实现学生主动参与、动手动脑、积极体验、自主探索，获得新知识。

第四节　技术与工程科学实例

本小节围绕"技术与工程"领域展开研究，分别确定了"科学思维参与的学以致用"和"催生实践创新的探究活动"2个主题，将物质科学领域和技术与工程领域的相关学习要求有机整合，充分融合科学、技术、工程等因素。技术与工程领域是跨学科概念的应用，体现学生通过多种途径解决问题的思维能力，理解技术与工程涉及明确问题、设计方案、实施计划、检验作品、改进完善、发布成果等要素，具有初步的技术与工程实践能力。学生不仅要像科学家一样去探究，还要像工程师一样去设计制作、去创造。如何在技术与工程的教学中培养学生的核心素养，以下两案例做了很好的探索，希望对广大科学教师有一定的借鉴和研讨意义。

课例 26 主题：科学思维参与的学以致用

《模拟安装照明电路》课例与评析

【教学背景】

四年级学生掌握了比较多的科学知识和科学方法，对科学探究兴趣浓厚，已经具备初步的设计能力和操作能力。他们能进行观察、提问、假设、调查、解释及交流等一系列活动时，也在强调小组合作的必要性，所以学生的合作意识和合作能力得到大大的增强。

在本单元的学习中，学生已经知道了怎样连接电路和怎样用开关来控制电路的通断。在本课的学习过程中，他们将采用合作学习的形式为一个房间设计照明电路，并把它安装在一间"房子"里。

本课的教学环节按照：明确要求→布置房间→交流修正→模拟安装→检测电路→分享评价→拓展延伸等环节有序进行，帮助学生初步具有交流、反思以及评价探究过程和结果的意识，并锻炼他们发现设计方案的不足并尝试进行改进的能力。

本课是该单元的最后一课，教师引导学生通过设计并安装一个房间的照明电路，认识到不同的电路连接方式。帮助学生乐于将学习到的电路知识应用于实践，并愿意分享自己的想法，乐于倾听他人观点，改进和完善探究活动，进而认识到科学与技术的密切关系。

【适用年级】

新教科版小学科学四年级下册

【核心概念】

3. 物质的运动与相互作用

3.2 电磁相互作用

13 工程设计与物化

13.2 工程的关键是设计

【学习内容与要求】

3.2 电磁相互作用

3—4年级：⑦知道电源、导线、用电器和开关是构成电路的必要元件；说明形成电路的条件，切断闭合回路是控制电流的一种方法。

13.2 工程的关键是设计

3—4年级：②借助表格、草图、实物模型、戏剧或故事等方式说明自己的设计思路。③根据需求和限制条件，比较多种可能的解决方案，并初步判断其合理性。

【教学目标】

科学观念：（1）知道一个简单电路的构成为电池、导线、灯泡等元件。（2）知道照明电路包含的科学概念、原理。（3）知道简单的照明电路设计问题存在限制条件，并有多种设计方案。

科学思维：（1）能在教师的引导下，观察并描述家庭照明电路的构成要素，分析并表达要素之间的关系，找到它们之间重要的、共同的特征。（2）能在教师的引导下，根据问题提出假设，能提供支撑性的证据。（3）初步掌握重组思维、发散思维、突破定势等创造性思维的基本方法，能基于具体事物的外在特征展开想象，突破生活中常见问题的思维定式，提出有一定新颖性和合理性的观点。针对事物的外在特征进行设计，并对方案进行初步的科学分析。

探究实践：（1）能准确讲述并反思自己的设计过程，作出自我评价与调整。（2）初步具有交流、反思以及评价探究过程和结果的意识。（3）能发现设计方案的不足并尝试进行改进。（4）初步具有参与技术与工程实践的意识及使用常见工具的技能。

态度责任：（1）在好奇心的驱使下，乐于动手操作感兴趣的事物。（2）知道科学学科的学习与实践要实事求是，能如实记录和报告观察与实验的信息，具有基于事实表达观点的意识。（3）能有依据地质疑别人的观点，尝试运用不同思路和方法完成探究和实践。（4）愿意分享自己的想法，乐于倾听他人观点，改进和完善探究活动。

【教学重难点】

重点：经历设计全过程，明确问题、确定方案、设计制作、改进完善；能够将学到的电路知识应用于实践。

难点：按照"明确问题、确定方案、设计制作、改进完善"等具体研究步骤，组装并完善自己设计的模拟照明电路。

【教学准备】

教师准备：教材、教学课件、演示实验装置。

学生准备：各小组准备透明水槽1个（模拟房间）、小灯泡2—3个、导线6—8段、电池2—3节、开关2—3个及科学活动手册。

【教学思路】

巧用场景，引出课题→明确要求，布置房间→结合旧知，设计方案→小组合作，交流修正→动手实践，模拟安装→初识成果，检测电路→整理思路，交流分享→相互评议，最优设计→知识延伸，课外拓展

【教学过程】

一、聚焦问题

通过本单元的学习，相信大家都知道了电路的含义，也会连接简单的电路了。那么，我们有没有观察过家里的电路，家里的电路与我们之前讲过的电路相比，是简单还是复杂呢？今天，我们就一起来模拟安装一下家庭照明电路（板书课题：模拟安装照明电路）。在模拟安装之前，我们先来熟悉一下家庭照明电路的安装场景（展示图片）。

设问：像这些图片一样，当房间里有多盏灯具时，它们是由一个开关同时打开和关闭（同时控制电流通断）吗？

（学生根据实际情况回答问题：各个开关分别控制单独的灯具。）

再问：它们是怎么做到每个开关单独控制一个灯泡的电流通断呢？

（预设：每个灯泡单独连接一个开关。）

提问：现在，你能根据学过的知识，设计并模拟安装一个房间的照明电路吗？

[设计意图]教师设计的问题可以沟通师生心灵。师生互动和沟通可增进学生情感发展，激发他们认知内驱力并满足其期望教师赞扬的需求，从根本上激发他们的好奇心和求知欲，刺激其学习动机。本节的问题设计主

要是利用相关图片展示实际情形与相应知识脉络，为今天的实验探究做好铺垫。

二、探索活动

（一）制订计划

指导学生从以下两个环节进行探索计划的制订。

1. 活动1：小组合作，设计一个房间的照明电路

（强调：只能是两个开关分别控制两盏灯的电流通断。）

在进行实验探究之前，我们先来明确今天的实验活动流程：明确要求、布置房间、交流修正、模拟安装、检测电路、分享评价、拓展延伸。

学生小组内完善电路设计方案，教师展示现场抽取的方案，及时予以鼓励。

（1）明确设计要求，合作讨论，分工合作，共同完成房间设计方案。

（2）在塑料水槽模拟的"房间"里标出书桌、床和窗户的位置。

（3）房间需要安装两盏电灯（照明灯和阅读灯），并由两个开关分别控制。在房间平面图上标出电灯、开关的位置。

2. 活动2：小组交流，设计方案并修改完善

现在我们已经把自己小组的电路设计方案完成了，接下来我们要仔细倾听其他小组的意见，然后及时修正和优化自己小组的电路设计方案。

指名学生阐述小组设计的合理性及可行性，并倾听其他小组学生的意见。修正和优化小组的设计方案。

电子白板展示现场抽取的小组设计方案，让大家进行交流，然后完善本组设计方案。

图5-24　学生设计图1　　　图5-25　学生设计图2

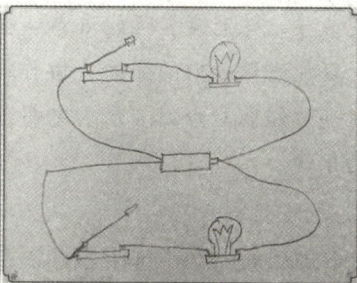

[设计意图] 学生明白活动任务，根据已有知识来设计电路安装方案。引导学生就方案进行交流，仔细聆听学生的修改建议，并修改和完善小组的探究实践方案。

（二）实验探究

照明设计方案完善后，我们就可以模拟安装照明电路并进行检测了。

1. 教师播放微课视频并操作实验演示装置，讲解操作规则及注意事项。

教师要提示学生注意以下事项：

（1）注意安全，非合作需要，不要多个学生同时动手；

（2）确定并明确"施工"程序；

（3）给大家分好工，让大家都起到自己的作用；

（4）安装好后要检测电路并排除故障，最后进行完善。

看样子大家已经迫不及待了！接下来，大家就按照小组分工进行实验探究吧！大家在进行组装时，一定要根据老师提示的步骤进行操作。

2. 学生尝试安装电路时，教师再次提示：

（1）我们首先要确定能够点亮每个小灯泡；

（2）然后再尝试用一个电源点亮两个小灯泡；

（3）最后思考如何用两个开关分别控制两个小灯泡的电流通断。

3. 提示学生检查电路时要注意是否有短路等错误连接方法，如果小灯泡没有亮，要及时按照之前学习的故障排查法进行故障排查。有可能是电池、导线、小灯泡等元件坏了，也有可能是线路接触不良，请仔细排查。安装好后还要检查房间布局的科学性及美观性，并保留好自己小组的作品模型。

[设计意图] 探究实验是科学教学过程中相当重要的一环，我们应该重视实验探究教学，探究实验既能培养学生的实验技能，也能培养他们学习科学的兴趣，还能培养他们的团结、协作精神。在本环节的探究活动中，主要是引导学生通过组装与检测活动，完整体验理论与实践相结合的过程，感受学以致用的乐趣。

（三）验证检测

现在，我们每个小组都组装好了自己的照明电路，接下来我们分别展示各小组安装的房间照明电路，分享各自的安装经验并演示用开关如何控制房间内灯光的开和关，其他小组的学生给予适当的评价或建议。

[设计意图] 引导学生知道成功的作品都是大家经过多次提出建议，经过反复修改才成功的。引导学生善于认真倾听同学的评价并积极采纳正确、有用的建议。

（四）得出结论

根据小组的实验检测结果，分析模拟安装照明电路成功与否的结论：

小灯泡是否正常发光？如果不能正常发光，要及时按照之前学习的故障排查法进行故障排查。有可能是电池、导线、小灯泡等元件坏了，也有可能是线路接触不良，需要进行仔细排查。

开关能否按照预设分别控制灯泡的亮与灭？如果不能达到预设的要求，需要及时对电路连接方式进行排查，检查哪个环节出现失误。

得出结论：照明电路的模拟安装需要注意开关能够分别控制两个灯泡的亮与灭，且每个灯泡都要正常发光，电路中不能出现短路等错误连接。

[设计意图] 学生在经历了一系列操作、实践活动后将他们的前概念进行修正，在该环节得到新的认识和理解。整个教学来看，该环节在整个探究活动中起到了画龙点睛的作用。教师引导学生用正确的方法和合理的推理得出结论，促进科学探究活动的价值得到提升。

三、研讨交流

在之前接受老师或学生建议的基础上，相关小组指派代表对大家致谢，并适当阐述本小组学生对大家建议的采纳情况，以及采纳建议并修正之后是否让实验现象有所改进等综合情况进行分析。

[设计意图] 交流分享是科学探究的必要环节。学生通过对自己小组探究现象改变情况的小结，更加深刻地领会照明电路的组装方法及特点，更好地锻炼自己的动手操作能力。

四、反思评价

教师引导学生自我评价：在参观了其他学生安装的"家庭照明电路"后，你认为自己小组的作品有什么值得改进的地方？

根据自己小组的作品情况自行提出中肯的修改建议，然后在课后进行完善。

教师在学生完成反思的基础上，引导学生对各小组的作品模型进行综合评议，根据模型的科学性、适用性及美观性评选出全班公认的优秀作品，教师进行表扬鼓励。

[设计意图] 活动的反思评价要以教学目标为参考。正确的点评技术为手段，对整个实验教学作出价值评断，才能为今后的教学决策提供参考依据，促进学生整体发展。活动评价可以帮助教师选择利用什么教学模式和教学方法。同时，制约着学生的活动动机、实验态度，它已成为影响探究实验的重要因素。

五、拓展延伸

（一）拓展对串联电路的认识

通过今天的探究活动，大家对电路连接方式有了什么新的认识？我们可以通过下面这幅图来认识一种典型的电路——串联电路。

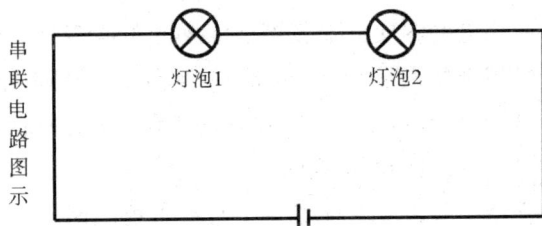

串联电路图示

灯泡1　　灯泡2

大家从上面这幅图发现串联电路的电流流向有什么特点？如果其中一个灯泡坏了，另一个灯泡会怎么样？

（预设：电流从电池正极出发，依次从两个灯泡中经过，最后回到电池负极。如果其中一个灯泡坏了，另一个灯泡就没有电流经过，也就不会亮起来。）

（二）拓展对并联电路的认识

接下来，我们再通过一幅图一起来认识另一种典型电路——并联电路。这种连接方式就是我们今天模拟安装照明电路的连接方式。

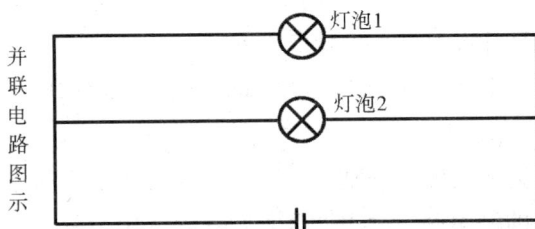

并联电路图示

灯泡1

灯泡2

大家仔细看图，发现并联电路的电流流向特点与串联电路中的电流流向有何区别？在并联电路中，如果其中一个灯泡坏了，另一个灯泡会怎么样？

（预设：电流从电池正极出发，分别从两个灯泡中经过，形成两条通路，最后回到电池负极。如果其中一个灯泡坏了，另一个灯泡依然会有电流经过，不会影响其工作状态。）

（三）对比两种连接方式的灯泡亮度（电流大小）

现在，请大家一起来思考：串联和并联这两种连接方式中，如果电池的电量相同且灯泡数量也相同（≥2）的情况下，哪种连接方式的灯泡亮度更亮？大家可以在课后进行实验探究，寻找想要的答案。

［设计意图］拓展延伸的设计目的是为了拓宽部分学有余力的学生的思维广度，帮助他们理解串联与并联的特点。引导学生在巩固已有知识的同时，能够更好地了解生活中其他电路的连接方式，为他们今后的学习生活做好应有的铺垫。本部分内容不要求学生掌握，只需要具备基本的认知即可。

六、思维整理

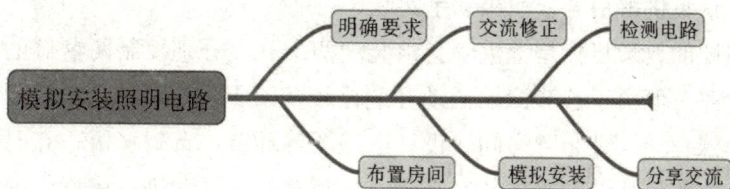

［设计意图］思维导图的作用是帮助学生整理自己在课堂学习活动中的科学思路。该思维整理能快速引导学生通过整理活动思路、回顾所学内容、巩固所学知识，提高学生的理解水平。

七、作业设计

（一）探究性作业

1. 尝试描述家里的照明电路中开关是如何控制电路通断的。（预习）

2. 检测电路时，发现小灯泡不能发光，可能有哪些原因？怎么解决？

3. 你觉得你们小组设计的安装方案还有哪些需要完善的地方？

（二）拓展性作业

查阅资料，寻找与家庭照明电路相似的电路连接。

[设计意图]通过完成作业加深学生对电路的理解，并能在完成作业的过程中将理论与实践相联系。在完成作业中，能培养他们的合作学习习惯、拓宽学生的视野、梳理知识脉络。

【案例评析】

《模拟安装照明电路》是本单元的最后一课。课程的安排是通过设计并安装一个房间的照明电路，让学生将学习到的电路知识应用于实践。在学习中，引导学生乐于将学习到的电路知识应用于实践，并愿意分享自己的想法。引导学生乐于倾听他人观点，改进和完善探究活动，进而认识到科学与技术的密切关系。

一、提倡合作学习，落实学以致用

截至目前，四年级的学生已经具备初步的探究能力和动手能力。他们在进行着观察、提问、假设、调查、解释及交流等一系列活动时，也在强调小组合作的必要性，所以学生的合作意识和合作能力得到了大大的增强。在本课的学习过程中，他们将采用合作学习的形式，为一个房间设计照明电路，并把它安装在一间"房子"里。

二、认真讲解引导，积极动手实践

这节课的教学目标是学生学会组装"两个开关分别控制两盏灯的电流通断"的电路。但由于这节课的活动环节比较多，所以在设计教学过程时，尽量减少了课程导入及布置房间、设计电路图等环节，希望多留一点时间指导学生组装电路。从课堂整体情况来看，教师对探究活动进行了详细的讲解引导，学生动手实践的积极性也得到了较好的展现。

三、完善电路组装，交流分享成果

对于模拟照明电路的组装过程，学生从一开始的无从下手，到后来几乎每个小组都能成功完成组装，反映出学生的合作学习效果较好，大家的接受能力很强，老师稍加指导就能体会到关键之处。对于合作学习与交流分享，在课中教师也刻意去做好引导，庆幸的是学生在这两方面的整体表现也不错。

四、注重多元作业，倡导合作学习

本节课是单元最后一节课。教师预设的作业效果是让学生巩固之前学习的知识，同时还要注重对生活中的相关现象的观察与描述。对于实践课而言，合作探究也是作业设计的重点。从作业板块分布上来看，按照课前、课中、课后几个环节来进行作业设计。作业的多元化完成方式，包含了语言描述、现象分析、问题解决、交流分享、知识拓展、课后识记等方面，充分锻炼了学生各方面的能力。

五、问题与研讨

通过这节课的教学发现两个值得探讨的问题：第一，教师如何有效指导学生的实验探究过程以及正确得出结论？第二，如何合理安排好认真指导学生的实验过程与提高课堂效率？一堂课，我们怎么安排才能在保证课堂教学效率的前提下，又有充足的时间指导学生的实验操作呢？

（泸县立石镇团结中心小学校　范耿平）

【专家点评】

该课例是一堂典型的应用科学知识解决生活实际问题的综合运用课。整堂课的每一个活动都体现了科学性和探究性，老师准备器材虽然辛苦，但对培养学生的科学核心素养有很好的作用。本课最大的亮点在于引导学生设计和修改方案以及通过合作来展示验证方案。有些老师上课的实验方案是老师自己制作的，或者走形式让学生设计一下，而本课不但让学生充分设计，还让他们自己修改。只有自己设计的方案，他们才会更用心地去制作，活动才更有效。而在制作过程中，通过明确学生的分工，让每位学生有事可做，让每个环节有人负责，这才是高效的探究过程。

课例 27 主题：催生实践创新的探究活动

《我们的水钟》课例与评析

【教学背景】

教材分析：《我们的水钟》是教科版小学五年级上册第三单元第 3 课。本课主要是让学生通过亲自设计和动手进行探究实验，不断改进设计方案再进行设计修改等，让学生亲历这个全过程来发现和改进水滴的速度，对学生进行"水流在一定的条件下，是具有等时性特点"的概念植入。探究活动是小学科学学习的重要途径，"探究为核心"是科学课程的基本理念之一，是学习科学的方式，也是学习科学的目标。

学情分析：五年级学生已掌握了一定的科学基础知识，大部分学生能够自己动手制作实验工具，他们对收集资料和处理资料有一定的基础，学生已具备了一定的自主探究能力和动手探究的方法和途径。从学生的年龄和心理特征来看，对新事物有较强的好奇心和求知欲，同时具有一定的小组合作交流经验。

教学方法：本课采用"前概念复习，导入新课—师生交流，设计方案—小组交流，动手探究—分析数据，探究汇报—反思改进，不断改进"。学生采用"自主、合作、探究"的方式，通过观察整理数据和汇报交流信息，把所学知识用到生活实际中，使知识得到拓展延伸。实验完毕时通过对实验器材的整理培养学生良好的实验操作习惯。

学习方法：学生采用自主探究与合作学习—小组交流—发现问题—分析解决问题。学生有了充分的科学探究机会和探究时间，培养学生像科学家一样发现问题、提出问题、分析解决问题，体验探究科学的乐趣，培养学生科学探究能力，形成尊重事实、善于质疑的科学态度。

【适用年级】

新教科版小学科学五年级上册

【核心概念】

12. 技术、工程与社会

【学习内容与要求】

12.1 技术与工程创造了人造物，技术的核心是发明，工程的核心是建造

5—6年级：①知道技术包括方法、程序和产品等，知道发明，常用方法，举例说出一些典型的发明，知道发明会用到一定的科学原理，很多发明可以在自然界找到原理。

【教学目标】

科学观念：使学生知道通过一定的装置，流水能够用来计时；对滴漏速度控制可以使计时更加准确。

科学思维：能通过观察、分析、比较、设计制作一个自己的水钟来计时。

探究实践：感受科学制作的乐趣；体会到科学制作是一个不断改进完善的过程。

态度责任：体验到完成一个科学制作需要不断重复实验，在实验中逐步改进和完善。

【教学重难点】

重点：设计制作能计时的水钟。

难点：控制漏水速度。

【教学准备】

教师准备：水钟实物装置。

学生准备：塑料瓶、抹布、剪刀、记号笔、尺子、秒表、工字钉、双面胶等。

【教学思路】

前置知识，复习引入→情景猜测，提出探究→活动设计，实验验证→分析数据，反思修改→小组合作，再次验证

【教学过程】

一、聚焦问题

（一）提出问题

1. 老师问：你听到了什么，知道水滴石穿吗？我们一起来听听，说说你都听到了什么？（播放水滴声）水可以用来计时吗？

2. 回顾旧知（课件出示两种水钟）：在中国古代，很早就有了水钟，你还记得有哪两种类型的水钟吗？还记得在前面的知识学习里两种水钟的类型吗？是怎样计时的？

（1）泄水型水钟：通过观察看水位下降，就可以测出过去了多长时间。

（2）受水型水钟：通过观察水面上升，则知道时间的流逝。

［设计意图］通过听水滴的声音导入新课，让学生在仔细聆听中集中注意力回归到科学课堂中，让学生懂得听也是观察科学探究的一个重要组成部分。通过复习旧知从而引出本节课的探究新内容。通过展示受水型和泄水型水钟的图片，让学生懂得水钟是一类计时的工具，水钟类型包括泄水型和受水型两种水钟。

（二）作出假设

聪明的古人在碗的底部扎一个小孔放在水中，通过观察碗的下沉来计量时间。今天我们一起来做属于自己的水钟吧！

学生独立思考，猜想一下可以怎样利用这两个塑料瓶和现有的材料来做一个能计时 5 分钟的水钟？

[设计意图] 通过探究得出水钟的设计原理是根据水滴的等时性原理来计时。从相同量的水中流出等量的水，时间不变；另一方面，水压不变时则水流速度相等。至此，老师提出今天的课堂探究任务：设计制作属于我们的水钟。

二、探究活动

（一）设计方案

1. 在设计之前学生先自己独立思考如何进行设计，在小组内把自己的想法说给学生听，听取其他学生的建议后再进行完善自己的作品设计。

（1）选择一个水钟类型。（泄水型或受水型）

（2）怎样制作设计方案？特别关注两个问题：①刻度如何才能更准确合理标注？②怎样才能计时更为准确？

2. 小组讨论出一个共同的方案，用喜欢的方式表达设计意图。

3. 学生合作完成设计方案，老师巡视指导。

[设计意图] 在制作水钟之前教师应该让学生设计制作方案，每个小组成员都能说清楚水钟的类型、所用材料、操作步骤等事项。老师合理引导学生对方案的完善是制作水钟的一个关键。

（二）实验验证

1. 全班交流

各小组在完善设计方案后我们就要进行制作流程，在制作前可不可以去参考别人的制作方法呢？小组内多进行思维碰撞，找到更多的途径和方法。请学生汇报交流小组的设计方案。

2. 制作水钟

（1）小组合作完成能计时 5 分钟的水钟。

（2）小组成员分工合作。

（3）安全提醒。

[设计意图] 让学生在制作水钟的过程中感受到科学制作带来的乐趣。以及在探究活动中相关的注意事项和关键步骤。不断培养共同合作交流的意识。

（三）实验验证

小组合作进行制作，老师指导。学生及时记录制作过程中的发现和问题，思考解决问题的途径。

全班进行检验：用自己制作的水钟来记录2分钟时间，比一比哪个计时更准确？

小组内做准备进行全班测试水钟。

[设计意图]"测试水钟"在实践中进行检验，是学生对自己设计制作的方案一次再检验的过程。要求学生在测试过程中，每1分钟画一条红色的刻度线记录相应的水位，更有助于学生更清楚地观察到水钟的测试结果是否准确。

（四）分析数据，思考改进途径

对水钟进行评估与改进：

1. 通过计时比赛，你们发现哪些影响水钟计时准确性的因素还没有控制好？我们可以怎样改进水钟？

2. 小组内讨论后打算从哪些方面进行改进呢？小组代表进行全班交流，其他小组的学生补充回答。

[设计意图] 在对水钟的评估与改进环节，对各种影响水钟计时准确性的因素进行排查和诊断，逐步思考改进水钟的措施。让学生懂得只有在不断重复实验中逐步完善才能得出最佳的实践方案。学生通过思考："水滴速度是否可以控制，这对水钟计时准确性有无影响？"接着，教师大屏出示静脉滴管计水均匀往下滴，这样可以使计时更加准确，对学生课后对水钟的改进会更有可操作性和实用性。

三、研讨交流

（一）拓展知识

1. 除了水还可以用哪些流动的物体来计时？教师大屏出示沙漏，学生观察。

2. 大屏出示一个水龙头没关紧。问学生：你看到这样的现象会做点什么呢？

总结：没有关紧的水龙头也可以看成是一个滴漏，我们要节约用水，爱惜水资源。

3. 出示视频：古人如何计时

聪明的古人是如何计时的呢？大屏出现科学文化展示，学生观看后发表自己的观点。

总结：希望学生都学习古人的科学探究精神，不断探究、不断改进，设计出更实用的计时器造福人类。

[设计意图] 通过这一提问启发学生思维，拓宽学生视野，紧扣这一单元的主题"计量时间"。做好课外延伸，与课外科技活动相结合，与科技发展史教育相结合，让学生体验到科学技术的发展是一代又一代人不倦探索的结果。

（二）课堂小结

请学生谈谈这节课的收获，与学生分享学习心得。

教师总结：通过学生亲自动手探究制作水钟，知道了一定的装置能使流水用来计时，通过控制水滴的速度，能够使水钟计时更加准确。

[设计意图] 在实际应用后，让学生学会反思。既要引导学生对自己的设计方案再进行反思，更要对自己的作品制作过程和技术进行反思，这样才能不断提高制作技术和设计水平。强调水钟是根据流水的等时性原理来计时的。

（三）延伸作业

希望学生收集有关时钟的科技发展史资料，体悟科技发展带来的新变化。

四、思维整理

我们的水钟

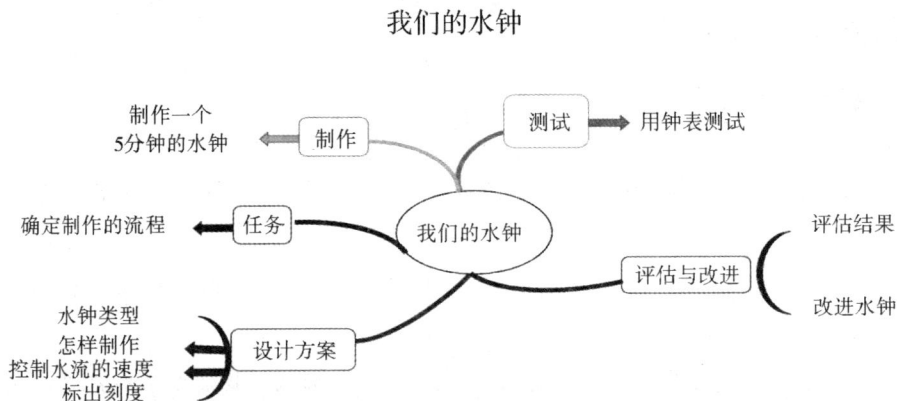

[设计意图] 本课教学让学生经历了一个设计方案—实施方案—检验成果—分析发现—改进完善的探究活动过程。由此，让他们意识到，任何一项科

学成果想要经得起实验的检验就必须不断进行反思和不断进行改进再逐步完善的过程。

五、作业设计

（一）课前预习

与家长共同合作利用现代化技术收集了解各种古代水钟，并将古代计时工具与其工作原理连线。

甲	乙	丙	丁
利用受水的量	利用泄水的量	利用沙子的流动	利用光影

（二）当堂练习

实验题：

明明将塑料瓶的底部剪去，在瓶盖上打孔，使水往下流，在盛接水的塑料瓶上标出刻度，这样就做成了一个简单的水钟。（见图5-26）

图5-26　水钟

图5-26的装置中，水的流速_____（填"先快后慢"或"先慢后快"）。因此，装置中饮料瓶上的刻度是_____（填"均匀"或"不均匀"）的。这里影响水流速的主要因素是_____。

（三）课后拓展作业

与家长一起了解我国计时器发展变化的历史进程。

［设计意图］在"双减"的大背景下，在严格落实作业减量加质的前提

下，作为小学科学实践探究活动一定是具有开放性和多元性的，在家长的陪同和参与下学生能把科学探究课本转向社会实践；在小组合作探究中，既能有团队合作的培养也有共同探究得到结论的交融；课后实践探究活动再次把科学知识延伸到学生的生活实际中，做到学科学、用科学，像科学家那样去探究生活中的科学现象并获取科学知识。

1. 课前预习。学生通过与家长的共同努力收集我国古代水钟的知识，不但加深了亲子之间的感情，还让家长和学生都受到我国古代先进科学技术的熏陶，培养了学生爱科学的精神。

2. 当堂练习。让学生在学完本课后及时反馈本节课的知识点，同时反思自己在操作中的改进方法和创新制作。

3. 课后拓展作业。通过与家长共同的学习，感受我国科学技术发展的日新月异，加强爱国主义教育，同时促进学生学科学、用科学的科学精神。

【案例评析】

通过本课的学习，通过复习受水型水钟和泄水型水钟的知识，学生有了制作水钟的欲望和基础。本节课，学生运用已掌握的知识设计了一个水钟，用自己喜欢的形式表达设计的水钟，并亲历制作水钟的过程。还在测试中检验了计时是否准确，并跟随老师和学生的建议和意见不断对自己的水钟进行改进。课上，学生经历了设计方案—实施方案—检验成果—分析发现—改进完善的探究活动过程，这个过程是一个促进学生思维发展的过程。每个探究环节的活动学生都进行充分探究，发挥了主体作用。

一、"动手探究、探索发现"是设计的基本理念

为了让学生在课堂上能够小组合作制作出一个可计时的水钟，教学中采用水钟演示的方式导入，目的是让学生能在观察中思考，水钟是用何种形式计时的？怎么标注水钟的刻度？水钟制作过程是怎样的？学生讨论设计思考的过程，实际上就是汇聚小组智慧设计的过程。学生听完其他学生的汇报交流后，有了学习参考的内容就能够更好地优化自己的想法和设计。

二、"集思广益，小组合作"是探究的主要方式

在设计水钟之前，学生思考需要准备的材料，根据思考让学生在脑中构建自己小组设计的"水钟"的基本构造。学生集思广益，想到了许多的方案：做受水型水钟的小组，有的设计标出接水 1 分钟和 2 分钟时的水位刻度，再依水位来推算时间，分别标出 1—5 分钟之内的其他时间刻度。有的小组设计标出接水 1—2 分钟之内的每个时刻的水位高度，再依水位来推算时间，标出 3—5 分钟的时间刻度。有的小组设计标出 2 分钟之内的其他两个时刻，再推算出其余的时间刻度。还有的小组做泄水型水钟。也有的小组把泄水型水钟和受水型水钟融为一体，在整个装置中既可以观察到泄水型水钟工作的原理，也可以看到受水型水钟的计时过程。学生制作水钟的过程是一个体验水钟发明的过程，也是一个动手能力的培养过程，还是一个培养小组合作精神的过程。

在学生思考影响水钟准确计时的因素时，让小组充分讨论。这样，"滴漏速度不均匀""容器形状不规则"这些因素就很容易得出。由于这两个因素导致每个时刻的间隔应该是不同的，而学生是平均划分的时刻，所以会不准确。还有就是刻度划分不准确等人为因素也会经过学生的讨论之后发现，这其实也是学生自我检查的过程。

在最后改进水钟的环节中，引导着学生通过控制滴漏速度来改进水钟。"如何控制速度？"学生很容易得出"保持水位不变"的方法。引出输液装置中的滴漏，并把它加入到水钟中，水钟计时就更准确了。

三、"落实'双减'，多元作业"是推进探究的载体

通过课前预习作业，学生对我国古代的计时工具有了一定的认识，为本节课的动手探究打下基础。课中的小组合作探究更是让学生懂得科学探究精神体现的含义。课后的亲子合作探究我国计时工具发展史，让科学延伸得到很好的体现，培养了学生学科学、用科学和不断探索科学的精神。

四、问题与研讨

本节课通过学生自主探究进行探究实践，找到制作和改进水钟的操作结论，这是一个体现科学素养的环节，也可以认为是一个培养学生科学素养的良机。从课堂实践活动来看，还存在以下问题：一是学生在小组合作探究过程中分工还不够明细，观察和记录以及反思还有局限性；二是探究按规律划分时间来看，部分学生观察能力和耐心细致的科学探究精神不

够，还需要继续引导和培养；三是在活动探究过程中，根据检测水钟准确性进行反思、探讨和制定改进策略体现的是培养学生像科学家一样的思维来对待科学的发展潜力，培养学生科学的核心素养能力方面还需要进一步强化。

（合江县真龙镇聚宝小学校　杜泽莲）

【专家点评】

本节课通过一系列的活动探究，培养了学生合作交流、探讨反思等能力，建构了相关的科学概念。科学探究活动以小组合作为主，分工明确、目标清晰，学生的探究过程体现实效性和探究性原则。注重了教学过程中的创新教学，学生主动探究，发现问题，解决问题，获取新知识，得出新成果，探究新的改进措施，创造更优化的探究实验，培养了学生的创新能力。在注重学生智力发展水平及认知方式不同的特点时，做到通过学生知识的迁移，结合教学资源进行适当整合，使得学生产生新的体验，得到新的知识和收获。

后 记

　　锲而不舍，金石可镂。这是一个 40℃ 的高温天气，窗外知了叫个不停。稻田里，一株株水稻正在阳光下悄然吐穗。望着窗外累累的玉米棒子和一束束水稻，引发了我们对秋天收获的向往，更是引发了对教育的思考：教育就是播种一粒粒种子，让这些种子生根、发芽、开花、结果的过程。看着眼前审完的书稿，整个团队曾经一起走过的点点足迹、感人故事一一涌上心头，科学课例的规划、实施、撰写、修改……一张张画面，历历在目。

　　2020 年 10 月，泸州市名师工作室启动仪式在泸州市教育科学研究所举行，这是渝西川南科学教育研究的新起点，开启了引领团队进入 3 年研究周期。工作室成员来自中国酒城（泸州）的四县三区和重庆市的三个区。他们带着共研、共建、共享的目标，从陌生到熟悉，从相识到相

后
记
◆

知，为搭建一个绿色、高效的研修团队共同努力着。这个团队承载着未来科学教育课堂教学变革和质量提升的重任，共克时艰，团结协作，达成了做"有理想信念、有道德情操、有扎实学识、有仁爱之心"的四有好教师共识。

2020年12月，工作室全面开启研修模式。通过线上、线下集中研究活动，学习新理念、更新思想、突破常规、打破界限，在聚识磨课、读书分享、教学随笔、微课展示、作业设计、研学旅行中推进研修活动向纵深发展。在不断积淀教学思想、方法的基础上，完成了以省级课题为引领、课例研究为载体、竞赛展示为平台的科学教育研究体系构建。

2021年3月，工作室提出了"寓教于乐、寓学于勤、寓研于思"的教研理念，确定了"打造一支队伍、带动一门学科、辐射一个区域"的发展定位，并启动课例研究。2022年2月，工作室核心团队对课例研究相关文献资料开展查阅、分析、整理等工作，提出了该书的基本结构框架。3月，工作室全体成员结合实际教学分工合作，协同完成理论部分和实践部分初稿的撰写。其间，多次对书稿的修改召开腾讯会议，针对撰写中的问题进行逐一梳理并解决；提出了增加"双减"背景下的作业设计内容。4月，工作室全体成员集中学习新课程标准，吸收新理念。在新课标理念下，对书稿的理论部分和课例结构进行调整、修改，并提出增加专家点评内容。5月，工作室在泸县玄滩镇中心小学对书稿进行线下集中修改，对课例结构进行了优化，提出增加核心概念和内容要求。6月，依据新理念对课例进行集中分组修改，并邀请专家进行现场指导。

2022年7月，工作室核心团队齐聚泸州大北街小学，对书稿进行组稿，开展了为期5天的集中研讨，提升了书稿质量。后期，结合编辑部提出的修改建议进行多次修改完善。两年弹指一挥间，从摸爬滚打中走来的教研团队，他们所走的每一步、每一个足迹都浸润着每一位团队成员的汗水。

本书张洪彪完成了第一章"科学课例研究概述"的撰写；胡勇完成了第二章"科学课例研究基础"；游安荣完成了第三章"科学课例研究特点"；熊小平完成了第四章"科学课例研究实施"；杨怀学、刘晓春完成了第五章"科学课例研究实例"。本书详细地介绍了科学课例研究的策略、方法。从书中不仅能看出这个科学教研团队的朴实无华，还能看出教—学—研—评一体化已深入研修团队每一位成员的心灵。

"苟有诚信，金石为开"。感谢四川省人民政府教育督学、泸州市人大教科文卫委主任委员刘晓锋，西华师范大学教授文丰玉，泸州市教育科学研究所发改室主任潘盛明、副主任刘旭相等领导、专家的指导！祝愿所有的科学老师在教—学—研—评中不断成长。祝愿泸州市科学研修团队在教学研究中不断创新，在科学教育这条长征路上走得更远。

由于编者水平有限，本书还有许多地方需要不断完善，希望得到同行们的指点。恳请打开此书的您，提出宝贵的意见。

编　者
2022 年仲夏

后
记
◆